Nossrat Peseschkian

33 und eine Form der Partnerschaft

Mit Illustrationen von
Liselotte Lang

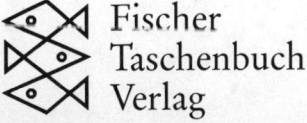

Fischer
Taschenbuch
Verlag

43.–44. Tausend: Januar 1993

Originalausgabe
Veröffentlicht im Fischer Taschenbuch Verlag GmbH,
Frankfurt am Main, November 1988
© Fischer Taschenbuch Verlag GmbH, Frankfurt am Main
Alle Rechte vorbehalten
Umschlaggestaltung: Buchholz / Hinsch / Hensinger
Satz: Fotosatz Otto Gutfreund, Darmstadt
Druck und Bindung: Clausen & Bosse, Leck
Printed in Germany
ISBN 3-596-26792-7

Gedruckt auf chlor- und säurefreiem Papier

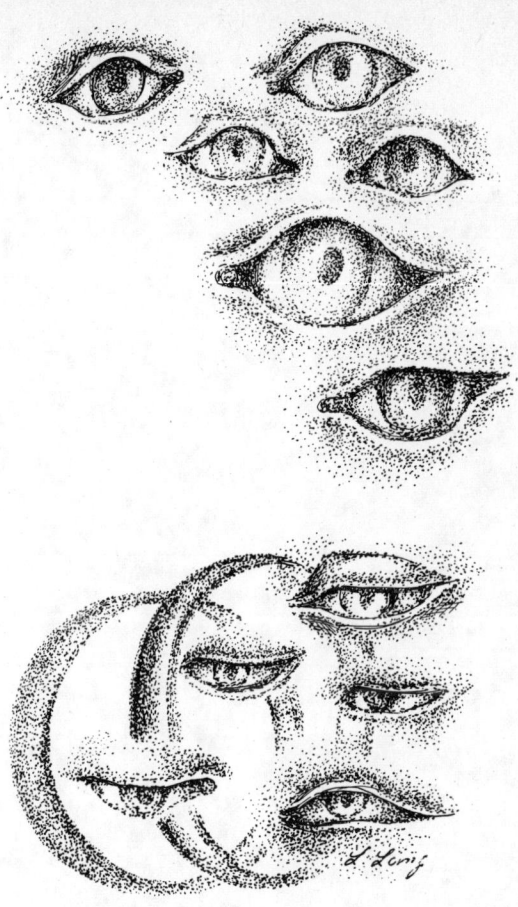

»Vor der Ehe halte Deine Augen offen.
In der Ehe halte sie halb geschlossen.«

Inhalt

Vorwort

Die englische Königin Viktoria soll sich in einem Brief beklagt haben, sie sei von ihren Erziehern ständig ermahnt worden, was sie als zukünftige Königin nicht tun dürfe, aber: »Was ich als zukünftige Königin machen sollte, sagte mir niemand.«

Mit dieser Anekdote rühren wir ein Problem an: die Einschätzung von Partnerschaft und Ehe in unserer Gesellschaft: Muß man aber erst geschieden sein, um zu wissen, welche Vorzüge eine Ehe besitzt?

Um ein Auto fahren zu dürfen, müssen wir 18 Jahre alt sein, Unterrichtsstunden belegen, Geld dafür bezahlen und ausreichende Kenntnisse in Theorie und Praxis nachweisen, um den Führerschein zu bekommen. Um einen Beruf selbständig und eigenverantwortlich ausüben zu dürfen, benötigen wir einen jahrelangen Schulbesuch, eine Lehre oder ein Studium und den Qualifikationsnachweis durch eine Prüfung.

Für eine Partnerschaft brauchen wir das alles nicht. Deshalb kommt es mir manchmal vor, als verhielten sich manche Menschen in ihrer Partnerschaft wie Autofahrer, die ohne Führerschein und mit verbundenen Augen versuchen, heil durch den Berufsverkehr einer Großstadt zu kommen. Ich möchte keineswegs eine Lanze für die weitere Reglementierung gerade des privatesten Bereiches der Menschen brechen. Es scheint mir aber wichtig, sich vor Augen zu halten, daß Schwierigkeiten in Partnerschaft und Ehe nicht aus der wie auch immer begründeten Unfähigkeit eines Menschen zum Zusammenleben entstehen, sondern aus der Tatsache, daß er die notwendigen Voraussetzungen nicht gelernt hat.

Überwältigend in seiner Einfachheit erscheint mir das folgende Konzept einer glücklichen Beziehung: »*Den richtigen Partner, aus dem richtigen Grund, zum richtigen Zeitpunkt.*«

Ein solches Konzept erscheint wie der richtige Schlüssel im Schloß, der das Tor zum irdischen »Paradies« öffnet. Dagegen beunruhigt und schockiert es uns, wenn wir spüren, daß eine Partnerschaft in die Brüche geht, daß wir einen geliebten Menschen nicht mehr halten oder einen Partner, dem wir Treue gelobt haben, nicht mehr ertragen können. Fassungslos stehen wir dann vor den Trümmern unserer Beziehung und fragen uns: »Wie konnte das geschehen?« Fragen über Fragen stellen sich. Hier einige der wichtigsten:

Warum wird ein Problem tausendmal mit verschiedenen Verbündeten durchgesprochen, jedoch nicht mit dem betroffenen Partner?

Warum trennt sich eine Frau von ihrem Mann, den sie jahrelang aufopfernd gepflegt hat, nachdem es ihm gesundheitlich wieder gut geht?

Warum sind wir in einer Beziehung so, wie wir *nicht* sind: Warum spielen wir Theater, verstecken uns hinter Rollen?

Mißbrauche ich meinen Partner nur zur Bestätigung meiner selbst?

Suche ich einen Partner nur für das Hier und Jetzt oder auch für eine weitere Zukunft?

Helfe ich meinem Partner wirklich, wenn ich ihm »helfe«?

Inwieweit bin ich in meiner Partnerschaft den Erwartungen meiner Tradition verpflichtet?

Liebe ich nur ein Wunschbild vom Partner oder diesen selber?

Wie stelle ich mir eigentlich meinen Wunschpartner vor?

Bin ich bereit, Aufgaben und Verpflichtungen, die aus einer Partnerschaft erwachsen, zu übernehmen?

Wie kann ich partnerschaftliche Probleme lösen, wenn mich mein Partner damit allein läßt? Warum lasse ich mir alles gefallen?

Warum bin ich auf keinen Fall bereit, mich von meinem Partner zu trennen?

Warum machen mir Bindungen Angst?

Die Entwicklung der Positiven Psychotherapie

Eine wichtige Motivation für meinen Ansatz der »Positiven Psychotherapie« mag gewesen sein, daß ich mich in einer transkulturellen Situation befinde. Als Perser (Iraner) lebe ich seit 1954 in Europa. In dieser Situation wurde ich darauf aufmerksam, daß viele Verhaltensweisen, Gewohnheiten und Einstellungen in den beiden Kulturen unterschiedlich bewertet werden. Beim Autofahren begegnete mir einmal ein Fahrer, der mir einen »Vogel« zeigte. Ich konnte diese Geste nicht verstehen, da eine ähnliche Handbewegung in meiner Heimat als Gruß gilt. Da fiel mir zum erstenmal auf, wie groß die Unterschiede zwischen den verschiedenen Kulturen auf der Welt sind.

Die Faszination, die von der transkulturellen Stellung zwischen Orient und Okzident ausging, verstärkte sich noch, als ich Verwandten und Freunden half, die mit dem Wunsch nach medizinischem Rat Europa aufsuchten. Dabei fiel mir als »Dolmetscher zwischen den Welten« auf, wie wenig die Schilderung der Kranken über ihr Leiden mit Diagnose und Therapie der behandelnden Spezialisten übereinstimmten. Wieso, so drängte sich mir die Frage auf, behandelten die Ärzte nur den Körper, wenn allem Anschein nach die Seele die Ursache des Leidens war? Ganz ähnlich empfand ich die Diskrepanz zwischen den Urteilen meiner Fachkollegen bei der Behandlung von Herz- und Kreislaufkranken. Es stellte sich heraus, daß die Therapie ganz wesentlich vom Fachgebiet des Arztes, kaum aber von der körperlichen und seelischen Befindlichkeit des Patienten bestimmt wurde.

Noch auf einem dritten Weg wurde ich mit den unterschiedlichen Denkweisen westlicher und östlicher Kulturen konfrontiert. Von meinen Eltern im Glauben der Bahá'i erzogen, hatte ich doch eine katholische Schule in Teheran besucht. Bereits hier hatten die Einflüsse verschiedener Welten auf mich gewirkt. Von der Toleranz der Bahá'i-Religion geprägt, stellte ich mir die Frage, wie es zu den allgegenwärtigen Vorurteilen zwischen den Menschen kommen könne.

Durch diese Erfahrungen wurde ich auf die Bedeutung der psychosozialen Normen für die Sozialisation und Entstehung zwischenmenschlicher und innerseelischer Konflikte aufmerksam. Dabei fand ich sowohl bei orientalischen als auch bei europäischen Patienten hinter den Symptomen in der Regel Konflikte, die auf eine Reihe immer wiederkehrender Verhaltensnormen zurückgehen. Ich versuchte daher diese Verhaltensnormen zu sammeln, eng zusammengehörende Begriffe zusammenzufassen und ein Inventar zu erstellen, mit dessen Hilfe sich die zentralen Konfliktbereiche beschreiben lassen. Im Zusammenhang mit den psychosozialen Normen stellten sich mir folgende Fragen: Wodurch kommt es zu Konflikten? Wie lassen sich diese Konflikte angemessen beschreiben? Was steht hinter den Symptomen der psychischen und psychosomatischen Störungen und den Einschränkungen in den zwischenmenschlichen Beziehungen? Und wie können diese Störungen angemessen behandelt werden?

Vor 18 Jahren habe ich in meinem Buch »Psychotherapie des Alltagslebens« einige Formen der Partnerschaft dargestellt. Diese zunächst als Karikaturen von Beziehungsstörungen und Mißverständnissen konzipierten Modelle erwiesen sich als große Hilfe in der psychotherapeutischen Arbeit. Sie boten die Möglichkeit, partnerschaftliche Beziehungsprobleme differenzierter zu beobachten, wahrzunehmen und nach Überwindung des neurotischen Wiederholungszwangs neue Lösungsmöglichkeiten anzustreben.

Der Zugang über Modellvorstellungen – und als solche sind die »33 und eine Form der Partnerschaft« gedacht – erleichtert es, Kontakt zu eigenen Konflikten aufzunehmen und sie in ihrer Einzigartigkeit zu erkennen. Vielleicht, so hoffe ich jedenfalls, ergeben sich aus diesem Buch Perspektiven für den Umgang von Menschen mit sich selbst und ihren Mitmenschen im Sinne einer »*Positiven Familienplanung*«.

Danksagung

Ohne die Mitarbeit und Aufgeschlossenheit der Patienten, die bereitwillig ihre Zusage zur Veröffentlichung ihrer Falldarstellungen gaben, wäre das vorliegende Buch in dieser Art nicht zustande gekommen. Die Falldarstellungen entstammen aus meiner eigenen psychotherapeutischen Arbeit in Einzel- und Gruppenpsychotherapie. Natürlich wurden die Namen und Daten verändert, um die Anonymität zu wahren. Im Sinne der Originalität wurden die mündlichen und schriftlichen Berichte zumeist wörtlich wiedergegeben. Die Falldarstellungen sind nicht Selbstzweck; sie dienen vielmehr einem besseren Verständnis der Theorie und Praxis der Positiven Psychotherapie. Diejenigen Leser, die sich für eine systematische Darstellung der Positiven Psychotherapie interessieren, möchte ich auf meine Bücher »Positive Psychotherapie«, »Positive Familientherapie«, »Auf der Suche nach Sinn«, »Psychotherapie des Alltagslebens«, und »Der Kaufmann und der Papagei« hinweisen (alle Bücher sind im Fischer Taschenbuch Verlag erschienen).
Meinem langjährigen Mitarbeiter Herrn Diplom-Psychologen H. Deidenbach danke ich für die fruchtbare Zusammenarbeit. Meiner Mitarbeiterin Frau Ingrid Hofmann danke ich für die vielfältige Unterstützung bei der Erstellung dieses Buches und für die Sorgfalt und Geduld. Herrn Dr. med. Dipl.-Psych. D. Schön und Herrn Dipl.-Soz. Päd. G. Hübner bin ich für ihre Anregungen und Hinweise dankbar. Meine Sekretärin Frau Krieger unterstützte mich durch ihre Aufgeschlossenheit, Sorgfalt und Zuverlässigkeit. Mein besonderer Dank gilt dem S. Fischer Verlag, vor allem dem Lektor meiner Bücher, Herrn Willi Köhler, und dem Hersteller, Herrn Helmut Messer. Auch möchte ich all denjenigen danken, die mir durch Diskussionen und Fragestellungen dabei geholfen haben, die Positive Psychotherapie weiterzuentwickeln. Dieses Buch wäre nicht geschrieben worden ohne die Familie, in der ich aufgewachsen bin, und ohne die Familie, die ich »meine« Familie nenne. Meine Frau Manije und meine Söhne Hamid und Nawid haben mich in vielfältiger Weise unterstützt.

Wiesbaden, im Sommer 1988   *Nossrat Peseschkian*

Leitfaden für den Leser

> »Man kann auf seinem Standpunkt stehen,
> aber man sollte nicht darauf sitzen.«
> *Erich Kästner*

Dieses Buch behandelt 33 und eine Form der Partnerschaft. Wir wissen genau, daß es mehr Formen der Partnerschaft als Menschen gibt. Wollten wir uns allerdings so konsequent auf das Prinzip der Einzigartigkeit einlassen, wären wir nicht nur überfordert, sondern würden auch den Überblick verlieren. Wir beschränkten uns daher auf einige uns wesentlich erscheinende Grundformen partnerschaftlicher Beziehungen. Der Deutlichkeit halber überzeichnen wir sie zum Teil ins Karikaturhafte. So können wir sie als Spiegel verwenden, der uns die Möglichkeit bietet, eigenes Verhalten auf dem Wege des Vergleichs genauer wahrzunehmen.

Die Zahl von »33 Formen der Partnerschaft« ergab sich mehr oder weniger zufällig aus meiner Arbeit und steht symbolisch für eine unbegrenzte Zahl von Beziehungsmöglichkeiten. So wie in »Tausend und eine Nacht« die letzte Nacht in die Zukunft weist und die Genesung des kranken Sultans anzeigt, bietet die »eine« Form der Partnerschaft die Möglichkeit, den Standort zu wechseln, das eigene Konzept zu erweitern und Wunschvorstellungen zu realisieren. Diese »eine« Form kann als *»Orientierungshilfe«* angesehen werden, unabhängig davon, von welcher Grundproblematik der einzelne ursprünglich ausgegangen ist. So wie die 33 Formen eine Bestandsaufnahme darstellen und den »Ist-Wert« beschreiben, läßt die »eine« Form Raum für die Wunschvorstellungen des individuellen »Soll-Werts«.

Jede Form der Partnerschaft wird unter sechs Gesichtspunkten gesehen:

1. Der *Zugang* erfolgt über die Phantasie, über das bildhafte Denken der »rechten Hirnhälfte«, über Geschichten und Spruchweisheiten.
2. Die folgende *Erklärung* spricht das analytische, differenzierende Denken der »linken Hirnhälfte« an. Es geht hier im Sinne des positiven Vorgehens vor allem darum, die Realität dieser Beziehungsformen mit ihren Krisen und Chancen, mit ihren Licht- und Schattenseiten, ihren Störungen und Fähigkeiten zu erfassen.
3. Um die Übertragung auf lebensnahe Situationen und den Schritt vom allgemeinen zum besonderen zu erleichtern, wählte ich *Fallbei-*

spiele aus der familientherapeutischen Praxis aus, die das beschriebene Modell in möglichst »reiner« Form zeigen. Bei der Durchsicht meines Materials fiel mir auf, daß weitaus mehr Frauen zu Wort kommen. Dies entspricht sicherlich der bei Frauen stärker ausgeprägten Fähigkeit, emotionale Probleme wahrzunehmen und folglich auch stärker unter ihnen zu leiden. Die Hilflosigkeit führt oft zu »gewaltsamen« Lösungen in Form von »Selbstverwirklichung« oder von Trennung: 60 % aller Ehescheidungen gehen auf Initiative der Frau zurück. Wenn Frauen sich für die Familie verantwortlich fühlen, werden sie von der Möglichkeit, Hilfe in Anspruch zu nehmen, mehr Gebrauch machen als ihre Männer; komplementär aber läßt sich der Partner für eine Zusammenarbeit gewinnen.

4. In der *Deutung* versuchte ich, die inhaltlichen und psychodynamischen Besonderheiten des jeweiligen Falles akzentuiert zu beschreiben. Dabei ging es mir vorrangig darum, auf wichtige Aspekte des speziellen Falles hinzuweisen und Allgemeingültiges zu dieser Falldarstellung hinzuzufügen.

5. Unter dem Aspekt *Andere Kulturen* soll der Leser an das transkulturelle Denken herangeführt werden. Vor dem Hintergrund der »Kulturgebundenheit«, die ein Stück »Kulturblindheit« mit sich bringt, werden Sichtweisen fremder Kulturen hinsichtlich der selben Form der Partnerschaft beschrieben. Wie ich immer wieder beobachten konnte, wird in orientalischen Familien sehr viel Theorie, als Konzepte der Partnerschaft, mit auf den Weg gegeben. Im Abendland scheint man eher auf die Praxis und damit auf das Lernen durch Versuch und Irrtum zu achten. Welche von beiden Formen besser ist, wage ich nicht zu entscheiden. Doch die eine Sichtweise kann von der anderen noch viel lernen. Die Frage sollte nicht lauten: »Ist das orientalische oder das abendländische System besser?«, sondern: »Wie können wir Theorie und Praxis zum Wohl des Individuums, der Familie und der Gesellschaft miteinander verbinden?«

6. Jedes Kapitel schließt mit einem Abschnitt *Praktische Konsequenzen*. Sie sollen über den engen partnerschaftlichen Rahmen dieses Problems hinausweisen auf die Bedeutung der Partnerschaft:
   – für die psychische und körperliche Gesundheit;
   – für den Beruf;
   – für die Familie;
   – für die Mitmenschen; und
   – für die Zukunft, die auch Fragen nach dem Weltfrieden, dem Sinn des Lebens und dem Leben nach dem Tode umfaßt.

Was will dieses Buch?

– Auch den nicht psychotherapeutisch Vorgebildeten ansprechen: Das Buch ist für einen breiten Leserkreis geschrieben.

– Den praktisch tätigen Ärzten, Psychologen, Psychiatern, Psychotherapeuten, Sozialarbeitern, Pädagogen und anderen im Gesundheits- und Beratungswesen Tätigen, die täglich in ihrer Arbeit mit Partnerschaftsproblemen und deren Auswirkungen konfrontiert werden, alternative Denkmodelle anbieten.

– Durch Einbeziehung des positiven Aspektes, des inhaltlichen Ansatzes und der fünfstufigen Behandlungsstrategie Sprachbarrieren überwinden, die Chancengleichheit fördern und die Zusammenarbeit zwischen verschiedenen Fachrichtungen unterstützen.

Einführung

Der Wanderer

In der persischen Mystik wird von einem Wanderer erzählt, der mühselig auf einer scheinbar endlos langen Straße entlangzog. Er war über und über mit Lasten behangen. Ächzend und stöhnend bewegte er sich Schritt für Schritt vorwärts, beklagte sein hartes Schicksal und die Müdigkeit, die ihn quälte. Auf seinem Weg begegnete ihm in der glühenden Mittagshitze ein Bauer. Der fragte ihn: »Oh, müder Wanderer, warum belastest du dich mit diesen Felsbrocken?« – »Zu dumm«, antwortete der Wanderer, »aber ich hatte sie bisher noch nicht bemerkt.« Darauf warf er die Brocken weit weg und fühlte sich viel leichter. Wiederum kam ihm nach einer langen Wegstrecke ein Bauer entgegen, der sich erkundigte: »Sag', müder Wanderer, warum plagst du dich mit einem halbfaulen Kürbis auf dem Kopf und schleppst an Ketten so schwere Eisengewichte hinter dir her?« Es antwortete der Wanderer: »Ich bin sehr froh, daß du mich darauf aufmerksam machst; ich habe nicht gewußt, was ich mir damit antue.« Er schüttelte die Ketten ab und zerschmetterte den Kürbis im Straßengraben. Wieder fühlte er sich leichter. Doch je weiter er ging, um so mehr begann er wieder zu leiden. Ein Bauer, der vom Feld kam, betrachtete den Wanderer erstaunt: »Oh, guter Mann, du trägst Sand in deinem Rucksack, doch was du in weiter Ferne siehst, ist mehr Sand, als du jemals tragen könntest. Und wie groß ist dein Wasserschlauch – als wolltest du die Wüste Kawir durchwandern. Dabei fließt neben dir ein klarer Fluß, der deinen Weg noch weit begleiten wird!« – »Dank dir, Bauer, jetzt merke ich, was ich mit mir herumgeschleppt habe.« Mit diesen Worten riß der Wanderer den Wasserschlauch auf, dessen brackiges Wasser auf dem Weg versickerte, und füllte mit dem Sand aus dem Rucksack ein Schlagloch. Er blickte an sich herab, sah den schweren Mühlstein an seinem Hals und merkte plötzlich, daß der Stein es war, der ihn noch so gebückt gehen ließ. Er band ihn los und warf ihn, so weit er konnte, in den Fluß hinab. Frei von seinen Lasten wanderte er durch die Abendkühle, eine Herberge zu finden.

Fall: Jeder kann »fliegen« lernen!

Eine 38jährige Frau kam in die psychotherapeutische Praxis. Auf die Frage nach ihren Beschwerden antwortete sie: »Ich leide unter starken Schweißausbrüchen, Kopf- und Magenschmerzen. Mein ganzer Körper zittert manchmal, ohne daß ich erkennen kann, warum. Ich rege mich schnell auf, aber ich kann dann nichts sagen und fühle mich gleich ausgeliefert. Als ich im März 1987 vom Friseur kam, schaute ich in den Spiegel, um den Schnitt noch einmal genauer zu betrachten. Durch Zufall sah ich, völlig erschrocken, daß zwei Stellen auf dem Kopf völlig kahl waren. Ich war fix und fertig und lief zum Hausarzt. Der verschrieb mir Salben zum Einreiben, sagte aber gleich, daß mir da nur eine Psychotherapie helfen könnte ... Ich habe solche Minderwertigkeitskomplexe, weil ich unfähig bin, eine Beziehung einzugehen. Ich habe schon die siebte Trennung von einem Partner hinter mir.« (Patientin fängt an zu weinen.) »Das ganze Leben hat überhaupt keinen Sinn.« (P. schweigt.)

Therapeut (Th.): »Können Sie fliegen? Haben Sie einen Flugzeugführerschein?«

P.   (schaut den Th. erstaunt und neugierig an): »Nein.«

Th.: »Warum nicht?«

P.:   »Ich habe das nie gelernt.«

Th.: »Aber Sie haben die Fähigkeit, fliegen zu lernen.«

P.:   »Das stimmt.«

Th.: »Wo und wie haben Sie gelernt, eine Partnerschaft zu führen?«

P.:   »Eigentlich nirgendwo.«

Th.: »Können Sie das Beispiel mit dem Fliegenlernen auf Ihre Partnerschaft übertragen?«

P.:   »Ja, ich glaube, ich muß endlich anfangen, zu lernen, wie man mit einem Partner umgeht« (P. wirkt entspannter).

Th.: »Sie sind also nicht partnerunfähig oder minderwertig. Sie haben die Fähigkeit, lieben zu lernen und sich so zu verhalten, daß Sie geliebt werden.«

Durch dieses sprachliche Bild und seine positive Deutung wurde die Patientin daran gehindert, die Hilflosigkeit und Ausweglosigkeit ihrer Konfliktsituation zu wiederholen. Vielmehr erhielt sie durch die veränderte Sichtweise ihrer Problematik (»Sie haben die Fähigkeit, lieben zu lernen und sich so zu verhalten, daß Sie geliebt werden«) die Möglichkeit, selber neue Wege zur Konfliktlösung zu beschreiten und sich von dem oft genug wiederholten neurotischen Konzept »Unfähigkeit« zu distanzieren.

Im zweiten Teil des Erstinterviews fragte ich die Patientin nach zehn für sie wichtigen Ereignissen aus den letzten acht bis zehn Jahren (Zeitpunkt der Scheidung: 1980).

Im dritten Teil des Erstinterviews bat ich sie, die genannten Ereignisse (in meiner Praxis) niederzuschreiben. Sie hielt sich etwa eine halbe Stunde in einem anderen Raum auf, um ihre Gedanken zu Papier zu bringen. Sie schrieb neun Punkte nieder:

1. Ich habe mit 18 Jahren geheiratet, weil ich von zu Hause weg wollte. Mit meinem Stiefvater habe ich mich nicht gut verstanden. Er hat mich immer unterdrückt und mit seinen Jähzornsanfällen erpreßt. Ich wollte mich seinem Zugriff entziehen.

2. Diese Ehe wurde 1980 geschieden, und ich habe ganz schnell danach eine neue Partnerschaft begonnen, in der ich sehr glücklich war.

3. 1982 erfuhr ich durch Zufall, daß mein Partner mich mit einer Freundin betrogen hat. In mir war totale Verzweiflung und gleichzeitig auch wieder Hoffnung, daß sich unsere Beziehung wieder bessern würde. Ich habe bis zur Selbstaufgabe um diese Partnerschaft gekämpft, doch sie wurde nie mehr richtig. 1986 kam es dann zur endgültigen Trennung. Danach hatte ich noch mehrere kurze Beziehungen.

4. Mir blieben dann die Schulden. Ich wollte unbedingt die gemeinsame Wohnung behalten, da diese für mich ein richtiges »Zuhause« war, das ich so oft vermißt hatte, denn meine Eltern sind mit mir als Kind ständig umgezogen. In dieser Wohnung hatte ich mir ein richtiges »Nest« geschaffen.

5. Es hat lange gedauert, bis ich die finanziellen Probleme in den Griff bekam, und ich gab mir unheimliche Mühe, mir das nach außen nicht anmerken zu lassen.

6. Hinzu kamen berufliche Probleme. Obwohl ich eine Tätigkeit habe, die mir viel Spaß macht, und ich mit einer verantwortungsvollen Aufgabe betraut worden bin, hatte ich plötzlich Ängste, das alles nicht schaffen zu können, Fehler zu machen.

7. In dieser Situation begann ich Hals über Kopf ein Verhältnis mit einem Arbeitskollegen, den ich nach zwei Monaten nicht mehr ertragen konnte. Ich habe dann von mir aus Schluß gemacht.

8. Meine sozialen Kontakte sind mit der Trennung von meinem Freund sehr reduziert worden, und in meiner derzeitigen Situation fällt es mir unheimlich schwer, neue Kontakte zu knüpfen. Ich denke immer, alle anderen Menschen sind viel klüger als ich und ich kann ihren Erwartungen überhaupt nicht entsprechen.

9. Sorgen mache ich mir auch um meine Mutter, die seit acht Jahren krank ist. Ich versuche immer wieder ihr zu helfen, weil es mich tief treffen würde, wenn ihr etwas passierte. Seit 25 Jahren wird sie von meinem Stiefvater unterdrückt und sie wehrt sich nicht, obwohl ich ihr auch dabei geholfen hätte. Jetzt fehlt ihr wohl die Bereitschaft dazu, und sie hat sich total zurückgezogen. Der einzige soziale Kontakt, den sie noch hat, bin ich, doch ich kann ihr doch nicht alles ersetzen.

Es bleibt anzumerken, daß die Ehe der Eltern geschieden wurde, als die Patientin fünf Jahre alt war. Die zweite Ehe der Mutter war eine »Vernunftehe«, die aus der Angst heraus geschlossen wurde, die Probleme allein nicht meistern zu können. Die Familie löste Probleme im sozialen Umfeld (Beruf, Nachbarn) stets durch Umzüge. Die Patientin konnte daher nie dauerhafte soziale Beziehungen zu Schulfreundinnen etc. aufbauen. Nur einmal habe es eine Freundschaft mit einem Mädchen gegeben, die dann von ihr aus beendet worden sei, als es zu Schwierigkeiten und Meinungsverschiedenheiten gekommen sei. Sie glaube heute, es sei so gekommen, weil sie nie gelernt habe, sich den Problemen einer Freundschaft bzw. Partnerschaft zu stellen. Ausgehend von den Grundlagen des Erstinterviews wurde die Patientin mit dem fünfstufigen Vorgehen, das dem Prozeß der Konfliktverarbeitung entspricht, vertraut gemacht:

1. Stufe: *Beobachtung/Distanzierung;*
2. Stufe: *Inventarisierung;*
3. Stufe: *Situative Ermutigung;*
4. Stufe: *Verbalisierung;*
5. Stufe: *Zielerweiterung.*

Die Vorgehensweise kann durch folgende Fragestellungen kurz umrissen werden:

– Was ist in den letzten fünf bis zehn Jahren alles auf Sie zugekommen (gesundheitlich, beruflich, familiär etc.)?
– Wie haben Sie darauf reagiert? Wo haben Sie gelernt, so zu reagieren? Wie reagiert Ihre Familie darauf?
– Welche Probleme haben Sie bisher bearbeitet? Wie haben Sie das gemacht, und was hat es für Sie gebracht?
– Welche Probleme sind noch übriggeblieben?
– Was würden Sie in den nächsten fünf Jahren gesundheitlich, beruflich, familiär und gesellschaftlich machen, wenn Sie keine Probleme mehr hätten?

Die fünf Stufen orientieren sich an den vier Formen der Konfliktverarbeitung und haben eine Erweiterung des Repertoires an Konfliktverarbeitungsmöglichkeiten zum Ziel. Die Problematik der Patientin konnte in 20 Sitzungen konfliktzentriert aufgearbeitet werden.

»Liebe ist ein Glas, das zerbricht, wenn man es zu
unsicher oder zu fest anfaßt.«
Orientalische Weisheit

Partnerschaft heute

»Bedrückt und hilflos machen mich viele Dinge: Umweltprobleme, Ungerechtigkeit in der Welt, Rassenfragen, Scheidungen, unmenschliches Verhalten, Teilnahmslosigkeit untereinander, Hunger, Krieg. Ich versuche, im Rahmen meiner kleinen Möglichkeiten zu helfen, aber das verändert nicht genug. Dann muß ich oft an einen afrikanischen Spruch denken: ›Viele kleine Leute an vielen kleinen Orten, die viele kleine Dinge tun, werden das Angesicht der Erde verändern.‹«

Manche Leser mag es verwundern, daß wir Probleme der Partnerschaft in einem Atemzug mit Problemen der Gesellschaft, der Kultur, der Politik, der Religion und der Weltanschauung nennen. Unsere Beobachtungen und praktischen Erfahrungen zeigen uns immer wieder, daß nicht nur die Partner die Umwelt, sondern auch die Umwelt die Partnerschaft beeinflußt. Unter Partnerschaft verstehen wir eine engere Beziehung, also eine Freundschaft, eine Ehe oder eine Arbeitsgemeinschaft, in der es auf die zwischenmenschlichen Kontakte ankommt. Überdauernde Interessen, vielleicht gemeinsame Ziele, auf jeden Fall aber emotionale Beziehungen kennzeichnen die Partnerschaft allgemein.

Wir werden täglich mit kollektiven gesellschaftlichen Problemen konfrontiert und reagieren mit unterschiedlicher emotionaler Beteiligung auf:

- Die Bevölkerungsexplosion: Die Überbevölkerung ist sowohl ein Mutliplikator für alle bestehenden als auch die Ursache immer neuer Probleme.
- Das Nicht-Vorhandensein von Plänen und Programmen, um die elementaren Bedürfnisse der Menschen zu befriedigen, denn ein Viertel der Weltbevölkerung lebt in absoluter Armut und Not.
- Die Zerstörung der Umwelt, Ackerland, Weiden, Wälder und Meeresfauna.
- Die Krise der Weltwirtschaft und den Rüstungswettlauf.
- Die zu geringe Beachtung sozialer Übel und als Folge die Zunahme von Egoismus, Ungerechtigkeit, Intoleranz, Gewalttätigkeit und Gleichgültigkeit (»Nach mir die Sintflut«).
- Die fortschreitende wissenschaftlich-technische Entwicklung, die

Auswirkungen auf die anderen Bereiche des Lebens nicht immer angemessen berücksichtigt.
- Verknöcherte Institutionen, der Ost-West-Gegensatz und das Nord-Süd-Gefälle gehören ebenso dazu wie ein zunehmend konstatierbarer Mangel an moralischer und politischer Führung.

Als Auswirkung ist eine zunehmende Schwächung und Auflösung der Ehe und ein besorgniserregender Zerfall des Familienlebens zu beobachten. Die folgenden Daten verdeutlichen dies.

Etwa 360 Ehen werden pro Tag in der Bundesrepublik Deutschland geschieden. Die erwartete Ehedauer betrug im Jahre 1870 etwa 23 Jahre; im Jahre 1970 betrug sie etwa 43 Jahre. Obwohl heute mehr Ehen geschieden werden als jemals zuvor, ist aufgrund der gestiegenen Lebenserwartung und des absinkenden Durchschnittsalters bei der Erstheirat die Ehedauer dennoch länger. 1965 wurden von 492 000 geschlossenen Ehen 58 000 geschieden; 1984 kamen auf 369 000 Eheschließungen 121 000 Scheidungen. Noch vor zwei Generationen wurden Scheidungen zu 90 % von Männern eingereicht; heute werden Scheidungen zu 60 % von Frauen veranlaßt. 1979 waren bei 800 000 Kindern unter drei Jahren beide Eltern außer Haus erwerbstätig. Etwa 50 % der Männer und 30 % der Frauen zwischen 18 und 29 Jahren halten Freizeit für wichtiger als Familiengründung. Bei 42 % der Frauen ist der Besuch einer Party, eines Cafés oder eines Restaurants ohne Begleitung immer noch ein Problem. 35 % aller Frauen sehen sich benachteiligt, wenn sie allein in Urlaub fahren müssen. 34 % der Frauen scheuen sich, nach Einbruch der Dunkelheit allein in öffentlichen Verkehrsmitteln zu fahren. 20 % der Frauen im heiratsfähigen Alter leben in eheähnlichen Beziehungen. 30 bis 40 % der geschiedenen Frauen bleiben ohne staatlich sanktionierte Bindung in einem eheähnlichen Verhältnis unter Verzicht auf Kinder oder weitere Kinder. Etwa 200 000 Schwangerschaftsabbrüche wurden im Jahre 1985 durchgeführt.

In Deutschland nehmen sich etwa 14 000 Menschen jährlich das Leben, das sind etwa so viele, wie auf den Straßen den Verkehrstod sterben. Dazu kommen jährlich etwa 200 000 Selbstmordversuche, wobei die Dunkelziffer weitaus höher zu schätzen ist.

Einer Untersuchung zufolge waren in der Zeit von 1978 bis 1983 nur 2,9 % aller Ärzte als ärztliche Psychotherapeuten in der kassenärztlichen Versorgung tätig, und die psychotherapeutischen Leistungen betrugen nur 0,56 % am Gesamtvolumen der abgerechneten Leistungen. Einer Untersuchung aus Amerika zufolge hat sich 1972 die Zahl der Frauen mit außerehelichen Affären seit Kinsey verdreifacht. Von

100 000 Frauen hatten 50 % sexuelle Beziehungen mit mehr als einem Mann innerhalb von 24 Stunden. Damit war das Ende der Moral der 60er Jahre besiegelt. Mädchen, die nicht mehr Jungfrau waren, bekamen das Etikett »schlechte Mädchen«. Die jungen Männer sollten sich »die Hörner abstoßen« und wollten dann eine Jungfrau, »ein sauberes, anständiges Mädchen« heiraten. Die Frauen akzeptierten diese Doppelmoral nicht länger. Die »Sexuelle Revolution« verhalf dem Wahlspruch der Subkultur: »Make love not war« zum Durchbruch.

1977 wurden in Amerika über eine Million Teenager schwanger; 30 000 von ihnen waren unter 15 Jahren. 20 % der 14- bis 15jährigen Mädchen waren sexuell aktiv.

Als neuesten Trend beobachtet man eine Rückkehr zu Werten wie Romantik, »den Hof machen«, verehren. Eine stabile emotionale Beziehung ist Grundlage der sexuellen Beziehung. Nicht nur Angst vor Aids und anderen Krankheiten ist die Ursache …

Diese Sammlung statistischer Daten gibt Zahlen wieder, die alle mit Partnerschaft oder den Folgen gescheiterter Partnerschaften zu tun haben. Einzelschicksale verbergen sich hinter nüchternen Zahlen. Das Individuum leidet, obwohl Hilfe möglich wäre.

Warum ist das so?

– Weil man das Symptom behandelt und nicht den Menschen.
– Weil man sich zwar mit der Form der Konflikte (Konfliktdynamik), nicht aber mit deren Inhalt (Konfliktinhalt) beschäftigt.
– Weil Therapeut und Patient verschiedene Sprachen sprechen.
– Weil viele Psychotherapeuten sich untereinander kaum mehr verständigen können (einseitige Behandlungsmethoden).
– Weil für manche Therapeuten aufgrund ihrer Ausbildung und »Lebensphilosophie« – unbemerkt – Trennung und Scheidung die einzigen Möglichkeiten zur »Selbstverwirklichung« sind. Damit ist das Problem nur vorübergehend gelöst. Der Patient kann die Vergangenheit nicht als Spiegel der Zukunft nutzen.
– Weil Partnerschaftsprobleme nicht im Gesamtzusammenhang der Lebenssituation und des sozialen Umfeldes gesehen werden.

Was ist zu tun?

Die Konflikte können konkret, von ihren jeweiligen Inhalten her angegangen werden. Partnerschaft sollte nicht nur im engen Sinn als Zweierbeziehung, sondern auch im erweiterten und umfassenden Sinn verstanden werden. Selbsthilfe betrifft den Umgang mit seelischen, sozialen und psychosomatischen Störungen, soweit er im außertherapeutischen Bereich geschieht. Die Selbsthilfe ist die ursprüngliche Form der Konfliktbewältigung, die leider bisher noch nicht genügend in dieser Bedeutung gewürdigt wurde. Lange bevor Psychotherapie sich als eigene Institution entwickelte, halfen sich Menschen im Rahmen einer Selbsthilfe. Das Selbsthilfe-Thema umfaßt eine Reihe von Unterthemen: Allgemeine Selbsthilfe, Selbsthilfe bezogen auf bestimmte Berufsprobleme (z. B. Ärztegruppen, Lehrergruppen, Juristengruppen, Gruppen mit Führungskräften etc.), Selbsthilfemaßnahmen in der Familie (Familiengruppe, Partnergruppe) und der Umgang mit konkreten Problemsituationen. Die Psychotherapie muß aus dem Elfenbeinturm heraustreten und von dem Ruch der Geheimwissenschaft befreit werden.

Wir legen besonderen Wert auf die Zusammenarbeit zwischen Ärzten, Psychologen, Familientherapeuten, Sozialarbeitern, Pädagogen und Rechtsanwälten. Bevor man das Urteil »Wir passen nicht zusammen!« fällt und die Scheidung einreicht, sollte man sich fragen: »Welche Hilfe von außen wurde bis jetzt in Anspruch genommen?« Ziel ist es, mehr Beratungsstellen, Therapiezentren und Tageskliniken einzurichten, in denen die Partner und die Angehörigen ihre Fähigkeiten und Chancen zur Zusammenarbeit erkennen und ihre Konflikte aufarbeiten können. Der folgende Fall eines erfolgreichen, aufgeschlossenen Geschäftsmannes zeigt, wie notwendig solche Angebote sind.

Scheidung

»Ich bin seit heute geschieden, genau 15 Jahre und sechs Monate nach der Trauung. Einen so gravierenden Einschnitt wird es wohl nicht oft im Leben geben. Wir – Helga, unser Sohn und ich – waren sehr ruhig und nett miteinander, waren anschließend zusammen zum Essen. Die eigentliche Scheidung mit dem Urteil im Namen des Volkes dauerte kaum eine halbe Stunde.

Drei wesentliche Gedanken gingen mir heute durch den Kopf:

Wenn man so nett, in Achtung voreinander, eine Scheidung, eine so gravierende Ent-Scheidung durchziehen kann, hätte man nicht auch die zur Scheidung führenden Probleme lösen können?

Nach dem Urteil, als alles vorbei war, war die Anspannung deutlich geringer. Plötzlich tauchte der Gedanke auf, mit dem Menschen, von dem man gerade geschieden worden war, eine neue Beziehung anzufangen, gerade so, als sei nur der Zwang ein Hindernis dafür gewesen. Wenn nicht die neue Beziehung zwischen Helga und ihrem Freund wäre, hätte ich wohl den Mut, einen Versuch zu machen, mit ihr wieder ins reine zu kommen?«

Fazit:

»Die Scheidung tut mir sehr leid. Genau wie wohl 90 Prozent aller Trennungen wäre auch sie nicht notwendig gewesen. Hätte zur rechten Zeit ein geeigneter Berater zur Verfügung gestanden, hätte uns dabei geholfen, zu differenzieren und den Konflikt distanziert zu betrachten, ohne daß wir dazu die Ehe hätten aufgeben müssen – wir wären wohl heute noch glücklich verheiratet. Aber damals war nur ein Gedanke maßgebend: ›Raus aus der Verantwortung, aus der Verpflichtung, mit dem anderen auskommen zu müssen.‹ Einen ernsthaften Versuch, die Wurzel des Konfliktes zu finden und ihn zu lösen, haben wir nicht unternommen. Dazu fehlte es an Reife und Erfahrung. Das frühe Zusammenseinmüssen, die fehlende Unbekümmertheit und Freiheit der zum Teil verlorenen Jugend hatten den Blick für jede objektive und differenzierende Betrachtung verstellt.

Heute, nach mehr als fünf Jahren Trennung und weiterer schmerzlichen Erfahrungen, bin ich endlich bereit, einen Fehler, zumindest einen voreiligen Schritt einzugestehen. Heute würde ich – hoffentlich – auch mit einem solchen Konflikt anders umgehen. Die Scheidung tut mir leid, ja, aber das darf nicht dazu führen, zu resignieren oder in Sack und Asche zu gehen, denn: Da der Berater nicht zur Verfügung stand und unsere Erfahrung nicht ausreichte, diese Konflikte gemeinsam zu lösen, war die durch die Trennung ausgelöste Krise unbedingt notwendig, um zu diesen Einsichten zu gelangen. Es ist nun wichtig, begangene Fehler zu akzeptieren und den Blick nach vorn zu richten. Hier liegt für uns alle drei die Chance, das Gelernte hoffnungsvoll in die Zukunft zu investieren.«

»Mein Weg zur einen Form der Partnerschaft«

»Die Bekanntschaft mit meinem späteren Verlobten könnte zu Anfang unter
Partnerschaft als Selbstwertbestätigung laufen, weil ich diese Bekanntschaft zu-
erst einmal eingegangen bin, da alle meine Freundinnen inzwischen einen
Freund hatten oder schon verheiratet waren und ich Angst hatte, keinen Partner
mehr zu finden. Ein anderer Grund war auch für mich, daß es in unserer Familie
Tradition war, zu heiraten (Partnerschaft als Generationspflicht). Eine andere
Möglichkeit gab es in den Augen meiner Eltern und Verwandten nicht. Meine
Mutter wurde fast hysterisch, als ich mit 15 Jahren einmal äußerte, ich würde
nicht heiraten. Ich ging diese Bekanntschaft trotz aller Bedenken meiner Eltern
ein und obwohl ich selbst wußte, daß dieser junge Mann nicht zu mir paßte – er
war ein einfacher und ungebildeter Mensch und mir intelligenzmäßig unterle-
gen –, weil ich mich damit zwingen wollte, Kontakt zum anderen Geschlecht
aufzunehmen (Partnerschaft als Notlösung). Ich hatte zu dieser Zeit sehr starke
Hemmungen allen mir fremden Menschen gegenüber, ganz besonders aber gegenüber dem anderen Geschlecht.
Ein anderer Grund, mir einen Freund anzuschaffen, war für mich auch noch,
daß ich mit 20 Jahren noch Jungfrau war und ich glaubte, daß es endlich Zeit sei,
daß sich dieser Zustand ändere. Diese Einstellung kam durch mangelnde Aufklärung und durch Einflüsse von außen. Ein Frauenarzt, bei dem ich mit 19
Jahren in Behandlung war, sagte mir, daß es Zeit für mich sei, sexuelle Beziehungen aufzunehmen. Er erzählte mir von einem Fall aus seiner Praxis, von den
Schwierigkeiten mit der Entjungferung einer 32jährigen, die heiraten wollte
und bis dahin noch keinen Geschlechtsverkehr gehabt hatte (Partnerschaft um
jeden Preis).
Alle diese Überlegungen ließen mich diese Bekanntschaft eingehen. Meine Beziehung zu diesem Freund ließ ich so weit kommen, daß ich mein ganzes Leben
auf ihn einstellte. Ich begab mich in vollkommene Abhängigkeit, weil ich der
Meinung war, daß Mann und Frau nur *füreinander* dazusein hätten. So verhielten sich meine Eltern und so wurde es überall in meiner Umgebung gepflegt. Ich
wäre sicher auch bis zu einem gewissen Grad zufrieden und glücklich gewesen,
wenn es sich in meinem Fall auch so hätte verwirklichen lassen. Ich richtete es so
ein, daß ich immer Zeit hatte, wenn mich mein Freund besuchen wollte. Ich gab
alles andere auf, was mich noch mit anderen Menschen verband: Mitgliedschaft
in einem Stenografenverein und in einem Kirchenchor (Partnerschaft als Besitz).
In dieser partnerschaftlichen Beziehung klang auch Partnerschaft als Rivalität
und Leistung an. Ich war der Meinung, daß, wenn es nicht bald zu einem Geschlechtsverkehr zwischen uns kommen würde, mein Freund sich eine andere

Freundin suchen würde bzw. glaubte ich, daß, wenn ich mit ihm geschlafen hätte, er mir gehören würde (Partnerschaft als Fessel) und daß Geschlechtsverkehr ganz einfach zu einer Partnerschaft dazu gehöre (Partnerschaft als Konsequenz). Dabei dauerte es dann noch ein Jahr, bis es zu einem richtigen Geschlechtsverkehr kam. Ich weiß bis heute nicht genau, warum er erst nach einem Jahr dazu bereit war. Wenn ich ihn danach fragte, gab er mir keine Antwort, wie er auch in anderen Dingen einer Auseinandersetzung aus dem Wege ging. Entweder gab er mir keine Antwort auf meine Fragen oder er machte sich über mich lustig und meist gab ich mich damit zufrieden. Wenn ich ihn aber mal bedrängte, wurde er höchstens kurzfristig zornig, was sich aber gleich wieder legte (Partnerschaft als Balanceakt).

Ich vermute, daß der Grund, warum er anfänglich noch keinen Geschlechtsverkehr mit mir wollte, darin zu suchen war, daß auch er glaubte, sich festzulegen durch intime Beziehungen. Ich spürte, daß er noch seine Freiheit haben wollte und mich sozusagen als Rückversicherung und stille Reserve benutzte. Auch wußte ich, daß er oft ohne mich ausging und daß er anderweitig geschlechtliche Beziehungen hatte (Partnerschaft als Triebbefriedigung). Er sagte mir das nicht, aber ich hörte es aus Bemerkungen von Freunden heraus. Ich machte ihm oft deswegen eine Szene. Er fühlte sich dadurch geschmeichelt und es stärkte sein Selbstbewußtsein. Er lachte mich dann immer aus und fühlte sich mir sehr überlegen. Auf meine Anschuldigungen sagte er mir dann, daß ich ihm nichts beweisen könne und damit hatte er recht (Partnerschaft als Theater).

Ich hätte mich damals schon gern von ihm gelöst, aber ich hätte dann wieder dieselben Schwierigkeiten gehabt, einen neuen Partner zu finden (immer noch starke Kontaktschwierigkeiten), und das konnte ich zu der damaligen Zeit noch nicht und ich wollte es auch nicht (Partnerschaft als Notlösung). Meine Freundinnen waren inzwischen alle verheiratet, und ich wohnte in einem Dorf mit sehr schlechten Verkehrsbedingungen. Ich arbeitete damals in M. und brauchte für eine Fahrstrecke, wenn alles klappte, 1 ½ Stunden. Ich war selten vor 19.30 Uhr zu Hause. Wenn es einmal später wurde, weil ein Verkehrsmittel Verspätung hatte, bekam ich Vorwürfe von meiner Mutter. Diese Vorwürfe wegen Zuspätkommens hörten dann zwar auf, als ich meinen Freund kannte, aber ich hatte auch keine Möglichkeit mehr, andere Kontakte anzuknüpfen; außerdem war ich durch meine starke Bindung an das Elternhaus und durch meine sehr strenge Erziehung richtiggehend blockiert, etwas auf eigene Faust zu unternehmen. Ich konnte mich weder aus dieser Situation noch von meinem Elternhaus lösen (Partnerschaft aus Höflichkeit und Dankbarkeit).

So ertrug ich alles mit stoischer Geduld und ohne zu murren und wartete auf eine Gelegenheit, bei der ich in der Lage sein würde, diese Bindung zu lösen, oder auf die Zeit, die mich dann dazu befähigen würde (Partnerschaft als Befreiung). Das dauerte dann insgesamt noch sieben Jahre, bis ich die Kraft dazu hatte. Mein Partner war genauso ambivalent in seinem Verhalten wie ich. Er wollte mich auf der einen Seite gerne heiraten, konnte sich aber andererseits nicht von seinem bisherigen Leben lösen, das heißt seine Gewohnheiten aufgeben (Partnerschaft als Balanceakt).

Am Anfang dieser partnerschaftlichen Beziehung strebte ich auch oft eine *Selbstbestrafung* an (Partnerschaft als Bestrafung). Ich war manchmal unfreundlich und kratzbürstig zu ihm und wollte ihn wegschicken. Wenn er dann böse auf mich war und ich befürchten mußte, daß er meiner Aufforderung folgen würde, weinte ich und machte mir Vorwürfe über mein Verhalten und betete zu Gott, daß er mir meinen Freund wiederschicken möge. Ich befand mich damals in einer chaotischen seelischen Verfassung (Partnerschaft als religiöse Aufgabe).

Nach achtjähriger Dauer ging dann diese Verbindung, aus der später ein Verlöbnis wurde, zu dem ich drängte, weil wir von unserer Umgebung immer wieder daraufhin angesprochen wurden, zu Ende. Mein Verlobter war in den ersten Jahren unserer Bekanntschaft häufiger, später seltener betrunken, was mir immer dann sehr unangenehm war, wenn andere Menschen das sahen, die dieses Verhalten nicht billigten, z. B. meine Eltern, Nachbarn, oder Verwandte. Mir persönlich machte das nicht so viel aus (Partnerschaft als Berufung). Eine solche Gelegenheit nutzte ich regelrecht aus, als ich mich einmal stark fühlte, um diese Verbindung zu beenden. Ich hatte meinen Verlobten in den ganzen Jahren schon oft kritisiert, wegen seiner Unzuverlässigkeit, wegen seiner schlechten Manieren – er war im oberflächlichen Sinn unhöflich: er grüßte nicht, wenn er nicht wollte, er war fast nie pünktlich, sehr unordentlich und hatte sehr schlechte Eßgewohnheiten – und seinem Freiheitsdrang und ihm des öfteren angedroht, daß ich Schluß mit ihm machen würde, habe es aber nie verwirklicht (Partnerschaft als Befreiung).

Bei den Verbindungen, die ich später einging, war entweder im voraus schon abzusehen, daß es nichts für die Dauer war, oder ich zog mich zurück, wenn ich merkte, daß die Sache ernst wurde oder ich verhielt mich so, daß der Partner nicht wußte, woran er war, und die Freundschaft allmählich einschlief (Partnerschaft als Doppelblindversuch). Ich konnte mich nicht zu einer Ehe entschließen, obwohl ich gern verheiratet gewesen wäre. Ich suchte mir fast jedesmal Männer aus, die selbst erhebliche Störungen in den zwischenmenschlichen Beziehungen hatten, bei denen ich mich also nicht zu entscheiden brauchte (Partnerschaft als Balanceakt). In meiner Jugendzeit hätte ich gern einen Partner mit den gleichen Interessen wie ich gehabt, weil ich mir dadurch Konfrontationen ersparen wollte (Partnerschaft als Ausgleich). In meiner Phantasie, die durch das viele Alleinsein sehr stark entwickelt war, stellte ich mir auch oft einen Partner vor, der sehr viel älter und reifer wäre als ich und zu dem ich aufschauen könnte (Partnerschaft als Wunschtraum). Mit einem solchen Partner hätte ich mich vom Elternhaus lösen können (Partnerschaft als Befreiung).

Heute stelle ich mir unter einem Partner einen Mann vor, der durchaus andere Interessen und Anschauungen haben könnte als ich. Ich würde ihm seine persönliche Freiheit in seinen Entscheidungen und Handlungen lassen bzw. respektieren. Dasselbe würde ich aber auch für mich beanspruchen.«

Fazit:

Bei näherer Betrachtung können wir Elemente aus »33 Formen« von Partnerschaft erkennen, z. B. Partnerschaft um jeden Preis, als Theater, als Ausgleich, als Besitz, als Rivalität und Leistung, als Selbstwertbestätigung, als Wunschtraum, als Befreiung, aus Höflichkeit und Dankbarkeit, als Bestrafung, als Balanceakt usw. Was ihr gefehlt hat, war die »Eine« Form, die ihr hätte als Orientierungshilfe dienen können, um *»den richtigen Partner aus dem richtigen Grund zum richtigen Zeitpunkt«* zu finden. Aber: zum Lernen ist es nie zu früh und nie zu spät, es ist immer höchste Zeit.

Frage: Welche Form der Partnerschaft praktizieren Sie heute? Wie stellen Sie sich ihre »Eine« Form (Idealform) der Partnerschaft vor?

> »Wenn jemand Gesundheit sucht, frage ihn erst, ob er
> auch bereit ist, zukünftig alle Ursachen seiner Krank-
> heit zu meiden – erst dann darfst du ihm helfen.«
>
> *Sokrates*

Abriß der Positiven Psychotherapie in der Partnerschaft

Die Positive Psychotherapie geht vom »positum«, das heißt vom
Tatsächlichen und Vorgegebenen aus. Vorgegeben sind nicht nur die
Störungen, Konflikte und Krankheiten. Vorgegeben sind auch die Fähigkeiten und noch nicht gelebten Möglichkeiten eines Menschen. Zu
unserer tatsächlichen Wirklichkeit gehört nicht nur unser enger persönlicher Lebenskreis, sondern auch die Begegnung mit anderen Menschen, Familien, Kulturen und Religionen.

Das positive Menschenbild

Jeder Mensch, ohne Ausnahme, besitzt zwei Grundfähigkeiten, die Erkenntnisfähigkeit und die Liebesfähigkeit. Je nach den Bedingungen
seines Körpers, der Umwelt und der Zeit, in der er lebt, werden diese
Grundfähigkeiten differenziert und zu einer unverwechselbaren Struktur von Wesenszügen ausgeformt.
Liebesfähigkeit bedeutet: Jeder Mensch hat die Fähigkeit, Beziehungen
zu anderen Menschen und zu anderen Bereichen des Lebens aufzunehmen. Erkenntnisfähigkeit, bezogen auf Partnerschaft, bedeutet, daß
man unterscheidend beobachtet und erlebt, nach Gründen sucht und
versucht, auf diese angenommenen Gründe angemessen zu reagieren.
Die Positive Psychotherapie geht auf die positiven Aspekte der jeweiligen Beschwerden ein. Dies bedeutet, einen Menschen zunächst mit seinen Konflikten und Störungen anzunehmen, das heißt ihn so zu akzeptieren, wie er gegenwärtig ist, um dann mit seinen noch unbekannten,
verborgenen und durch die Probleme verschütteten Fähigkeiten Beziehung aufzunehmen. Es geht dabei auch darum, die Beschwerden in
ihrer Bedeutung umzuwerten und ihre positiven Aspekte herauszuarbeiten: Die Angst vor Einsamkeit wird als Bedürfnis, mit anderen Menschen zusammenzusein, die Frigidität als Fähigkeit, mit dem Körper
nein zu sagen, gedeutet. Die veränderte Sichtweise der Positiven Psychotherapie läßt sich auf nahezu alle negativ besetzten Themen übertragen (vgl. *Positive Psychotherapie*, S. 400–412; *Auf der Suche nach Sinn*,
S. 145–180).

Die drei Grundformen (Interaktionsstadien)
der partnerschaftlichen Beziehungen

Unabhängig davon, was in einer Partnerschaft inhaltlich läuft, befindet sich jede Beziehung im Rahmen folgender drei Möglichkeiten:

Das Stadium der Verbundenheit: Auf ihm gründen sich zum wesentlichen Teil die Suche nach einem Partner, der Wunsch, mit anderen Menschen zusammenzusein und der Zusammenhalt einer Gruppe, wie es die Familie darstellt. Man kann auf einen Partner zugehen, ihn kennenlernen, sympatisch finden, Innigkeit und Intimität mit ihm wünschen. Es vollzieht sich eine Differenzierung der Liebesfähigkeit. Mit anderen Worten, durch die Unterscheidung gewinnen die Gefühle soziale Gestalt. Die Liebesfähigkeit bezieht sich in ihrer Entwicklung auf folgende vier Bereiche: erstens, wie ich mit mir selbst umgehe, mich akzeptiere oder ablehne (Ich); zweitens, wie ich auf den Partner eingehen kann, mit den Fähigkeiten zu lieben und geliebt zu werden (Du); drittens, welche Beziehung ich zu anderen Menschen und zur Gemeinschaft habe und diese zu mir (Wir); und schließlich viertens, welcher größeren Weltordnung ich mich zugehörig fühle und welche Weltanschauung oder Religion Einfluß auf die Ordnung meiner Beziehungen nimmt (Ur-Wir).

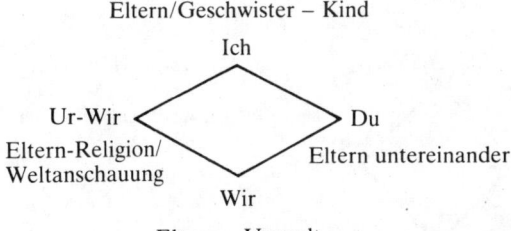

Eltern/Geschwister – Kind

Ich

Ur-Wir ⟨ ⟩ Du

Eltern-Religion/
Weltanschauung Eltern untereinander

Wir

Eltern – Umwelt

Modellfunktionen bei der Entwicklung der vier Medien der Liebesfähigkeit

Die Liebesfähigkeit führt in ihrer weiteren Entwicklung zu den primären Fähigkeiten wie Liebe, Geduld, Zeit, Kontakt, Vertrauen, Zutrauen, Hoffnung, Glaube, Zweifel, Gewißheit und Einheit (vgl. hierzu auch: *Positive Familientherapie*, S. 106–122).

Wird das Bedürfnis nach Verbundenheit zum dominierenden Verhalten eines Menschen, das über längere Zeit hin andauert und in seinen zwi-

schenmenschlichen Beziehungen immer wieder auftritt, sprechen wir
von einem naiv-primären Verhalten. Dieser Reaktionstyp entspringt in
der Regel einer überbeschützenden Erziehung, in der die Liebesfähigkeit und die primären Fähigkeiten Vorrang hatten. Der naiv-primäre
Typ entspricht der depressiven Neurosenstruktur. Die vorwiegende
Reaktion ist die Flucht in die Einsamkeit oder die Flucht in den Kontakt, der Solidarität und Geborgenheit bietet. Im Stadium der Verbundenheit können sich folgende Formen von Partnerschaften entwickeln:
Partnerschaft als Besitz, als Karitativanstalt, als Treuepakt, als Fessel,
aus Höflichkeit und Dankbarkeit, als Wunschtraum, als Ergänzung, als
Allianz, als religiöse Aufgabe, als Ruhestätte, als Begegnungsstätte, als
Beichtstuhl.

Das Stadium der Unterscheidung: Man kann einen Partner besser kennenlernen, ihn danach aussuchen, ob er bestimmte Eigenschaften auf-
weist oder nicht, wie gut er aussieht, welchen Beruf er hat, aus welcher
Familie er kommt, welche Weltanschauung und Religion er hat, von
welcher seiner Eigenschaften man sich angesprochen und von welcher
man sich abgestoßen fühlt. Dies geschieht in der Differenzierung der
Erkenntnisfähigkeit und der Ausprägung der sekundären Fähigkeiten,
welche die Beherrschung der Natur und soziale Behauptung gewährlei-
sten (vgl. Abbildung).

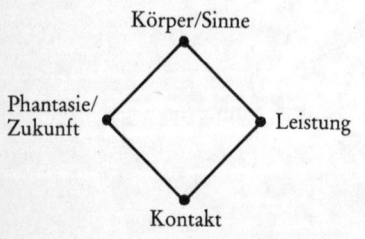

1. *Körper* (Mittel der Sinne);
2. *Leistung* (Mittel des Verstandes);
3. *Kontakt* (Mittel der Tradition);
4. *Phantasie* (Mittel der Intuition).

Medien der Erkenntnisfähigkeit
(vier Formen der Konfliktverarbeitung)

Aus der Erkenntnisfähigkeit entwickeln sich die sekundären Fähigkei-
ten wie Pünktlichkeit, Ordnung, Sauberkeit, Höflichkeit, Ehrlichkeit,
Treue, Gerechtigkeit, Sparsamkeit, Fleiß, Leistung, Zuverlässigkeit,
Genauigkeit und Gewissenhaftigkeit.
Die primären und sekundären Fähigkeiten bezeichnen wir als Aktual-

fähigkeiten. Die Aktualfähigkeiten werden im Verlauf der Sozialisation inhaltlich entsprechend dem soziokulturellen Bezugssystem gestaltet und durch die einzigartigen Bedingungen der individuellen Entwicklung geprägt. Als Konzepte werden sie in das Selbstbild aufgenommen und bestimmen die Spielregeln dafür, auf welche Weise man sich und seine Umwelt wahrnimmt und mit ihren Problemen fertig wird. Der Einfluß der Aktualfähigkeiten vollzieht sich in den oben dargestellten vier Medien (vgl. hierzu auch *Positive Familientherapie*, S. 90–105).

Gewinnt die Unterscheidung einseitig die Oberhand, sprechen wir von dem sekundären Reaktionstyp. Im Umfeld dieses Typs ist die zwanghafte Neurosenstruktur angesiedelt. Der Zwanghafte wehrt mit seiner »Über-Differenzierung« bedrohliche Triebbedürfnisse ab und zwängt sie in das Korsett einer pedantischen Lebensweise. Den sachlichen Beziehungen wird Vorrang vor der emotionalen Beteiligung eingeräumt. Charakteristisch ist die Flucht in die Aktivität.

Im Stadium der Unterscheidung können sich folgende Formen von Partnerschaft entwickeln: Partnerschaft aus Geschäftsinteresse, als Ausbildungsstätte, als Entspannung, um jeden Preis, als Selbstwertbestätigung, als Konsequenz, als Wissenschaft, als Triebbefriedigung, als Bestrafung, als Mentorenhilfe.

Das Stadium der Ablösung: Es gehört dazu die Möglichkeit, einer zu engen Verbundenheit seine eigene Selbständigkeit entgegenzusetzen, Interessen unabhängig vom Partner zu entwickeln, an die Selbstverwirklichung mehr als an die Partnerschaft zu denken, Grenzen zwischen Ich und Du zu ziehen und schließlich sich, in welcher Form auch immer, vom Partner zu lösen und zu trennen. Einheit bedeutet die Integration von Aktual- und Grundfähigkeiten zu einer individuellen Persönlichkeit. Damit ist eine Autonomie verbunden, deren Bedeutung bis zum Erwachsenenalter zunimmt. Während ein Mensch in den frühen Abschnitten seiner Entwicklung im Sinne der Verbundenheit abhängig war und danach durch Regeln gesteuert wurde, benötigt er später diese Informationen von außen nicht mehr in gleichem Maße. Er hat sie als Konzepte übernommen und entscheidet auf ihrer Grundlage für sich und andere. Wir können hier von einem Stadium der Ablösung sprechen, das die reifende und reife Persönlichkeit kennzeichnet.

Viele Menschen schwanken zwischen Ablösung und Verbundenheit, möchten selbständig sein, können jedoch diese Selbständigkeit nicht ertragen oder wünschen sich die Zuneigung eines Partners, der sie jedoch in dem Wunsch nach Freiheit wieder entfliehen. Wir sprechen hier von dem Doppel-Bindungs-Typ und der hysterischen Neurosenstruktur. Davon betroffene Menschen lassen sich von außen her durch plötzliche Angebote und neue Möglichkeiten lenken und erscheinen sich selbst und ihrer Umgebung gegenüber als unberechenbar.

Im Stadium der Ablösung können sich folgende Formen von Partnerschaft entwickeln: Partnerschaft als Balanceakt, als Doppelblindversuch, als Befreiung, als Doktorspiel, als Notlösung, als Neugierkonsum, als Theater, als Zärtlichkeitsempfang.

Konstitution und Veranlagung spielen eine zweitrangige Rolle. Das heißt, jede Form von Partnerschaft, jede typologische Zuordnung ist nicht notwendiges Schicksal, sondern kann sich im Laufe der Zeit ändern.

Konfliktentstehung und Mikrotraumen

Treffen in zwischenmenschlichen Beziehungen unterschiedliche Einstellungs- und Verhaltensmuster (Aktual- und Grundfähigkeiten) aufeinander, kann es zu Konflikten kommen, die sich als Mikrotraumen – sich ständig wiederholende kleine seelische Verletzungen – anhäufen und neuralgische Punkte in der Struktur der Persönlichkeit bilden.

In alltäglichen Beschreibungen und Wertungen und in der gegenseitigen Partnerbeurteilung spielen die Aktualfähigkeiten eine entscheidende Rolle. Wer einen anderen Menschen nett und sympathisch findet, der begründet seine Einstellung damit: »Er ist anständig und ordentlich, man kann sich auf ihn verlassen.« Umgekehrt urteilt man abwertend: »Er ist mir unsympathisch, weil er schlampig, unpünktlich, ungerecht, unhöflich und geizig ist und zu wenig Fleiß zeigt.«

Die bei den Aktualfähigkeiten dargestellten Störungen können sich aufgrund einer Dissonanz innerhalb der sekundären Fähigkeiten (man kann fleißig sein, aber nicht ordentlich) oder innerhalb der primären Fähigkeiten (man kann zu anderen Vertrauen haben, aber nicht zu sich selbst) oder in der Beziehung zwischen beiden entwickeln (man kann ordentlich sein, aber nicht geduldig). Von diesem Aspekt aus können zum Beispiel kindliche Verhaltensstörungen, Erziehungsschwierigkeiten, Generationsprobleme, Konflikte in der Beziehung zwischen Eltern und Kind sowie Störungen in der Partnerschaft und neurotische Auffälligkeiten als Reaktionsweisen auf Konflikte zwischen primären und sekundären Fähigkeiten und damit als Folge einer mangelnden Differenzierung interpretiert werden. Analysiert man psychische und soziale Konflikte, lassen sich zwei Konfliktbereiche unterscheiden, die beide auf die Ausprägung und die Art der Konfliktsituation wirken: der Aktualkonflikt und der Grundkonflikt (vgl. *Positive Psychotherapie*, S. 136 ff).

Die Aktual- und Grundfähigkeiten sind zwar in allen Menschen angelegt, aber in der westlichen Hemisphäre liegen die Schwerpunkte oft mehr auf Körper/Sinne, Leistung und den sekundären Fähigkeiten, im Orient dagegen mehr auf Kontakt, Phantasie, Zukunft und den primären Fähigkeiten. Durch Berücksichtigung dieses transkulturellen Aspektes (vgl. *Auf der Suche nach Sinn*, S. 115–138) lassen sich Einseitigkeiten bewußt machen und in der *fünfstufigen Therapie und Selbsthilfe* aufarbeiten.

1. Stufe der Beobachtung und Distanzierung: Auf dieser Stufe legt man, wenn möglich schriftlich, sich selbst Rechenschaft ab, worüber, wem gegenüber und wann man sich ärgert oder freut, und wie man darauf reagiert. Dies bedeutet, alle Gegebenheiten, die Störungen ebenso wie Fähigkeiten, zu berücksichtigen.

2. Stufe der Inventarisierung: Probleme in den letzten fünf Jahren (10 Punkte), wie wurden Probleme verarbeitet?
Konfliktreaktionsmechanismen: Welchen Einfluß haben die Probleme und Beschwerden auf das allgemeine Wohlbefinden, den Beruf, den Partner, die Familie und andere zwischenmenschliche Beziehungen, Zukunftsperspektiven? Welche Bedeutung haben Körper und Gesundheit, Beruf und Arbeit, soziale Kontakte, gesellschaftliche Ereignisse, Sinnfragen und Zukunftsperspektiven für den Patienten und seine Familie?
Aktualfähigkeiten: Welche wirken mikrotraumatisch? Werden Fähigkeiten in ihrer Entwicklung gehemmt, vernachlässigt, oder nur einseitig ausgeformt? Welche Auswirkungen zeigt dies unter psychodynamischen, familiendynamischen und sozialen Aspekten?
Vorbilddimensionen: »Reise in die Vergangenheit« oder: die Wurzeln der Konflikte: Beziehung zu Vater, Mutter, Geschwistern und anderen Erziehungspersonen in der Kindheit; Zeit, Geduld, Vorbild der Eltern; Ehe der Eltern, Außenkontakte; »Lebensphilosophie« der Eltern, Familienmotto, Konzepte.
Anhand eines Inventars der Aktualfähigkeiten (DAI) stellen wir fest, in welchen Verhaltensbereichen man selbst und der Partner positive Eigenschaften außer den kritisierten hat. Wir können damit einer Verallgemeinerung begegnen.

3. Stufe der situativen Ermutigung: Positive (konfliktarme) Anteile beim Partner und seiner Familie werden herausgeholt und kontinuierlich ermutigt: Welche positiven Aspekte haben diese Ereignisse bei Ihnen und Ihrer Umgebung gehabt? Wie haben Sie die bisherigen Ereignisse und Probleme verarbeitet?

4. Stufe der Verbalisierung: Probleme und nicht erlebte Bereiche werden konkretisiert und verbalisiert: Familiengruppe, Partnergruppe, Berufsgruppe (vgl. *Positive Familientherapie*, S. 146–175). Welche Probleme sind noch zu verarbeiten? Um aus der Sprachlosigkeit oder der Sprachverzerrung des Konflikts herauszukommen, wird schrittweise die Kommunikation mit dem Partner nach festgelegten Regeln trainiert. Man spricht sowohl über die positiven als auch über die negativen Eigenschaften und Erlebnisse.

5. Stufe der Zielerweiterung: Ziele in den nächsten fünf Jahren werden anhand der vier Bereiche der Konfliktverarbeitung eruiert und durchgearbeitet. Die Einengung des Gesichtsfeldes wird gezielt abgebaut. Man lernt, den Konflikt nicht auf andere Verhaltensbereiche zu übertragen: »Was haben die Partner durch die bisherigen Konflikte gelernt?« »Welche Ziele haben Sie und Ihr Partner in den nächsten fünf Jahren (nennen Sie bitte fünf Punkte)?« »Was würden Sie machen, wenn Sie keine Probleme mehr hätten?«
Im Rahmen des fünfstufigen Vorgehens werden Geschichten und Lebensweisheiten gezielt eingesetzt. Durch Geschichten lernen die Partner alternative Denkweisen, angemessenes und konfliktarmes Alternativ-Verhalten kennen. Sie unterstützen den Abbau innerer Widerstände und erleichtern die Durchführung der Selbsthilfe, was die psychotherapeutischen Maßnahmen ergänzt (vgl. hierzu »Der Kaufmann und der Papagei, Orientalische Geschichten als Medien in der Psychotherapie«).
Auch alle »33 und eine Form der Partnerschaft« werden durch Geschichten, Lebensweisheiten und Beispiele aus anderen Kulturen dargestellt. Bei partnerschaftlichen Problemen zeigte sich schon nach einer kurzen Zeit (nach 6 bis 10 Sitzungen) Einsicht in die partnerschaftlichen und familiären Konfliktmechanismen und damit einhergehend eine erhebliche Besserung der Beschwerden oder Heilung.

Die Formen der Partnerschaft

L. Lang

Partnerschaft als Allianz

»Die Ehe ist ein bewaffnetes Bündnis
gegen die Außenwelt.«
Chesterton

Die Fähigkeit, sich gegen den Rest der Welt zu verbünden

Geschichte: »Der Prophet und die langen Löffel«

Ein Rechtgläubiger kam zum Propheten Elias. Ihn bewegte die Frage nach Hölle und Himmel, wollte er doch seinen Lebensweg danach gestalten. »Wo ist die Hölle – wo ist der Himmel?« Mit diesen Worten näherte er sich dem Propheten, doch Elias antwortete nicht. Er nahm den Fragesteller an der Hand und führte ihn durch dunkle Gassen in einen Palast. Durch ein Eisenportal betraten sie einen großen Saal. Dort drängten sich viele Menschen, arme und reiche, in Lumpen gehüllte, mit Edelsteinen geschmückte. In der Mitte des Saales stand auf offenem Feuer ein großer Topf voll brodelnder Suppe, die im Orient Asch heißt. Der Eintopf verbreitete angenehmen Duft im Raum. Um den Topf herum drängten sich hohlwangige und tiefäugige Menschen, von denen jeder versuchte, sich seinen Teil Suppe zu sichern. Der Begleiter des Propheten Elias staunte, denn die Löffel, von denen jeder dieser Menschen einen trug, waren so groß wie sie selbst. Nur ganz hinten hatte der Stiel des Löffels einen hölzernen Griff. Der übrige Löffel, dessen Inhalt einen Menschen hätte sättigen können, war aus Eisen und durch die Suppe glühend heiß. Gierig stocherten die Hungrigen im Eintopf herum. Jeder wollte seinen Teil, doch keiner bekam ihn. Mit Mühe hoben sie ihren schweren Löffel aus der Suppe, da dieser aber zu lang war, bekam ihn auch der Stärkste nicht in den Mund. Gar zu Vorwitzige verbrannten sich Arme und Gesicht oder schütteten in ihrem gierigen Eifer die Suppe ihren Nachbarn über die Schultern. Schimpfend gingen sie aufeinander los und schlugen sich mit denselben Löffeln, mit deren Hilfe sie ihren Hunger hätten stillen können. Der Prophet Elias faßte seinen Begleiter am Arm und sagte: »Das ist die Hölle!«
Sie verließen den Saal und hörten das höllische Geschrei bald nicht mehr. Nach langer Wanderung durch finstere Gänge traten sie in einen weiteren Saal ein. Auch hier saßen viele Menschen. In der Mitte des Raumes brodelte wieder ein Kessel mit Suppe. Jeder der Anwesenden hatte einen jener riesigen Löffel in der Hand, die Elias und sein Begleiter schon in der Hölle gese-

hen hatten. Aber die Menschen waren hier wohlgenährt, und man hörte in dem Saal nur ein leises, zufriedenes Summen und das Geräusch der eintauchenden Löffel. Jeweils zwei Menschen hatten sich zusammengetan. Einer tauchte den Löffel ein und fütterte den anderen. Wurde einem der Löffel zu schwer, halfen zwei andere mit ihrem Eßwerkzeug, so daß jeder doch in Ruhe essen konnte. War der eine gesättigt, kam der nächste an die Reihe. Der Prophet Elias sagte zu seinem Begleiter: »Das ist der Himmel!«

Erklärung:

Lasten, auf mehrere Schultern verteilt, tragen sich leichter. Man braucht Verbündete. Das Bündnis gibt inneren Halt und Sicherheit, erhält aber meistens seinen Sinn erst dadurch, daß es sich gegen einen Dritten richtet: das Bündnis als Schutz- und Kriegsbündnis.
Dahinter steht eine besondere Logik. Man braucht das Wir, um sich behaupten zu können; man braucht aber auch den Gegner, um sich erst als »Wir« fühlen zu können. Alle Phantasie, Kreativität, Kommunikation, berufliches Engagement und körperliche Energie werden investiert. Aber wozu? In den seltensten Fällen zugunsten der Allianz, zumeist aber zum Schaden des Gegners. Bekannt ist diese Logik aus Politik und Weltgeschichte. Daß sie auch in die Partnerschaft hineinspielt, überrascht zunächst ein wenig.

Fall: »Alle waren mir behilflich.«

Eine 34jährige Lehrerin war von ihrem zwei Jahre älteren Ehemann, einem Geschäftsmann, aus Eifersucht geschlagen worden. Sie hatte sich bereits mehrfach nach der Schule mit einem jüngeren Kollegen getroffen, was ihrem Mann hinterbracht worden war. Die Schläge, die sie von ihm erhalten hatte, waren für sie eine noch nie dagewesene Kränkung: »Er war plötzlich ein anderer Mensch, wie ich ihn noch nie gesehen hatte.« Erschüttert rief sie noch am gleichen Tag ihre Freundin, eine Kollegin an, die sofort die Angelegenheit in die Hand nahm. Im Sinne einer Krisenintervention lud sie die Frau zu sich ein. Es kam zu folgender Entwicklung: Die Frau fand in ihrer Freundin eine mütterlich-kameradschaftliche Unterstützung. Beide bildeten, ähnlich wie in einer engen Mutter-Tochter-Beziehung, eine Allianz, die schließlich Eigendynamik bekam: Die Frau ließ sich als Lehrerin in die Stadt versetzen, in der sie nun mit ihrer Freundin gemeinsam lebte, schaltete ihren Anwalt ein und betrieb, unterstützt von der Freundin, die Trennung und die Scheidung.
Nach etwa einem Jahr kam es bei ihr zu einer schweren seelischen Krise, die wiederum eine andere Freundin zum Anlaß nahm, ihr eine Psychotherapie zu empfehlen. In einem Gespräch äußerte sie, daß sie sich damals zwar außeror-

dentlich beleidigt gefühlt hatte, aber von sich aus kaum an Trennung und Scheidung gedacht hätte, zumal, wie sie jetzt zugeben konnte, ihr Mann »auch einen guten Kern hat«.

Der Rat zur Trennung und Scheidung war von der ihrerseits geschiedenen Freundin ausgegangen, der sie als Bundesgenossin alle Verantwortung und Entscheidung zuschob, während sie selber in einer kindlich anmutenden Hilflosigkeit verharrte. Bei ihr wurde der Versuch, die Beziehung zum Ehemann neu zu gestalten, zugleich zum Versuch, Selbständigkeit und Eigenverantwortung zu entwickeln: auf der Basis der noch bestehenden Beziehungswünsche der beiden Partner.

Deutung: Die Allianz zeigt sich in vielen Facetten:

Als »Bunkermentalität«: »Wir gegen den Rest der Welt.« »Wir müssen zusammenhalten, um von den anderen nicht vereinnahmt, aufgefressen zu werden.« »Ich brauche dich, und du brauchst mich.« Doch halten weniger die partnerschaftlichen Bindungen die beiden Menschen zusammen als der tatsächliche oder vermeintliche Druck, der von außen auf sie ausgeübt wird: »Solange wir uns mit den anderen auseinandersetzen, brauchen wir uns nicht mit den eigenen Schwierigkeiten zu beschäftigen.«

Zum Gegner kann jeder gewählt werden: Eltern, Schwiegereltern, eigene Kinder, Nachbarn, berufliche Konkurrenten, eine politisch andersdenkende Gruppierung, eine andere Religion. Die Bunkermentalität wird so zur Schutzhaltung von Minderheiten, die sich bedroht sehen, wie auch von Menschen, die sich angegriffen fühlen. Andererseits wird sie zum Alibi. Ihre Quelle sind seltener objektive Machtverhältnisse, sondern Ängste und Größenphantasien.

Als Austragungsort: Man sucht sich im eigenen Partner den Gegner. Die große Nähe schafft Probleme; sie nährt die Angst, sich an den Partner zu verlieren. Sie verstärkt die Wut und Enttäuschung darüber, daß er sich nicht vereinnahmen läßt und auf seiner eigenen Persönlichkeit besteht. Ein Beispiel dafür ist auch die Frau, die eine Allianz mit ihrem Ehemann bzw. Partner auflöst zugunsten eines Bündnisses mit dem Kind: »Nach der Geburt meiner Tochter konnte ich mit meinem Mann nicht mehr viel anfangen. Ich hatte das Gefühl, daß er eigentlich überflüssig war.« Auffällig erscheint ein typischer Interaktionswechsel: Der Partner, der bislang umsorgt wurde und auf diese Weise die bestehenden regressiven Wünsche erfüllen konnte, wird von einem Rivalen verdrängt, der für diese Rolle ungleich bessere Voraussetzungen besitzt: vom Kind. Dieses kommt dem mütterlichen Bedürfnis eher entgegen als die sexuelle Beziehung zum Mann, zu dem ein ambivalentes Verhältnis besteht:»Ich kann auf die sexuelle Beziehung mit meinem Mann verzichten. Ich brauche das nicht unbedingt. Ich schmuse lieber mit meinem Kind.«

Als Verzicht auf den Partner: Partnerschaft als Allianz in ihrer wohl radikalsten Form zeigt sich in dem Wunsch vieler jüngerer Frauen: Sie möchten ein Kind, aber keinen Partner. Hier entsteht eine Allianz mit einem noch nicht gezeugten und noch nicht geborenen Kind. Der Mann wird lediglich auf seine biologische Funktion reduziert; er hat in dieser Partnerschaft keinen weiteren Platz und keine Aufgabe.

Als Kampf um Alliierte: Der Kampf um Kinder, Freundinnen, Freunde, Verwandte, Kollegen, Nachbarn und Bekannte ist oft ein Kampf um Alliierte und Bündnispartner. Sie werden als Parteigänger geworben und eifersüchtig auf ihre Linientreue kontrolliert. Die Bündnispolitik wird zur Beziehungsfalle. Die Alliierten werden aber schnell zu Gegnern. Es ist ein Spiel, das scheinbar nur ein Entweder-Oder zuläßt, die Wahl zwischen Bundesbruder und Todfeind:»Willst du nicht mein Bruder sein, so schlag ich dir den Schädel ein.« Diese Bündnisstrategien werden oft zu undurchschaubaren Mustern verwoben, deren kunstvolles Labyrinth alle Beteiligten beschäftigt, sie in Atem hält, sie fortwährend im Kreise laufen läßt, so daß für andere Dinge im Leben kaum mehr Zeit bleibt:»Wir sind mit unseren Problemen genug beschäftigt, wie können wir uns noch um etwas Anderes kümmern?«

Der betroffene Partner wird oft nicht mit dem Problem selbst konfrontiert, sondern mit den Konsequenzen der Bündnispolitik, wie sie von den jeweiligen»Anwälten«und»Gewerkschaften«vertreten werden.

In einem Dorf rennt ein Mann hinter einem Jungen her und schreit:»Haltet den Schuft, er hat meiner Frau für eine Liebesnacht 50 Mark angeboten!« Ein Briefträger stellt sich dem Jüngling in den Weg. Der Ehemann bedankt sich überschwenglich, da winkt der Briefträger ab:»Es ist in meinem eigenen Interesse. Man kann doch nicht dulden, daß so ein Lümmel in unserem Dorf die Preise hochtreibt!«

Andere Kulturen:

Die Stoßrichtung der Allianz hängt offensichtlich von dem kulturellen Umfeld ab. Es hat den Anschein, als würden in westlich-abendländischen Bereichen die Alliierten die Selbständigkeit und Selbstverwirklichung unterstützen und die Trennung der Partnerschaft fördern. Im orientalischen Kulturkreis, aber auch in den meisten anderen, eher

geschlossenen Gesellschaften, dienen Allianzen weniger dem Bedürfnis nach Eigenständigkeit als der Erhaltung der Partnerschaft. So versuchen Familie, Großfamilie und Freunde die Partner wieder zusammen-
zuführen und – zumeist – die Frau davon zu überzeugen, daß es auf die
Dauer klüger für sie sei, sich zu fügen.

Praktische Konsequenzen:

Der durch Allianzen ausgeweitete Konflikt zwischen zwei Menschen ruft nach der Unterscheidung: Was ist der Kern, was ist die
Schale?

Es erheben sich folgende Fragen: Inwieweit sind mein Partner und
ich an dem Konflikt beteiligt? Inwieweit ist der Konflikt durch unsere Verbündeten bedingt? Inwieweit tragen wir unsere eigenen
Probleme aus? Inwieweit dienen wir als Stellvertreter?

In der Positiven Familientherapie haben wir es uns zur Regel gemacht, wenn möglich beide Parteien, zumeist mit ihren wichtigsten Verbündeten, zu einem gemeinsamen Gespräch einzuladen.
Es treffen sich beide Partner, ihre Kinder, die beteiligten Schwiegereltern, Freunde, die eine Schlüsselrolle einnehmen, manchmal sogar
auch die damit befaßten Anwälte und Psychotherapeuten.

Folgende Fragen geben hier Aufschluß: Fühlen Sie sich entspannt
und gut gelaunt, wenn Sie mit Ihren Eltern, Geschwistern und der
Schwiegerfamilie zusammen sind? Können Sie Ihren Eltern, Geschwistern und der Schwiegerfamilie verzeihen, ohne zu versuchen
sie unbedingt zu ändern? Können Sie mit Ihren Eltern, Kindern und
Ihrem Partner Auseinandersetzungen so ablaufen lassen, daß Sie
sich nicht die Schuld zuschieben und auch Vergangenes nicht immer
wieder hervorholen?

Die Haltung eines Menschen seiner sozialen Umgebung gegenüber
ist nicht ein zufälliges Ergebnis, sondern hat sich im Laufe der Zeit
durch Erlebnisse und Lernerfahrungen entwickelt. Diese komplexe
Situation des Verhaltens innerhalb der Gruppe, Familie, Partnerschaft, Beruf und im Alltagsleben kann durchschaubar gemacht
werden, indem man sich mit den verschiedenen Formen der Grup-
penarbeit im Sinne einer Beratung vertraut macht. Hier bieten sich
folgende Formen an: 1. die Familiengruppe; 2. die Partnergruppe;
3. die Elterngruppe; 4. Positive Gruppenpsychotherapie; 5. Positive Selbsthilfegruppen.

Einige Anregungen für Selbsthilfemaßnahmen und Therapie, die gewissermaßen Hilfestellungen sein können, haben wir zusammengefaßt.

Anregungen zur Stufe der Verbundenheit: Sprich positiv über den anderen! Wenn in der Partnerschaft Verbundenheitsprobleme in Form von Mutter-Sohn-Bindung, Vater-Tochter-Bindung oder Anklammerungswünsche an den Partner auftreten, muß nicht die Verbundenheit behandelt werden, sondern die Fähigkeit zur Ablösung, die hier zum Teil noch gelernt werden muß. Solidarität ist gut. Wenn sie jedoch dazu benutzt wird, den »Angreifer« von außen (ein anderes Familienmitglied, Lehrer, Nachbarn, andere Mitmenschen und Gruppen) herabzusetzen, unterstützt sie in einseitiger Weise eine Ich-bezogene Verbundenheit: Die anderen sind schlecht, der einzig wahre Freund bin ich. Im Extremfall resultiert daraus der Rückzug aus den sozialen Beziehungen, wobei die Bezugsperson als der einzig übriggebliebene Stützpunkt verwandt wird. Die Probleme aus Schule, Partnerschaft, Ehe, Beruf, Krankheit und Tod schlagen um so intensiver auf die Bezugsperson zurück, die mit ihren gutgemeinten Akzentuierungen der Verbundenheit die Entwicklung der Ablösung verhindert hat. Daher: Sprich positiv über den anderen.

Auch der Erwachsene braucht Verbundenheit, Zuwendung, Zärtlichkeit und Partner, die sich Zeit für ihn nehmen: Vergiß nicht deinen Partner, wenn Kinder oder Besuch da sind. Verbundenheit bedeutet nicht nur, miteinander ins Bett zu gehen, sondern auch sich Zeit nehmen, gemeinsame Aktivitäten durchführen, gemeinsam planen und etwas miteinander erleben.

Zur Verbundenheit gehört auch das Vorbild, das man gegenüber seinem Partner darstellt. Auf dieser Stufe steht weniger das Wort im Vordergrund, sondern vielmehr das Vorbild; man kann nicht nur Verbundenheit gegenüber dem Partner (Du) entwickeln, sondern auch gegenüber Gruppen (Wir) und übergeordneten Prinzipien (Ur-Wir). Mittel, mit dem Ur-Wir (Sinn des Lebens, Weltanschauung, Lebensphilosophie, Religion) in Beziehung zu treten, sind Gebet und Meditation.

In Erziehung, Partnerschaft und psychotherapeutischer Praxis wird immer wieder die Forderung gestellt, man müsse sich – ganz im Sinne der Verbundenheit – mit seinem Gegenüber identifizieren. Im Hintergrund steht der Anspruch, man solle sich voll und ganz in den Partner hineindenken, hineinfühlen, hineinversetzen. So wünschenswert dies auch sein mag, so sehr kann es den einen oder anderen überfordern:

Man wird mit den Eigenschaften des Partners, in den man sich hineinversetzen möchte, nicht ohne weiteres fertig, gerät in innere Konflikte
und Spannungen und wehrt diese schließlich dadurch ab, daß man den
Partner emotional ablehnt. Mit anderen Worten: aus der Forderung
nach totaler Identifikation wird leicht das Gegenteil, eine stark affektiv
besetzte Ablehnung. Dagegen fällt es uns wesentlich leichter, wenn wir
uns lediglich mit einzelnen Persönlichkeitsbereichen des Partners identifizieren und diese einfühlende Identifikation schrittweise ergänzen.
Wir sprechen hier von partieller und fraktionierter Identifikation. Den
Grundstock dafür liefert die Systematik des Differenzierungsanalytischen Inventars (DAI; s. S. 119).

Anregungen zur Stufe der Unterscheidung: Höflichkeit und Ehrlichkeit! Je mehr man sich in das System der Aktualfähigkeiten, der Medien
der Grundfähigkeiten und der Mißverständnisse hineindenkt, um so
mehr ist man in der Lage, Situationen zu unterscheiden, Konflikte ein-
zukreisen und damit angemessen auf sie einzugehen: Die Fragen des
Partners beantworten, mit ihm über Erlebnisse und Probleme sprechen, sagen, was man denkt (Ehrlichkeit/Offenheit), und zwar so, daß
er es versteht und es ihn nicht verletzt (Höflichkeit).
Es ist wichtig, Anregungen, Wünsche und Anordnungen dem Partner
gegenüber akzeptabel auszudrücken, sie ihm gegenüber zu begründen
und auf Folgen hinzuweisen.
Man sollte nicht nur über das sprechen, was geschehen ist, sondern
auch über das, was man tun kann, tun möchte und was einen selbst und
den Partner in der Zukunft erwartet (Vergangenheit-Gegenwart-Zu-
kunft).
Man muß sich darüber klarwerden, warum man etwas tut, wie man ein
Verhalten bewertet (eigenes und fremdes) und welche Bereiche inhaltlich davon betroffen sind (Aktualfähigkeiten). Es reicht nicht, wenn
man lediglich in einzelnen Bereichen Fähigkeiten entwickelt hat und
die anderen wenig beachtet. Es reicht nicht, wenn man zwar hoffnungsvoll ist, aber sonst unpünktlich, ungenau, untreu oder ver-
schwendungssüchtig.
Unterscheiden Sie auch die anderen Aktualfähigkeiten bei sich selbst
und bei Ihrem Partner! Ihr Modell gegenüber Ihrem Partner legt ihm
einzelne Bewertungen und Muster von Unterscheidungen nahe. Es ist
gut, sich selbst daran zu erinnern: Nicht nur sagen, daß man Ordnung
möchte, sondern selbst ordentlich sein! Nicht nur Geduld vom anderen
fordern, sondern selbst Geduld üben! Es geht nicht nur darum, die

Störungen zu beseitigen, sondern günstige Entwicklungsmöglichkeiten zu erkennen (wo, wem gegenüber, wann) und sie zu nutzen.

Anregungen zur Stufe der Ablösung: Gib dem Partner Zeit! Ein Mensch, der nur seinen Partner oder seine Eltern kennt, hat eine geringe Chance, sich von ihnen abzulösen. Manchmal geschieht dies erst bei deren Tod. Die Fähigkeit zur Ablösung kann trainiert werden wie jede andere Fähigkeit auch. Ist die Fähigkeit zur Ablösung nur mangelhaft differenziert, kann es passieren, daß der Versuch zur Ablösung sofort durch die Demonstration von Verbundenheit oder Unterscheidung durch den Partner erstickt wird. Andererseits erfolgt die Ablösung manchmal explosiv und ist gleichbedeutend mit der Vernichtung einer Beziehung.

Keine Partnerschaft, keine soziale Beziehung dauert ewig. Man kann sich räumlich, sozial und psychisch trennen. Wir müssen uns auch – dies ist in unser Leben einprogrammiert – physisch trennen, durch den Tod. Auch der Tod ist eine Form der Ablösung und bedarf der Vorbereitung, genau wie jede andere Form der Ablösung und jede andere Fähigkeit. Selbst wenn die Gemeinsamkeit im Vordergrund steht, ist die Trennung als eine mögliche Lösung der aufgetretenen Konflikte in Betracht zu ziehen. So wie wir die Partnerfähigkeit anstreben, streben wir auch die *Fähigkeit zur Trennung* an. Diese Fähigkeit zur Trennung ist in den verschiedenen Lebensabschnitten ein wesentliches Zeichen persönlicher Reife. Sie erscheint zumeist als Folge des Erlebnisses »Man paßt nicht zueinander«. Was dies bedeutet, haben wir bereits im Rahmen des Differenzierungsanalytischen Inventars bechrieben: einzelne Werthaltungen und Verhaltensweisen werden in der Partnerschaft kritisch; die Belastung, die durch diese Konflikte auftreten, sind größer als der Nutzen, den diese Partnerschaft im Erleben des Betroffenen bringt. Die Trennung ist jedoch nicht nur ein formaler Akt. Sie hängt von einer Reihe von Gegebenheiten ab, die miteinander die subjektiven Möglichkeiten der Ablösung bestimmen: In bezug auf welche Lebensbereiche (Körper, Leistung, Kontakt, Phantasie/Zukunft) bestehen die Differenzen? Welche Aktualfähigkeiten sind Konfliktpotentiale? Welches Ausmaß haben die Konflikte? Wer betreibt die Trennung? Welche Aktualfähigkeiten werden durch den Akt der Trennung angesprochen? Zumeist spielen hier drei Aktualfähigkeiten eine Rolle: Treue, Offenheit und Gerechtigkeit. Sekundär tritt in unserem Kulturbereich, in dem die Ehe eine wesentliche Versorgungsfunktion erfüllt, die Sparsamkeit hinzu. Welche dieser Aktualfähigkeiten am meisten in den

Trennungsprozeß eingreifen, hängt von den gesellschaftlichen und kulturellen Werthaltungen ebenso ab wie von den familiären und individuell verinnerlichten Normen. Sie modellieren die Oberfläche der Trennungsproblematik und bieten Einstieg in die tiefer liegenden Probleme.

Sparsamkeit gewinnt unter dem Aspekt der Gerechtigkeit an Bedeutung: Der Partner soll wenigstens für seine Trennungsabsichten oder seine Untreue zahlen. Das Geld kann auch zum Mittel werden, Trennung oder Scheidung unmöglich zu machen, dann nämlich, wenn man lieber mit einem ungeliebten Partner zusammenbleibt, als daß man sich im Sinne der Sparsamkeit von seinem Geld trennt. Auch hier wird das enge Wechselspiel der Aktualfähigkeiten und Lebensbereiche deutlich. Das Bedürfnis nach Gerechtigkeit, Bestrafung des »bösen« Partners kann so weit gehen, daß man selber fremdgeht, weniger mit dem Ziel des eigenen Lustgewinns, als im Hinblick auf eine mögliche Bestrafung des Partners nach dem Motto: Auge um Auge, Zahn um Zahn.

Unter solchen Umständen ist der eine oder andere sogar bereit, sich finanziell und gesundheitlich zu ruinieren, nur um unter der Gerechtigkeitsforderung dem anderen die Trennung so schwer wie möglich zu machen. Dabei wird in Kauf genommen, daß Dritte, zumeist die Kinder, in diesen Kampf verwickelt werden und unter den Folgen der jeweiligen Strategie zu leiden haben. Die Erkenntnisse über die Schwerpunkte ehelicher Störungen und partnerschaftlicher Schwierigkeiten befähigen die Partner, Aussöhnungsmöglichkeiten schneller und deutlicher zu erkennen, notwendige Ablösungen zu fördern und den dabei entstehenden Leidensdruck zu mildern. Klären sich bei dem einen oder anderen Partner im Vordergrund stehende Aktualfähigkeiten deutlicher ab, können querulatorische Neigungen besser gesteuert werden, um Kompromißlösungen zu fördern und Interaktionsmöglichkeiten der Partner wiederzubeleben, die letzten Endes immer einem gerichtlichen Urteil, das alle Beteiligten als Zwangslösung empfinden, vorzuziehen sind.

Partnerschaft als religiöse Aufgabe

»Jedes Zeitalter hat seine eigenen Probleme und jede
Seele ihre besondere Sehnsucht.«

Aus den Bahá'i-Schriften

Die Fähigkeit, seinen »Fernsten« zu lieben

Geschichte: »Die rettende Dunkelheit«

Ein Beduine saß abends bei Kerzenlicht in seinem Zelt. Er nahm sich mit
Appetit eine Dattel, öffnete sie, sah einen Wurm und warf sie angewidert
weg. Er öffnete eine zweite Dattel und sah wieder einen Wurm. Nachdem
er auch in der dritten Dattel einen Wurm gefunden hatte, löschte er das
Licht und begann die Datteln voll Genuß im Dunkeln zu essen.

Erklärung:

Viele Menschen können in nichts mehr einen Sinn sehen. In der psychotherapeutischen Praxis spiegelt sich dieses Problem in der Frage
nach Sinn und Unsinn der Partnerschaft/Ehe. Grundsätzlich können
wir sagen: Solange es Menschen gibt, gab es auch zwischenmenschliche
Konflikte. Wahrscheinlich ebensolange gab es Versuche, mit diesen
Schwierigkeiten zu Rande zu kommen. Die Familie gibt sich nicht ihre
eigenen Gesetze. Sie steht im Zusammenhang mit den Regeln, Ordnungen und Gesetzen, die ihr von gesellschaftlichen, moralischen,
religiösen, politischen Gruppierungen und Institutionen nahegelegt
werden. In einer geschlossenen Gesellschaft, in der es nur eine einzige
allgemein anerkannte Weltordnung gibt, übernehmen die Familie und
der einzelne festgeschriebene Aufgaben. Die auf dieser Anschauung
beruhenden Gesetze regeln das zwischenmenschliche Verhalten.
Sie sind allgemeingültige psychosoziale Normen. Glaube, Religion
und Weltanschauung, die als allgemeine Bezugssysteme (Grundkonzept) für Einstellungen und Handlungsweisen gelten können,
nehmen Einfluß auf die Ausprägung der Fähigkeiten. So können auch
die religiös-weltanschaulichen Einstellungen als Hintergrundinformationen über Partnerschaft, Sexualität, Erziehung und Beruf erfaßt
werden.

Fallbeispiele:

»Du bringst mich mit deiner Unordnung noch ins Grab. Ich werde auch nicht in der anderen Welt zur Ruhe kommen, wenn ich daran denke, wie unselbständig und schlampig du bist. Wenn ich nur wüßte, daß du dich allein erhalten kannst und ein ehrbares Leben führst, könnte ich in Ruhe sterben.«

»Ich wäre lieber tot, als deine Untreue erleben zu müssen.«

»Wenn ich meine partnerschaftlichen Aufgaben nicht erfülle, hat mein ganzes bisheriges Leben keinen Sinn gehabt.«

»Ich kann erst in Ruhe sterben, wenn ich meine Arbeit fertiggestellt habe.«

»Nach meiner Scheidung sehe ich keinen Sinn mehr im Leben. Wie soll ich alles bewältigen ... Warum läßt Gott überhaupt solche Ungerechtigkeiten zu!«

Die Betonung der Aktual- und Grundfähigkeiten in der Erziehung prägt die Einstellung zum Sinn des Lebens.

»Allein die Vorstellung, daß mein Körper zerfallen könnte, erregt in mir einen Ekel vor mir selber. Obwohl ich weiß, daß ich all das nicht erleben werde, läßt mich der Gedanke nicht los; ich habe eine schreckliche Angst davor« (24jähriges, gutaussehendes Mannequin).

»Ich wünsche mir, es gäbe nichts nach dem Tod, weil ich Angst davor habe. Wenn ich wüßte, daß der Tod das Ende wäre, hätte ich keine Angst davor. Es würde mir leid tun, weil ich nicht mehr leben dürfte, aber fürchten würde ich mich nicht. Was ich absolut nicht annehme, sind die Regeln der Religion als Autorität. Die erreichen mich überhaupt nicht. Weder Obrigkeit, noch Familie, noch Umwelt bzw. Umfeld, noch Ehemann, noch Geldleute ... es interessieren mich keine bürgerlichen Familien als Vorbild, dem ich mich unterwerfe. Eigentlich habe ich vor überhaupt nichts großen Respekt oder fühle mich unterwürfig oder schlechter oder besser. Ich will damit überhaupt nichts zu tun haben im Sinne der Anpassung oder der Unterwerfung oder der Angliederung.

Ich gehe gerne arbeiten, aber das ist nicht eine Erfüllung für mich, sondern nur Mittel zum Zweck, um nämlich dadurch frei zu sein. Nur wenn ich mein eigenes Geld verdiene, nur dann kann ich ja so sein, wie ich bin und brauche von niemandem abhängig zu sein oder dessen Autorität zu akzeptieren. Geld verdienen heißt für mich soviel wie frei sein, obwohl ich in der Zeit, in der ich das Geld verdiene, ja meine Einstellung verrate.«

Deutung:

Religionen geben uns Normen, welche das zwischenmenschliche Zusammenleben regeln und die Position des Menschen im Weltbild definieren. Die Religion hat es mit der Sinngebung zu tun. Die Psychologie dagegen fragt nach den wissenschaftlich erfaßbaren Bedingungen dieser Normen, nach den Konflikten, die sich aus den unterschiedlichen Normen ergeben, und nach den Verarbeitungsmöglichkeiten des einzelnen. Aufgabe der Psychologie ist somit die Sinnfindung. Ein Beispiel: Religionen sagen, daß wir nicht fremdgehen und nicht lügen sollen. Die Psychologie fragt, warum ein Mensch fremdgeht oder lügt und warum ein anderer, wenn er belogen oder betrogen wird, das Vertrauen verliert. Warum sich jemand prahlerisch darstellen möchte, warum ein anderer sich nach außen hin geringer darstellt, als er in Wirklichkeit ist. Die Religion ist selber zu einem Teil Gegenstand der Psychologie. Man fragt sich, warum jemand im religiösen Bereich fixiert ist, dogmatisch wird und Vorurteile entwickelt. Warum jemand mit aller Macht die religiösen Inhalte und Formen über Bord werfen möchte, und warum man heute dazu neigt, Religion vielleicht mehr zu tabuisieren als früher die Sexualität. Oder warum jemand dazu neigt, wie ein Rohr im Wind zwischen den einzelnen religiösen Auffassungen hin und her zu schwanken, und sich nicht mit einer Religion identifizieren kann.

Einseitigkeiten: »Ich bin religiös und fromm, wozu brauche ich Medikamente, wenn Gott mir hilft?« »Ich war bei einem Internisten, wozu brauche ich einen Psychotherapeuten?« »Ich interessiere mich für Psychologie und die gesellschaftlichen Zusammenhänge, was können mir noch Propheten sagen?« »Ich treibe Sport, in meinem gesunden Körper kann kein kranker Geist sein. Die ganze Psychologie ist Quatsch!« »Ich bin beruflich erfolgreich, wozu brauche ich Religion und Meditation?« Durch die Erziehung übernommene weltanschaulich-religiöse Einstellungen führen zu folgenden drei Reaktionsformen.

Der mumifizierte Typ: Er identifiziert sich mit erlernten religiösen Normen, Glaubensdarstellungen und Dogmen derart, daß er notwendige Neuerungen und Änderungen scheut. Er reagiert aggressiv; er verteidigt sich, indem er angreift oder sich zurückzieht, um so beängstigenden Versuchungen aus dem Weg zu gehen. Da der Glaube oft an die Stelle der Erkenntnis und des Wissens getreten ist, also nur ein Halbwissen vorliegt, kann man statt vom mumifizierten auch vom *bigotten* Typ sprechen. Bigotte Menschen sind in einer tragischen Position, weil sie es immer vermeiden, sich mit der Tatsache zu konfrontieren, daß sie einem Vorurteil anhängen.

Das Verhalten der Eltern untereinander wirkt sich nicht nur auf sie selbst, sondern auf die ganze Familie aus. Die Elastizität oder Sprödigkeit in der Ehe der Eltern, die sich in der Beziehung zu »Treue« ausdrückt, beeinflußt die Konzepte sowohl von der Ausschließlichkeit als auch von der Dauer einer partnerschaftlichen Beziehung.

Der revoltierende Typ: Er hat erkannt, daß die gültigen religiösen Normen nicht den Erfordernissen der Zeit entsprechen. Da unzeitgemäße Normen auf das Individuum repressiv (unterdrückend) wirken, neigen die Vertreter des revoltierenden Typs dazu, diese Normen zu negieren. Sie tun dabei nicht selten den zweiten Schritt vor dem ersten. Je nach der Persönlichkeitsausprägung des einzelnen zeigt sich die Reaktionsweise des revoltierenden Typs als intellektueller Widerstand. Solche Menschen überbewerten die Macht ihrer eigenen Vernunft und ihrer eigenen Leistungen. Ihr Antrieb ist ihr Wille – ihr Gott sind sie selbst. Auch wenn sie dies nicht offen ausdrücken, steht dieser Gedanke hinter ihren Einstellungen, Haltungen und Handlungen auch innerhalb der Partnerschaft. Der Kritik an der Religion liegt die mangelnde Unterscheidung zwischen Institution und Religion zugrunde. Sie lasten die Fehler der Institution, z. B. der Kirche, dem Glauben und der Religion an.

Der indifferente Typ: Er ist im allgemeinen durch eine Verschiebung der Verantwortung gekennzeichnet. Einerseits hat er den Wunsch, überkommene oder verbesserungsbedürftige religiöse Inhalte abzuändern; er setzt sich dafür auch ein, kann sich aber andererseits von gewissen erlernten religiösen Traditionen nicht trennen. Oft bestehen partnerschaftliche und sexuelle Probleme, die jedoch nicht als solche wahrgenommen werden, sondern auf den Beruf und die Mitmenschen verschoben werden: Charakteristisch sind Entscheidungsunfähigkeit oder -verzögerung (vgl. auch Partnerschaft als Befreiung, S. 73; Partnerschaft als Generationspflicht, S. 143).
Uns interessiert weniger die theologische Begründung und Rationalisierung von religiösen Differenzen, sondern die Religion einerseits als Institution, die den Glauben, eine menschliche Fähigkeit, organisiert, andererseits die psychologischen Zusammenhänge zwischen der gesellschaftlichen Institution (Kirche und Religion) und Individuum und Partnerschaft.

Andere Kulturen

Keine Kultur hat sich ohne Religion entwickelt. Archäologen und Anthropologen haben selbst in den primitivsten Kulturen religiöse Elemente gefunden. Da die Religion seit Anbeginn der Zeiten durch alle Epochen und Wechselfälle der Menschheitsgeschichte hindurch bestanden hat, läßt sich schließen, daß sie einem Bedürfnis, einem

Zweck dient und demnach eine Funktion oder sogar eine Vielzahl von Funktionen hat. Einen besonderen Stellenwert besitzen die religiösen Interpretationen. Sie werden im Gegensatz zu den anderen Weltanschauungen auf einen Offenbarer oder Propheten zurückgeführt. Ihnen entspricht ein typisch menschliches religiöses Bedürfnis, ein Bedürfnis nach Sinn (V. Frankl), ein Bedürfnis nach Zusammenschau zwecks Reduzierung von Unsicherheit (Secord und Backmann, 1964). Dies führte dazu, daß zu allen Zeiten Menschen auf die Stifter der verschiedenen Religionen angesprochen und selbst dann, wenn sie sich als antireligiös betrachteten, auf »Ersatzreligionen« zurückgegriffen haben.

Allem Anschein nach handelt es sich bei diesen Mißverständnissen von Religion nicht um eine tatsächliche religiöse Schwäche, eine Unfähigkeit des modernen Menschen zu glauben, sondern um eine Schwäche, zwischen Glaube, Religion und Kirche zu unterscheiden.

Glaube: Der religiöse Glaube bedeutet eine seelische Beziehung zum Unbekannten und Unerkennbaren. Da der Schöpfer (Gott, Allah, Jehova, Ur-Wesen, Totalität oder Ur-Energie) seinem Wesen nach unerkennbar ist, bedarf es des Glaubens, um mit ihm in Beziehung zu treten. Der Glaube ist eine Fähigkeit des Menschen.

Religion: Da der Mensch eine besondere Haltung gegenüber dem Unbekannten besitzt, hat er seit jeher auf die Stifter der Religionen und die Begründer von Weltanschauungen angesprochen.

Religion als überindividueller Glaube ist ein kulturelles Phänomen und eng mit der Entwicklung der Geschichte verbunden. In welcher Form sich die Glaubenswahrheit der Religion offenbart, hängt von dem jeweiligen Entwicklungsstand, dem Bedürfnis und dem Verständnis der Menschen in einer bestimmten geschichtlichen Situation ab. Zu welcher Religion ein Mensch sich bekennt, wird zumeist von den Erziehern und der jeweils gültigen Erziehungstradition festgelegt. Das Kind glaubt die Inhalte, die ihm vermittelt wurden.

Kirche: Die Kirche ist die Institution der Religion, ihre Organisationsform und Verwaltung; der Begriff steht für alle Formen religiöser und weltanschaulicher Institutionen. Die Kirche neigt zur Verselbständigung gegenüber der Religion.

Fachleute aus verschiedenen Wissensgebieten haben die Bedeutung religiöser Institutionen für die Entwicklung der Gesellschaft bestätigt. Emile Durkheim glaubt, daß die Religion die Quelle aller Hochkulturen ist. Max Weber stellt fest, daß Religionen einer der bedeutenden dynamischen Faktoren gesellschaftlicher Veränderungen waren. Max

Planck sagte: »Religion und Naturwissenschaft schließen sich nicht aus, wie heutzutage manche glauben und fürchten, sondern sie ergänzen und bedingen einander. Gott steht für den Gläubigen am Anfang, für den Physiker am Ende allen Denkens.«

Praktische Konsequenzen

Frage: »In welcher Beziehung steht der Glaube zur Religion?«

Antwort: »Religion ist ein kulturelles Phänomen und mehr oder weniger eng mit der Entwicklung des Menschen in der Geschichte verbunden. Glaube hingegen gehört zum Wesen des Menschen. Glaube ist wie eine Kerze, welche die Fähigkeit hat, zu brennen.«

Frage: »Wenn ich den Glauben habe, wozu brauche ich eine Religion oder die Kirche?«

Antwort: »Eine Kerze hat zwar die Fähigkeit, zu brennen, wie wir alle die Fähigkeit haben, zu glauben. Sie kann aber niemals von allein brennen. Dazu benötigt sie eine Flamme, die ihren Docht entzündet. Diese Flamme entspricht der Religion. Damit die Kerze genügend Halt bekommt und auch keinen Schaden anrichtet, stellt man sie in einen Kerzenhalter. Die Kirche kann mit einem Kerzenhalter verglichen werden, wobei eine wahre Kirche genügend Stabilität besitzen muß, die Kerze aufrecht zu halten, aber nicht so hypertrophiert sein darf, daß sie die Flamme des Glaubens durch den Wildwuchs der Institution erstickt.«

Die heutigen scheinbaren Verfallserscheinungen des religiösen Lebens, wie Massenaustritte aus der Kirche und intellektueller Widerstand gegen religiöse Wahrheiten und Werte, sind als ein Teil eines Auflösungsprozesses aufzufassen (das Gesetz der Entwicklung), dessen tiefere Ursachen nicht in einer »religiösen Schwäche«, wie viele Fachleute annehmen, sondern in einer »Unterscheidungsschwäche« zu suchen sind. Es handelt sich hier eher um ein gesteigertes religiöses Leben, das von seinen naiven Äußerlichkeiten abgelöst werden muß, damit später eine echte Substanz weiter wachsen kann: Lerne zu unterscheiden zwischen Glaube, Religion und Kirche.

Wie fragt man danach in der Partnerschaft?

Gibt es in Ihrer Partnerschaft Probleme wegen der Religion oder Weltanschauung? Wer von Ihnen ist religiöser? Glauben Sie an ein höheres Wesen? Glauben Sie an ein Leben nach dem Tode? Was halten Sie von den Religionen? Welcher religiösen Gemeinschaft gehören Sie an? Wie wurde Religion zu Hause praktiziert? Wie stehen Sie zur Kirche? Wer von Ihren Eltern war religiöser? Glauben Sie, daß Sie (Ihr Partner) sich noch weiter entwickeln und noch weitere Reserven erschließen können (kann)? Haben Sie für Ihre beruflichen und privaten Tätigkeiten feste Ziele?

Verhaltensregulative

Jeder Mensch ohne Ausnahme hat die Fähigkeit, zu glauben: Er kann an sich selber glauben, an seine Fähigkeiten, an seinen Partner, an eine Gruppe, an ein Idol, an eine Idee, an eine Theorie, an eine Weltanschauung und an einen Gott.

Religion ist wie ein Heilmittel, das dem Wesen des Menschen angemessen wirkt. Sie kann aber nur dann sinnvoll sein, wenn sie den Erfordernissen, Bedürfnissen und Nöten des Menschen entspricht und die Entwicklung (das Prinzip der Zeit), die Relativität und die Einheit berücksichtigt.

Die Aufgabe des Psychotherapeuten ist es nicht, den Patienten mit seiner Religion oder Konfession zu versöhnen oder ihn von seinem Glauben abzubringen, sondern ihm zu helfen, zu unterscheiden. Die Unterscheidungsfähigkeit wird ihn seinen eigenen Weg finden lassen. Lerne zu unterscheiden zwischen Glauben, Religion und Kirche.

Partnerschaft als Ausbildungsstätte

»Der Irrtum ist viel leichter zu erkennen als die Wahrheit: jener liegt auf der Oberfläche, diese in der Tiefe; danach zu forschen, ist nicht jedermanns Sache.«
Goethe

Die Fähigkeit, Wissen zeitgemäß zu vermitteln.

Geschichte: »Ein gutes Vorbild«

Ein Mullah wollte seine Tochter vor den Gefahren des Lebens bewahren. Als die Zeit gekommen war, nahm er sie zur Seite und klärte sie über die Gemeinheit und Hinterhältigkeit der Welt auf: »Liebe Tochter, denke an das, was ich dir sage. Alle Männer wollen nur das eine. Die Männer sind raffiniert und stellen Fallen, wo sie nur können. Du merkst gar nicht, wie du immer tiefer in dem Sumpf ihrer Begierden versinkst. Ich will dir den Weg des Unglücks zeigen. Erst schwärmt der Mann von deinen Vorzügen und bewundert dich. Dann lädt er dich ein, mit ihm auszugehen. Dann kommt ihr an seinem Haus vorbei und er sagt dir, daß er nur seinen Mantel holen wolle. Er fragt dich, ob du ihn nicht in seine Wohnung begleiten möchtest. Oben lädt er dich zum Sitzen ein und bietet dir Tee an. Ihr hört gemeinsam Musik, und wenn die Stunde gekommen ist, wirft er sich plötzlich auf dich. Damit bist du geschändet, wir sind geschändet, deine Mutter und ich. Unsere Familie ist geschändet und unser Ansehen ist hin.«

Die Tochter nahm sich die Worte des Vaters zu Herzen. Einige Zeit später kam sie stolz lächelnd auf ihren Vater zu: »Vati, bist du ein Prophet? Woher hast du bloß gewußt, wie sich alles abspielt? Es war genauso, wie du es beschrieben hast. Erst hat er meine Schönheit bewundert. Dann hat er mich eingeladen. Wie durch Zufall kamen wir an seinem Haus vorbei. Da merkte der Ärmste, daß er seinen Mantel vergessen hatte, und, um mich nicht allein zu lassen, bat er mich, ihn in seine Wohnung zu begleiten. Wie es der Anstand befiehlt, bot er mir Tee an und verschönte die Zeit mit herrlicher Musik. Nun dachte ich an deine Worte und ich wußte genau, was auf mich zukommt, aber du wirst sehen, ich bin würdig, deine Tochter zu sein. Als ich den Augenblick nahen fühlte, warf ich mich auf ihn und schändete ihn, seine Eltern, seine Familie, sein Ansehen und seinen guten Ruf!«

Erklärung:

Um eine Partnerschaft einzugehen, braucht man nichts, nur einen Partner; was noch fehlt, bekommt man am eigenen Leib zu spüren. Individualität bedeutet Recht auf eigene Erfahrung. Es gibt jedoch auch den Schatz an Erfahrungen, der durch Traditionen überliefert wird. Man muß nicht immer wieder neu anfangen, obwohl dies sicherlich auch seine besonderen Reize haben kann. Partnerschaft ist in vielerlei Hinsicht Ausbildungsstätte, der Ort, wo gelehrt und gelernt wird. Man lernt miteinander Beziehung aufzunehmen, mit unterschiedlichen Normen und Wertvorstellungen umzugehen; man lernt Nähe und Intimität und auch die Fähigkeit, sich abzulösen und eigene Erfahrungen weiterzugeben.

Ein Grund häufiger Mißverständnisse sind die nicht beachteten Unterschiede zwischen Sex, Sexualität und Liebe. Häufig steht ein Bereich im Mittelpunkt der Aufmerksamkeit, während die anderen an den Rand gedrängt erscheinen. Alles will gelernt sein, auch Sex, Sexualität und Liebe. Wenn kein Naturtalent vorhanden ist und Versuch und Irrtum als Lernmethode zu aufwendig sind, geht man in die Lehre. Ein Lehrer sagt einem, welche Techniken möglich sind. Didaktisch ist es am günstigsten, wenn der Lehrer selbst Erfahrungen hat und diese Erfahrungen heranzieht.

Fall: »Rollenmißbrauch«

»Ich komme mit meinem Mann nicht mehr richtig zurecht. Er verfolgt mich mit seinen Eifersüchteleien, er ist unerträglich. Es stimmt, ich hatte vor meinem Mann eine Reihe von Freunden. Sexuell war ich nicht gerade inaktiv. Mein Mann, der etwa sechs Jahre jünger ist, hatte auf dem Gebiet keine Ahnung. Ich mußte ihm alles erst beibringen. Sie hätten sehen sollen, wie lernbegierig er war. Jetzt weiß er etwa, worum es geht, und hat nichts besseres zu tun, als mir die Erfahrung vorzuwerfen, von der er zuerst profitiert hat.«

Doch nicht jede Sex-Lehre muß in Eifersucht münden:

»Von den ganzen Sex-Sachen wußte ich nichts. Ich war da eine Null. Mein Mann war auch im Bett mein erster Mann. Der hat mir alles beigebracht. Ich muß gestehen, das hat mir damals ganz schön imponiert. Ich weiß, wie es geht. Jetzt ist mir mein Mann mit seiner schulmeisterlichen Art direkt langweilig. Ich hätte große Lust, meine Erfahrungen einmal mit anderen Männern auszuprobieren.«

Eine Lehrerin klagte: »Ich war Zeit meines Lebens eine gute Mutter für meinen Sohn. Ich habe mich für ihn aufgeopfert. Ich habe ihn alles gelehrt, was ich ihm nur beibringen konnte. Er war ein guter Schüler und hat auch auf der Universität wenig Schwierigkeiten. Er war auch ein sehr lieber Junge. Mit Sex und mit Mädchen hatte er nichts im Sinn. Wir haben auch nie darüber gesprochen. Mich schockiert jetzt sehr, daß mein Sohn mit einer 25 Jahre älteren Frau befreundet ist. Diese Frau ist schon mehrfach geschieden und ist für ihre Männerbekanntschaften bekannt. Wie kann mein Sohn mir das antun?«

Psychologisch gesehen handelt der Sohn genauso wie bisher. Bisher war seine Mutter in nahezu allen Dingen des Lebens seine Lehrmeisterin. Einen Bereich hatte sie jedoch ausgespart, nämlich die sexuelle Aufklärung. Was lag für den Sohn näher, als sich diese Informationen bei einer vertrauenerweckenden, dem Mutterbild nahestehenden »Spezialistin« zu holen, die auf diesem Gebiet seine Lehrmeisterin sein sollte.

Deutung: »Nicht nur Technik«

So dankbar die Rolle des Ausbilders ist, so sehr leidet sie darunter, daß sie sich selbst aufhebt. Der lernende Partner lernt, bis schließlich der Lehrende sein Vorrecht verliert. Er verliert damit nicht nur seinen Vorsprung an Wissen und Fertigkeiten, sondern zugleich auch seine Position in der Partnerschaft: »Meine Frau ist zweieinhalb Jahre älter als ich und hatte vielfältige sexuelle Erfahrungen, meist mit älteren Männern. Sie fing bereits mit 13 an, sexuelle Erfahrungen zu sammeln. Sie brachte mir viele Techniken und Praktiken bei, das begeisterte mich. Wir machten Sex, wo und wann es ging. Jetzt haben wir alles durchprobiert, und ich hätte große Lust, die Erfahrungen mit anderen Mädchen auszuprobieren. Sexuell befinden wir uns auf einem Tiefpunkt.«
Wenn sich Partnerschaft auf das Schüler-Lehrer-Verhältnis der »Ausbildungsstätte« beschränkt, ist die Krise vorgezeichnet: Statt des alten Lehrmeisters wird ein neuer gesucht, der noch mehr an neuen Reizen verspricht, oder es werden Partner gesucht, die Fähigkeiten ansprechen, die bisher zu kurz gekommen sind.

Der Vater zum Sohn: »Wenn du an ein Mädchen gerätst, dessen Augen glänzen, dessen Lippen feucht sind und das am ganzen Leibe zittert, dann laß die Hände davon: Es hat Malaria!«

Andere Kulturen:

Im orientalischen Kulturkreis wird Partnerschaft in szenischer Beziehung zur Großfamilie gelehrt. Man lernt über Vorbilder. Der körperliche Kontakt wird in Form von Zärtlichkeit, Wärme, Umarmen,

Küssen als Eigenwerte gewissermaßen entsexualisiert und entschärft. Zugleich wird aber auch Körperkontakt als Intimität und Zuwendung gelehrt. Dies beginnt bereits sehr viel früher, sogar lange bevor der Mensch auf die Welt kommt.

Der partnerschaftliche Satz: »Ich mag Dich« bedeutet in seiner Urform die Bereitschaft, die Existenz eines Menschen überhaupt zu akzeptieren. Körperlicher und sozialer Kontakt wird gewissermaßen auf einer vorsexuellen Stufe entwickelt. Die Sexualität wird weniger unter dem Aspekt der Schuld als unter dem der täglichen Selbstverständlichkeit und durch das Treue- und Keuschheitsgebot geregelt. Unberührt in die Ehe zu gehen, gilt meistens für die Frau als Teil der persönlichen und familiären Ehre. Diese Regeln nimmt die Frau gewissermaßen schon mit der Muttermilch zu sich.

Im Abendland beginnt die Entwöhnung vom Körperkontakt sehr früh. Das Bedürfnis nach emotionaler Wärme wird mit Selbständigkeit und Leistungsfähigkeit überkompensiert und findet erst wieder in der Sexualität des Erwachsenen seine Befriedigung. Der Wunsch nach Körperkontakt und nach Zusammensein mit anderen Menschen wird zum Anlaß, sich frühzeitig aus der emotional kargen Herkunftsfamilie zu lösen und neue partnerschaftliche Bindungen einzugehen, die mehr Befriedigung versprechen. Ohne sich an strengen moralischen Leitlinien, wie in eher geschlossenen Gesellschaften, orientieren zu können, ist man auf eigene Erfahrungen angewiesen. Man hat die Chance, aus seinen Fehlern zu lernen, bezahlt aber diese Chance mit einer erhöhten Krisenanfälligkeit. Was in anderen Kulturkreisen als Zeichen der Reinheit und Ehre gilt, nämlich keine sexuellen Erfahrungen vor der Ehe zu haben, gilt im westlich-abendländischen Bereich als Mangel.

Praktische Konsequenzen:

Eine 34jährige Frau hatte sich im Rahmen einer paartherapeutischen Sitzung wiederholt darüber beklagt, daß ihr Mann sie nicht verstehe. Er habe keine Erfahrungen mit anderen Frauen vor der Ehe gehabt. Sie selbst war früh von zu Hause ausgezogen und hatte mit mehreren Partnern zusammengelebt. Sie störte zunächst die »Jungfräulichkeit« ihres Mannes. Die Tiefendimension dieser Problematik ließen wir zunächst beiseite und fragten, wie es dem transkulturellen Denken entspricht, welche positiven Aspekte es für sie haben könne, »wenn ein Mann unberührt in die Ehe geht«.

Die Patientin zählte von sich aus die folgenden acht Gründe auf, die sie zur nächsten Sitzung noch einmal schriftlich formulierte:

Der Mann entdeckt die Frau und ihren Körper.

Er ist unbeeinflußt von früheren Frauen und Erlebnissen.

Er kommt nicht in Versuchung, während des Liebens an eine andere, »frühere« Frau zu denken.

Er hat mit dieser Frau, die er zum erstenmal liebt, eine besondere Verbindung.

Die Frau braucht keine Bedenken zu haben: »Hoffentlich bin ich im Bett genausogut wie seine früheren Geliebten.«

Es werden weniger Geschlechtskrankheiten übertragen (weniger Partnerwechsel).

Die Ehe erhält mehr Wert. (Man ist nicht mit irgendeiner Person zusammen, sondern mit »seinem Mann«.)

Eine solche Ehe hat möglicherweise mehr Chancen, Krisen durchzustehen, als eine andere Ehe.

Vereinbarungsgemäß hatte sie begonnen, ihrem Mann auf der Stufe der »situativen Ermutigung« einige ihrer neuen positiven Erkenntnisse mitzuteilen, und war selbst überrascht, eine Veränderung in der Beziehung bemerken zu können:

»Ich glaube, mein Mann beginnt langsam, sich mir gegenüber zu öffnen. Obwohl ich erst dazu gekommen bin, ihm die ersten drei Punkte zu erzählen, merke ich die Veränderung während des Alltags und während des Liebens. Er ist verwundert über meine Verhaltensweise.«

Partnerschaft als Ausgleich

»Eine Ehe ist ein Hafen im Sturm, öfters aber ein
Sturm im Hafen«

Sprichwort

Die Fähigkeit, sich mit fremden Federn
zu schmücken

Geschichte: »Die geteilten Pflichten«

»Ich halte es nicht mehr aus. Die Pflichten sind wie Berge, die ich nicht
mehr von der Stelle rücken kann. Am frühen Morgen muß ich dich wek-
ken, den Haushalt ordnen, die Teppiche säubern, die Kinder beaufsichti-
gen, auf dem Basar einkaufen, dir abends deine geliebte Reisspeise kochen
und dich schließlich nachts noch verwöhnen.« So sprach eine Frau zu ihrem Mann. An einem Hühnerschenkel kauend, meinte dieser bloß: »Was
ist schon dabei. Alle Frauen machen das gleiche wie du. Da hast du es doch
gut. Während ich die Verantwortung trage, sitzt du doch zu Hause herum.«
»Ach«, jammerte die Frau, »wenn du mir doch ein bißchen helfen könntest.« In einem Anfall von Großmut stimmte der Mann schließlich dem folgenden Vorschlag zu: Während die Frau für alles, was im Hause geschehe,
zuständig sein sollte, wollte er die Aufgaben außerhalb des Hauses übernehmen.
Diese Teilung der Pflichten ließ das Ehepaar über längere Zeit hinweg zufrieden zusammen leben. Eines Tages saß der Ehemann nach getätigtem
Einkauf mit Freunden in einer Kaffeestube und rauchte zufrieden die Wasserpfeife. Ein Nachbar stürmte plötzlich herein und rief aufgeregt: »Komm
schnell, dein Haus brennt.« Der Mann zog genüßlich an dem Mundstück
der Wasserpfeife und meinte dann mit wunderbarem Gleichmut: »Sei so
nett und sag es meiner Frau, denn schließlich ist sie für alles, was im Haus
geschieht verantwortlich. Ich bin nur für den Außendienst zuständig« (persische Geschichte).

Erklärung:

Man wählt einen Partner, der die Eigenschaften besitzt, über die man
selbst nicht verfügt: »Ich bin ein sehr ruhiger Typ. Schon immer habe
ich meinen Mann bewundert, wie er sich gegenüber anderen behauptet

und wie beliebt er ist.« Um einzelne Defizite in der eigenen Fähigkeitsausstattung auszugleichen, wählt man sich einen entsprechenden Partner. Um ein Bild zu wählen: *Der Blinde sucht den Lahmen.* Der eine kann nicht sehen, aber laufen, der andere kann nicht laufen, aber sehen. Dieser Aspekt der Partnerwahl ist für viele Menschen tatsächlich eine große Chance. Er wird aber dann zur Falle, wenn man sich über seine Stärken nicht im klaren ist oder den Ausgleich aus purer Bequemlichkeit sucht: »Was mein Partner mitbringt, um das brauche ich mich nicht selbst zu bemühen.« Nach dieser Devise würde eine Frau einen Mann heiraten, der durch seinen Erfolg und sein beschützendes Auftreten ihrer Unselbständigkeit und kindlichen Abhängigkeit Vorschub leistet; ein Mann würde die Frau heiraten, die seiner Unfähigkeit im Haushalt entgegenkommt.

Fall: »Da suchte ich einen Vaterersatz«

»Meine Eltern haben sich scheiden lassen, als ich zwei Jahre alt war. Ein Jahr später ist meine Mutter mit mir aus unserer Heimat geflüchtet, und wir haben uns in einem anderen europäischen Land mühsam durchgeschlagen. Ein weiteres Jahr später kam ein Bekannter aus der Heimat, und meine Mutter versuchte, mit ihm eine Existenzgrundlage zu finden. Die beiden heirateten, und wir emigrierten nach Amerika. Aber auch dort ging es wirtschaftlich nicht aufwärts, und hinzu kam unendliches Heimweh nach Europa. Meine Mutter schickte mich wieder in die Schweiz, wo ich bei zwei älteren alleinstehenden Damen lebte und eine europäische Erziehung erhalten sollte.

Ende der 50er Jahre kam meine Mutter nach Deutschland, es kam zur Trennung von meinem Stiefvater und nach einigen weiteren Jahren auch zur Scheidung. Diese Ehe war der verzweifelte Versuch gewesen, ein hartes Emigrantenschicksal gemeinsam zu ertragen, wobei meine Mutter in ihrem ganzen Wesen unter dieser Beziehung litt und unterdrückt wurde.

Mit 17 Jahren begann die Beziehung zu meinem Partner, der fast 30 Jahre älter ist als ich. Wir sind jetzt seit 20 Jahren zusammen, und seit zehn Jahren leben wir in einer gemeinsamen Wohnung. Ich habe erst sehr viel später erfahren, daß er mit meiner Mutter befreundet war, ehe er von der Rolle des väterlichen Freundes, dem ich sehr zugetan war, in die Rolle des Freundes schlüpfte.

Seit geraumer Zeit geht es mir gesundheitlich gar nicht gut. Ich leide unter starken Kopfschmerzen und Unterleibsbeschwerden, fühle mich ständig matt, deprimiert, beklommen und habe wiederkehrendes inneres Frösteln. Mein Arzt meint, das sei psychisch bedingt...« (Auszug aus dem Erstinterview einer 37jährigen Patientin).

Fall: »Wir sind ganz unterschiedliche Typen!«

Ein 36jähriger Beamter, der erzählt hatte, die Attraktivität und das sichere Auftreten seiner Frau hätten ihm zu Beginn ihrer Beziehung sehr imponiert, berichtet weiter: »Meine Frau ist sehr temperamentvoll, trägt das Herz auf der Zunge, ist kompromißlos und extravertiert. Ich bin ruhig, ausgleichend, introvertiert, diplomatisch. Meine Frau profitiert mehr von meiner ruhigen ausgleichenden Art als ich von ihr. Im Gegenteil, manchmal drängt sie sich in den Vordergrund, was mich als Schwächling erscheinen läßt.«

Hier zeigt sich die Schwäche des Modells, Partnerschaft ausschließlich auf die Basis gegenseitigen Ausgleichs zu stellen. Wenn man seine vermeintlichen Schwächen durch die Fähigkeiten des Partners kompensieren will, werden sie nicht aufgehoben, im Gegenteil, die Stärken des Partners kränken uns durch ihr bloßes Vorhandensein und führen uns die eigenen Schwächen und Unzulänglichkeiten ständig vor Augen. So kommt es nicht selten vor, daß der Hauptgrund der Partnerschaft im Laufe der Zeit zum Hauptvorwurf wird: »Ich kann deine Art nicht leiden. Wir sind ganz unterschiedliche Typen.«

Deutung:

Der Ausgleich ist ein äußerst labiles Gleichgewicht. Nicht nur derjenige, dessen Schwächen kompensiert werden, profitiert davon, sondern auch der, der den positiven Fähigkeitsanteil einbringt. Er erhält die führende Position in der Partnerschaft und benötigt die Schwäche des anderen zur Bestätigung seiner eigenen Stärke. Nicht zuletzt aus diesem Grund muß er daran interessiert sein, den gegenwärtigen Zustand aufrechtzuerhalten. Eine Veränderung seines Partners entspricht kaum seinem Bedürfnis. Kann dieser nämlich seine noch im Schatten liegenden Fähigkeiten entfalten, bedroht dies die partnerschaftliche Sicherheit und die eigene Stärke.

Diese Mechanismen laufen zumeist unbemerkt ab, das heißt, sie fallen erst durch ihre Folgen auf. Dann bietet sich die Möglichkeit, das Inventar der eigenen Fähigkeiten und Entwicklungsdimensionen aufzunehmen und Mängel im Verhältnis von Erkenntnis- und Liebesfähigkeit auszugleichen. So erhält der Partner Freiraum zur Entfaltung seiner eigenen Fähigkeiten. Dieser Vorgang läßt sich weniger aus dem Lehrbuch als durch vermehrte Sensibilität für Partnerschaft lernen.

Andere Kulturen:

Emanzipation bereitet vielen Menschen Schwierigkeiten. Nicht, daß sie gegen Gleichberechtigung wären; sie fühlen sich nur sehr verunsichert durch die Vermischung der Rollen von Mann und Frau. Man leidet unter Orientierungsschwierigkeiten. Der Rollendiffusion der westlichen Kulturen steht eine festgefügte Rollenverteilung in der orientalischen Welt gegenüber. Partnerschaft als Ausgleich ist dadurch festgelegt, daß der Mann aufgrund von Tradition, Gewohnheitsrechten und Moralvorstellungen weiß, was ihm zusteht, und die Frau, was ihre Pflichten sind. Beide Rollen sind im Sinne einer Ergänzung aufeinander bezogen.

Dem Mann stehen die Außenkontakte zu. Er verdient das Geld, nimmt Beziehung zu Männern außerhalb der Großfamilie auf, lädt Gäste ein, die dann mit ihrer eigenen Familie erscheinen.

Die Frau sorgt für die Kinder, regelt gemeinsam mit den anderen Frauen in der Großfamilie das Zusammenleben, spezialisiert sich auf die Rolle der Hilfesuchenden, ist sensibel für Sorgen, Krankheiten, Schicksalsschläge und stellt das soziale Netz dar, in das der Mann fällt, wenn er beim beruflichen Seiltanz das Gleichgewicht verloren hat.

Praktische Konsequenzen:

Eine hilfreiche Technik ist der Rollentausch, bei dem die Partner, zeitlich begrenzt, die Rollenaufgaben des anderen übernehmen. Rollentausch stärkt das gegenseitige Verständnis und Einfühlungsvermögen. Die Technik ist einfach. Für eine Woche geht der männliche Partner einkaufen, der weibliche Partner übernimmt die Aufgabe Gäste einzuladen. Auch im sexuellen Bereich ergreifen die Partner wechselseitig die Initiative. Die Frau lernt, nicht nur passiv empfangender Teil zu sein, und der Mann lernt, sich von der Sexualleistung und dem Eroberungszwang zu distanzieren. Wie dieser Rollentausch gehandhabt werden soll, wird in der Partnergruppe beschlossen. Dies bedeutet keinen Verlust von Spontaneität und Romantik, sondern ist ein abenteuerlicher Versuch, neue Verhaltensbereiche und Formen der partnerschaftlichen Beziehung zu erschließen.

Partnerschaft als Balanceakt

»Du kannst nicht die eine Hälfte eines Huhnes zum Kochen und die andere zum Eierlegen haben.«
Orientalische Weisheit

Die Fähigkeit, sich nicht festzulegen.

Geschichte: »Die Wahl zwischen Kuh und Tränke«

Ein Bauer hatte lange Zeit gespart, um für seine Kuh eine wunderschöne Tränke aus Ton kaufen zu können. Nach reiflicher Überlegung hatte er sich für eine Tränke entschieden, die ungefähr die Form eines Fasses hatte. Eines Tages verfingen sich ihre Hörner in der Öffnung, und das Tier blieb mit dem Kopf im Faß stecken. Den Bauer überkam große Verzweiflung, als er erkennen mußte, daß er den Kopf der Kuh nicht aus der Tränke befreien konnte. Er beklagte sein Unglück und bat Allah, den Allmächtigen, um Beistand. Was sollte er nun tun? Sollte er die Tränke zerschlagen, die er erst kürzlich für viel Geld auf dem Bazar erstanden hatte? Oder sollte er die Kuh schlachten? Nachdenklich blieb er stehen. Dann griff er zum Beil und schlug der Kuh den Kopf ab. Er wollte wenigstens die Tränke retten, mußte aber erkennen, daß er auch jetzt den Kopf der Kuh nicht aus der Tränke bekam. Voller Verzweiflung begann er das wertvolle Gefäß zu zerschlagen. Als er auf die Scherben zu seinen Füßen sah, wurde ihm schmerzlich bewußt, daß er beides verloren hatte: Kuh und Tränke.

Erklärung:

Liebe kann keinen Absolutheitsanspruch erheben. Sie ist abhängig von vielen Kriterien, Normen und Wertmaßstäben, die weniger bewußt sind. Liebe als emotionale und sexuelle Beziehung liegt auf der einen Waagschale, und je länger die Beziehung dauert, desto mehr können sich auf der anderen Waagschale Erwartungen, Verhaltensmuster und Bewertungsschemata anhäufen: »Ich kann nicht verstehen, wie ich in dieses Scheusal verliebt sein konnte. Seinen wahren Charakter hat er jetzt gezeigt. Er ist geizig, egoistisch und, was seine Sauberkeit betrifft, ein Schwein. Seitdem ich erfahren habe, daß er fremdgegangen ist, ist es aus... Allein der Gedanke, daß er mich anfaßt, bringt mich in Rage.«

Die sozialen Beziehungen zwischen Menschen werden mit oder gegen ihren Willen durch eine Ordnung oder verschiedene Ordnungen geformt. Die Partner können gleichberechtigte, gleichwertige Rollen innerhalb eines großen Rollenspiels übernehmen. Beziehungen können aber auch von oben nach unten strukturiert sein, das heißt in Über-Ordnung oder Unter-Ordnung aufgeteilt. Diese Beziehungen umschreibt man gern mit Begriffen wie Autorität, Gehorsam, Disziplin.

Fall: »Eine eierlegende Woll-Milch-Sau«

Ein Mann in den besten Jahren sucht Rat, weil er nach fünf gescheiterten Ehen nicht wußte, ob er noch eine sechste Partnerschaft eingehen sollte. Der Mann sprach gut von seinen »Verflossenen«. Seine erste Partnerin hatte bei dem Aufbau eines Geschäftes geholfen. Sie war fleißig, zuverlässig, ordentlich und sparsam. Ihre Nachfolgerin verstand sich nicht so gut auf das Geschäftliche. Das war auch nicht mehr vonnöten, das Geschäft war etabliert. Sie beherrschte die Kunst des Kochens und war eine Gastgeberin, die ihresgleichen suchte.

Beim Jogging, durch das er die überflüssigen Pfunde wieder abzuarbeiten suchte, lernte er seine dritte Frau kennen: sportlich, vital und schlank, fast anorektisch. Es wurde seine gesundheitsbewußte Zeit, die ihn schließlich jedoch mehr anstrengte als befriedigte. Sein nunmehr vermehrtes berufliches Engagement ließ ihn die Vorteile einer hochqualifizierten Fachfrau schätzen. Sie wurde Chefsekretärin in seinem eigenen Betrieb. Er konnte sich auf sie verlassen, und wehmütig dachte er daran zurück, wie gut es ihm getan hatte, von ihr entlastet zu werden. Daß in dieser Beziehung der Beruf im Vordergrund stand, wurde ihm bewußt, als er seiner späteren, der fünften Frau, einer atemberaubenden Schönheit, eine Eigentumswohnung beschaffte und gleich mit einzog. Sie wurde für ihn zur »Visitenkarte«, zum Schmuckstück und zur Erfahrungsquelle von bis dahin noch nicht gekannten sexuellen Vergnügen.

Ihr Fehler bestand darin, daß sie nichts von Computern verstand und noch weniger den Streß seines beruflichen Lebens verstehen wollte. In dieser Situation dachte der Mann an seine Zukunft, die er nicht allein verbringen wollte. Allerdings war er mittlerweile nachdenklich geworden. Er hatte fünf Partnerschaften erlebt und erfahren müssen, daß ihm alle fünf nicht das gegeben hatten, was er in seinem Innersten suchte (»Ich suche eine eierlegende Wollmilchsau«). Zugleich hatten sie ihm so viel gegeben, daß er sich jeder einzelnen noch in Haß-Liebe verbunden fühlte. Seine Partnerinnen sollten ihm Sekretärin, Psychotherapeutin, Prokuristin, Köchin und »Prostituierte« sein.

Der Ausweg bestand darin, die Situation so zu sehen, wie sie wirklich war. Der erste Schritt bestand darin, daß er zunächst eine hochqualifizierte Mitarbeiterin einstellte, die partnerschaftlich gebunden war und ihn somit nicht erneut in Versuchung brachte. Erst als für ihn der zentrale Lebensbereich der Leistung abgedeckt war und er gelernt hatte, die Beweggründe seiner bisherigen Partnerwahlen zu erkennen, vermochte er den Balanceakt einer Partnerschaft zu meistern.

Deutung

In einer Partnerschaft gilt es immer, auch einen Ausgleich zwischen Gerechtigkeit und Liebe zu erreichen. Das Prinzip der *Gerechtigkeit* wiegt eine Leistung gegen eine andere auf; es ist ein Grundprinzip der Erziehung, in der die einzelnen aktuellen Fähigkeiten und Leistungen im Vordergrund stehen. Doch Gerechtigkeit bleibt unpersönlich, blind für die Einzigartigkeit des Menschen.

Beispiele für Gerechtigkeit:

»Ich arbeite draußen, wenn du zu Hause für mich und die Kinder sorgst.« Oder: »Ich arbeite für dich zu Hause, wenn du für meine Sicherheit sorgst.« »Du hast jetzt keine Zeit für mich, also werde ich demnächst auch keine Zeit für dich haben.« Oder: »Du hast keine Zeit für mich, also werde ich mir jemanden suchen, der für mich Zeit hat.«

Wird die Gerechtigkeit in der partnerschaftlichen Beziehung verabsolutiert, so führt sie schnell in einen Teufelskreis, in dem eine Ungerechtigkeit die andere nach sich zieht. Man sieht nur noch Leistung und Gegenleistung, nur noch einzelne Bereiche der Gesamtpersönlichkeit des Partners.

Liebe umfaßt den Menschen als ganzen. Sie baut nicht auf bestimmte Eigenschaften, Fähigkeiten und Eigenarten auf, sondern meint den Träger dieser Eigenschaften. Ich liebe dich, weil du du bist.

Ein »Zuviel« an Liebe macht blind für die Fehler und Schwächen des Partners und verhindert somit ein realitätsangemessenes Verhalten in der Partnerschaft. Hier besteht die Gefahr, daß die Konflikte über eine lange Zeit hinweg geduldig ertragen werden und es dann plötzlich zu einer gewaltsamen Reaktion kommt.

Es ist richtig, Forderungen im Sinne der Gerechtigkeit an den Partner zu stellen, er erwartet sie sogar. Kommt es in einem Bereich der Partnerschaft zu Versäumnissen oder Versagen, ist es wichtig, zwischen der mangelnden Leistung und dem Partner selbst zu unterscheiden.

Der Balanceakt ist erreichbar, wenn man sagt: Ich nehme dich, so wie du bist, auch wenn du jetzt in diesem Bereich versagt hast. Ich weiß, daß du aus deinen Fehlern lernen kannst, und ich werde aus meinen Fehlern lernen.

Andere Kulturen

Im Abendland führen oft Ängste wegen des Aussehens, der Schönheit, der sexuellen Potenz, der Trennung von den Eltern und der Beziehung zu den Schwiegereltern, Freunden und Nachbarn zu einer ambivalenten Haltung gegenüber dem Partner. Die daraus entstehenden Probleme nötigen zu permanenten Balanceakten. Im Orient stehen inhaltlich eher Ängste um die Fruchtbarkeit, das soziale Ansehen und das Verhältnis zur Zukunft im Vordergrund.

In der patriachalischen Gesellschaft des Orients werden Differenzen in der Partnerschaft zumeist nicht offen ausgetragen. Die Rolle der Frau legt ihr das Nachgeben nahe. Zudem besitzt die Großfamlie eine Pufferfunktion und versucht gemäß den Traditionen ein Einlenken, zumeist der Frau, zu erreichen. Die Waffen der Frau sind dementsprechend subtil: Sie sucht als gute Tochter ihre Eltern auf und läßt ihren Mann allein. Als gute Mutter kümmert sie sich um ihre Kinder, konzentriert all ihre Aktivität und Phantasie auf sie, besucht sie, wenn sie außer Haus wohnen, läßt aber den Ehemann »draußen«. Dieses Vorgehen ist legitim und wird von dem Ehemann zumeist – wenngleich gekränkt – akzeptiert. Er lernt sogar, in diesem Verzicht einen Sinn zu sehen: Seine Frau geht ihm in ihrer Aufopferungsbereitschaft voraus, und er folgt ihrem Beispiel. So entsteht aus einem latenten Ablösungskonflikt, der nie ganz ausgetragen oder gar verstanden wird, ein neuer sozialer Kompromiß, der für beide Teile akzeptabel ist.

Praktische Konsequenzen:

Ob und nach welchen Kriterien ein bestimmtes Autoritätsverhältnis gegenüber dem eigenen Partner, den Eltern, Schwiegereltern und Kindern gerechtfertigt ist, ist so wichtig wie die Frage, wie wir darauf reagieren. Außer der bedingungslosen Unterordnung und der antiautoritären Revolte gibt es eine Vielzahl weiterer Reaktionsmöglichkeiten. Sie unterscheiden sich nach Intensität und Art der Autoritätskrise, und die Frage ist, welcher der beiden Gegenpole, Unterordnung oder Auflehnung, im Vordergrund steht. Auch wenn wir nur das Ergebnis sehen, daß der eine angepaßt und gehorsam reagiert, der andere trotzig und antiautoritär, ist dieses Verhalten, auch in der Partnerschaft, eine Reaktion auf einen akuten oder lebensgeschichtlichen Konflikt. Dadurch wird das Gleichgewicht zwischen Anpassung und Selbstbehauptung, Höflichkeit und Ehrlichkeit (Offenheit), Liebe und Gerechtigkeit, Verbundenheit und Ablösung, primären und sekundären Fähigkeiten gestört. Dieses Ungleichgewicht kann zu vier Reaktionsformen führen:

1. »Ich mache, was ich will!« Hier spielen Selbstbehauptung, Offenheit, Gerechtigkeit und Ablösungstendenzen die Hauptrolle.

2. »Ich mache, was mein Partner will!« Bei dieser Reaktion geht es primär um Anpassung, Höflichkeit, Liebe und Verbundenheit.

3. »Ich mache weder das, was ich will, noch das, was mein Partner will, sondern etwas ganz anderes!« Hier stehen Mechanismen der Konfliktverschiebung im Vordergrund.

4. »Für mich ist jede Krise eine Chance!« Hier versucht man, zu lernen, indem man sich auf die gegebene Situation einstellt, nach der Bedeutung der Wünsche des Partners fragt, seine eigenen Erwartungen und Wünsche klar ausspricht, gegebenenfalls auch einmal Verzicht leistet, den Partner ermutigt, um dann in gemeinsamer Beratung neue Lösungsmöglichkeiten im Sinne einer »Zielerweiterung« zu finden.

Partnerschaft als Befreiung

> »Edna, ich muß Dich leider verlassen.
> Wohin soll ich gehen?«
>
> *Spruch des Jahres*

Die Fähigkeit, die gewonnene Freiheit zu bedauern

Geschichte: »Du kannst nicht vor dir selbst davonlaufen«

»Ein Muezzin, der täglich mehrmals vom Minarett aus die Gläubigen zum Gebet rief, lief durch die Straßen der Stadt Schiraz und ließ seine Stimme laut erschallen. Erstaunt fragten ihn Vorübergehende, warum er so laufe. Außer Atem erwiderte der Muezzin: »Ich habe gehört, meine Stimme klinge aus der Ferne so schön, und jetzt laufe ich ihr davon, um sie aus der Ferne hören zu können.«

Erklärung:

Die Fähigkeit zur Trennung und Befreiung in verschiedenen Lebensabschnitten ist ein wesentliches Zeichen persönlicher Reife. Sie wird unumgänglich, wenn die Ursprungsfamilie verlassen und eine neue familiäre Einheit gebildet wird. Trennung kann aber auch zu Problemen führen:

Im Jugendalter: Um der Bevormundung durch die Eltern aus dem Wege zu gehen, wird kurzfristig eine Partnerschaft gesucht, zumeist mit dem Erstbesten. Sexuelle Beziehungen werden als Bestätigung der Loslösung von den Eltern und oft als Trotzhandlung eingegangen.

Im Erwachsenenalter: Um aus einer belastenden Partnerschaft herauszukommen, werden Hals über Kopf sexuelle Beziehungen mit einem anderen Partner gesucht: »Das Leben zu Hause macht mich fertig. Ich mußte einfach einen Ausweg finden und habe mit einem Kollegen geschlafen. Jetzt ist es für mich noch viel schlimmer. Mein Kollege will mich nicht, weil er verheiratet ist, und ich will meinen Mann nicht.«

Die Belastungen durch solche Konflikte können größer sein als der Nutzen solcher Partnerschaften. Aus einer Fülle von Fällen haben wir ein Beispiel ausgesucht, das sich symptomatisch als »Aids-Phobie« präsentiert, jedoch inhaltlich auf einzelne Werthaltungen und Verhaltensregeln zurückzuführen ist.

Fall: »Ich wollte mich frei machen«

Eine 38jährige verheiratete Akademikerin hatte während einer Kur eine intime Beziehung zu einem gutaussehenden Mann, um sich »frei zu machen« von ihrem Mann. Diese Begegnung vergaß sie zunächst, bis sie einige Monate später in der Zeitung las, daß Aids auch heterosexuell übertragen wird. Dies beunruhigte sie sehr. Sie war »total durcheinander«, konnte vor Angst kaum mehr schlafen, fühlte sich innerlich unruhig und konnte sich in ihrem Beruf nicht mehr konzentrieren. In dieser Situation gestand sie ihrem Mann den »Fehltritt«. Entgegen ihren Erwartungen reagierte er ruhig und mit viel Verständnis: »Das ist alles nicht so schlimm, beruhige dich erst einmal.« Ein Aids-Test fiel negativ aus. Doch das Ergebnis konnte die Patientin nicht von ihrer Unruhe und Unsicherheit befreien. Die Angst vor einer Aids-Erkrankung hatte ein grelles Licht auf ihre partnerschaftliche Problematik geworfen.

Die folgenden Fragen geben die Gedanken der Frau wieder: Wie war die partnerschaftliche Situation, wie standen eigentlich Mann und Frau zueinander? War die Ruhe und Sachlichkeit, die der Ehemann bei ihrer »Beichte« zeigte, Zeichen einer tiefen, alles verzeihenden Zuneigung, Ausdruck einer distanzierenden Gleichgültigkeit oder »Theaterspiel«? War die Angst vor Aids ein »Ablenkungsmanöver«, das von der akuten Treueproblematik und von Rissen in der Partnerschaft ablenken sollte? Beide Partner waren in einer christlichen Tradition aufgewachsen. Im Erleben der Patientin bekam die Angst vor Aids die Bedeutung einer »Strafe Gottes«, welche die Patientin auf sich nehmen wollte und für die sie als reuige Sünderin Vergebung erhoffte. Ihr Partner ging unbewußt auf dieses Spiel ein und erteilte ihr die »Absolution«. Die Hartnäckigkeit der Aids-Phobie bot dann einen Einstieg in die Psychotherapie. Die Patientin erarbeitete die beteiligten Konfliktbereiche.

Deutung:

Man kann drei Typen der Partnerschaft unterscheiden:
Der Treue-Typ: Für ihn gilt das Prinzip der Dauer. Er ist bereit, für die Partnerschaft große Opfer zu leisten, nach dem Motto: »Ich kann nicht allein sein, ich brauche meinen Partner.« Er erträgt Pedanterie, Unzuverlässigkeit, finanzielle Probleme, Untreue usw. Von ihm wird kaum der Anstoß zu einer Trennung ausgehen. Vielmehr ist er stets das Opfer der Trennung, unter der er sichtlich leidet und die ihn in tiefste Depression stürzt. Sein Problem ist die Angst vor der Trennung (Kontakt), die Angst vor der Selbständigkeit (Vertrauen, Fleiß/Leistung) und die Vorstellung: »Was sagen die Leute?« (Höflichkeit).

Zwei Partner, die nach dem Treue-Konzept zusammenleben, haben als oberstes Gebot die Vermeidung aller Konflikte, die auch nur den Gedanken an eine Trennung heraufbeschwören könnten. Probleme werden verdrängt, obwohl sie die Partnerschaft für die Beteiligten zur Hölle machen können. Das einzige, was die Partnerschaft trägt, sind die gegenseitigen Abhängigkeitswünsche. Treten Probleme auf, setzen sofort Widerstände ein. Entweder werden die Schwierigkeiten auf andere projiziert oder man wählt einen Sündenbock, meist ein Kind oder einen nahen Verwandten, dem die Rolle des Störenfrieds in einer ansonsten intakten Partnerschaft zufällt. Die dritte Möglichkeit, die sich hier bietet, ist die Symptombildung: körperliche und seelische Störungen und Krankheiten bekommen die Funktion, die Partnerschaft zu stabilisieren.

Der Gerechtigkeitstyp: Er ist an den sekundären Fähigkeiten orientiert und hängt stark vom Funktionieren des partnerschaftlichen Zusammenspiels ab. Bestimmte Aktualfähigkeiten wie Leistung, Pünktlichkeit, Ordnung, Sparsamkeit, Zuverlässigkeit usw. werden zu unverzichtbaren Kriterien des Zusammenlebens.

Während der erste Typ eher depressive Züge zeigt, dominieren hier zwanghafte Strukturen. Bei Verstößen wird oft lieber die Trennung und Scheidung angestrebt, als daß man Abweichungen von der idealen Norm ertragen könnte. Dementsprechend wird eine Ablösung recht schnell angestrebt, die auftretenden Ängste werden verdrängt, aggressiv überkompensiert oder psychosomatisch verarbeitet. Charakteristisch ist ein Defizit im Bereich der primären Fähigkeiten. Beide Partner sind darauf angewiesen, daß eine optimale Übereinstimmung der Aktualfähigkeiten, vor allem der sekundären Fähigkeiten vorliegt.

Die scheinbare Leichtigkeit, mit der Trennungen erfolgen, sollte nicht darüber hinwegtäuschen, daß auch hier starke Trennungsängste beteiligt sind. Diese beziehen sich oft weniger auf den realen Partner, als vielmehr symbolisch auf die übernommenen Konzepte und damit auf die eigene Ursprungsfamilie.

Der Entlastungstyp: Er sucht die Möglichkeit der Ablösung und versucht die Anstrengungen des Partners, eine Verbundenheit aufrechtzuerhalten, in jeder erdenklichen Weise zu verhindern. Dummheit, Unreife, Infantilität des anderen werden für die partnerschaftliche Problematik verantwortlich gemacht. Gegenüber dem Treue-Typ ist der eher hysterisch zu nennende Entlastungstyp die extremste Provokation. Das einzige, was der depressive Treue-Typ dem entgegenzusetzen weiß, ist seine noch verstärkte Anhänglichkeit, die sich bis hin zu

Selbstmordabsichten steigern kann. Eine besondere Dynamik zeigt das Aufeinandertreffen von zwei Vertretern des Entlastungstyps. Durch sein Werben erreicht der eine, daß sein Partner von ihm abhängig wird. Wenn diese Abhängigkeit eintritt, distanziert er sich und versucht, sich von seinem Partner zu lösen. Diese Tendenz hält so lange an, wie sein Partner um ihn kämpft. In dem Augenblick aber, in dem er sich endlich zu einer Entscheidung mit aller Mühe durchgerungen hat und von sich aus die Trennung betreibt, fängt der Entlastungstyp wieder an, Gründe zu finden, die Partnerschaft fortzusetzen. Er setzt den Partner unter Druck, seine Entscheidung zurückzunehmen, und benützt dazu Mittel, die bis hin zur Selbstmorddrohung reichen.

Andere Kulturen

Partnerschaft als Befreiung ist im Orient nicht üblich. Man geht weder eine Partnerschaft ein, um sich vom Elternhaus, noch um sich aus einer bestehenden Partnerschaft zu befreien. Beides ist im Sinne der Tradition und der religiösen Normen undenkbar. Eine »Befreiung« im Sinne von Loslösung von der Großfamilie würde Unsicherheit und Ängste auslösen. Der einzelne ist vom sozialen Körper der Großfamilie eingeschlossen und wird von ihr versorgt, wenn es ihm schlecht geht.

Die wechselseitige Hilfsbereitschaft funktioniert in erstaunlichem Maße. So wird einem Geschäftsmann über den Konkurs hinweggeholfen, einem Familienvater über finanzielle Engpässe. Stirbt der Ernährer der Familie, tritt die Großfamilie ein und übernimmt die Pflichten der Versorgung. Auch bei psychischen Schwierigkeiten, bei Depressionen, Konflikten und Hilflosigkeiten älterer Menschen fühlt sich die Bezugsgruppe verantwortlich. Es entwickelt sich eine Solidarität, in der die Frauen zusammenstehen und die Männer ihre Hilfe anbieten. Diese Solidarität zeigt sich in allen Lebenslagen, nach dem Tod eines Angehörigen, in der Zeit einer (z. B. berufsbedingten) Trennung der Ehepartner, aber auch bei Liebeskummer. Die Verantwortung wird kollektiv getragen; das Familienkollektiv besitzt eine Rolle, die der Sozialversicherung in Deutschland vergleichbar ist: Durch Investitionen werden Verpflichtungen geschaffen, die in Notsituationen eingefordert werden. Auf all das würde verzichten, wer sich »befreite«.

Kommt es trotzdem aus irgendwelchen Gründen zu einer Scheidung, die in der Regel vom Mann ausgeht, ist sie nicht Privatsache des Ehepaares, sondern Familienangelegenheit. Vor allem mit Rücksicht auf die Kinder zeigt sich der Mann bei der Trennung finanziell möglichst großzügig. Er will sich nichts nachsagen lassen. Die Familie der Frau übernimmt jedoch die Hauptlast für die Geschiedene. Der Vater der Frau übernimmt deren Lebenshaltungskosten. Daß die Frau auch selbst für sich sorgen könnte, ist nach der Tradition nicht vorgesehen.

Praktische Konsequenzen

Die Partner können mit Hilfe des Instrumentariums der Positiven Psychotherapie versuchen, in einem Selbsthilfeprogramm ihre Probleme zu lösen. Diese Lösung kann darauf hinauslaufen, einen Weg zu finden, wie man trotz aller Schwierigkeiten zusammenleben kann. Selbst wenn die Gemeinsamkeit im Vordergrund steht, ist die Trennung als eine mögliche Lösung von Konflikten in Betracht zu ziehen, denn so wie wir die Partnerfähigkeit anstreben, streben wir auch die Fähigkeit zur Trennung an.

Der Treue-Typ: Das therapeutische Vorgehen in einem solchen Fall richtet sich auf die Zielerweiterung: den Kontakt, die Selbständigkeit, die Leistungsbereitschaft und den eigenen Lebensplan zu aktivieren, um ihn unabhängiger, selbstbewußter und trennungsfähig zu machen. Diese inhaltlichen Aspekte der näheren Zukunft werden unter der stützenden Assistenz des Therapeuten durchgearbeitet. Der zweite Gesichtspunkt der Therapie richtet sich auf die lebensgeschichtliche Vergangenheit: das Bewußtwerden der Abhängigkeitswünsche, der Ambivalenz und Schuldgefühle und der Kriterien, nach denen man einen Partner gewählt hat.

Der Gerechtigkeits-Typ: Die positive Familientherapie zielt zunächst darauf ab, die kritischen Aktualfähigkeiten des Patienten herauszuarbeiten und als wichtige Faktoren in seinem Lebensplan zu akzeptieren. Darüber hinaus versuchen wir, mit den kritischen Aktualfähigkeiten beteiligte Gefühle anzusprechen, die primären Fähigkeiten und ihre lebensgeschichtlichen Bedingungen mit dem Patienten durchzuarbeiten. Er lernt dadurch, Beziehungen zu seinen Gefühlen aufzunehmen und sie mit lebensgeschichtlichen Ereignissen zu verknüpfen.

Der Entlastungstyp: Für den Entlastungstyp ist mitunter die Trennungsabsicht des anderen unerträglich; Trennung kann er nur akzeptieren, wenn sie von ihm ausgeht. Diese Ambivalenz, die sich weniger prägnant bei den anderen Typen finden läßt, ist bis in die Kindheit und die Familiensituation des Betroffenen zurückzuführen. Auch hier finden sich paradoxerweise starke Trennungsängste, die nach dem Grundsatz »Angriff ist die beste Verteidigung« abgewehrt werden. Es geht darum, die Kriterien der Partnerschaft bewußt zu machen und den beschriebenen Teufelskreis zu durchbrechen.

Partnerschaft als Begegnungsstätte von Kulturen

> »Die Teilung der Hand in Finger hat keine Schwächung herbeigeführt, vielmehr ihre Leistungsfähigkeit gesteigert. Ebenso erhöht der Staatsmann, der anderen einen Anteil an der Führung gibt, durch die gemeinsame Leistung den Erfolg seiner Tätigkeit.«
>
> *Plutarch*

Die Fähigkeit, die Einheit in der Mannigfaltigkeit zu sehen

Geschichte: »Ein Dachgarten und zwei Welten«

Auf dem Dachgarten eines Hauses schliefen in einer Sommernacht die Mitglieder einer Familie. Die Mutter sah, voll Mißgunst, daß ihre nur widerwillig geduldete Schwiegertochter und ihr Sohn eng aneinander geschmiegt schliefen. Diesen Anblick konnte sie nicht ertragen, weckte die beiden Schläfer und rief: »Wie kann man nur bei dieser Hitze so eng zusammen schlafen. Das ist ungesund und schädlich.« In der anderen Ecke des Dachgartens schliefen ihre Tochter und der verehrte Schwiegersohn. Beide lagen voneinander getrennt. Fürsorglich weckte die Mutter die beiden und flüsterte: »Ihr Lieben, wie könnt ihr nur bei dieser Kälte so weit voneinander liegen, statt euch gegenseitig zu wärmen?« Dies hörte die Schwiegertochter. Sie sprach mit lauter Stimme: »Wie allmächtig ist Gott! Ein Dachgarten, und so unterschiedlich im Klima.«

Erklärung:

Meiner Erfahrung nach hat sich eine besondere Situation herausgebildet, in der die transkulturelle Problematik teils offen und deutlich zum Ausbruch kommt, teils sublim und fein differenziert unter der Oberfläche des alltäglichen Zusammenlebens schwelt. Ich meine hier die Ehe zwischen zwei Angehörigen verschiedener Kulturen. In diesem Sinne besteht eine transkulturelle Ehe nicht nur zwischen Angehörigen verschiedener Nationen, sondern auch zwischen verschiedenen geographischen Regionen innerhalb eines Landes (Bayern und Preußen). Transkulturelle Probleme können auch auftreten, wenn die Partner aus Groß- und Kleinstadt stammen und verschiedene Erziehungssysteme, Denkweisen und Konzepte mitbringen.

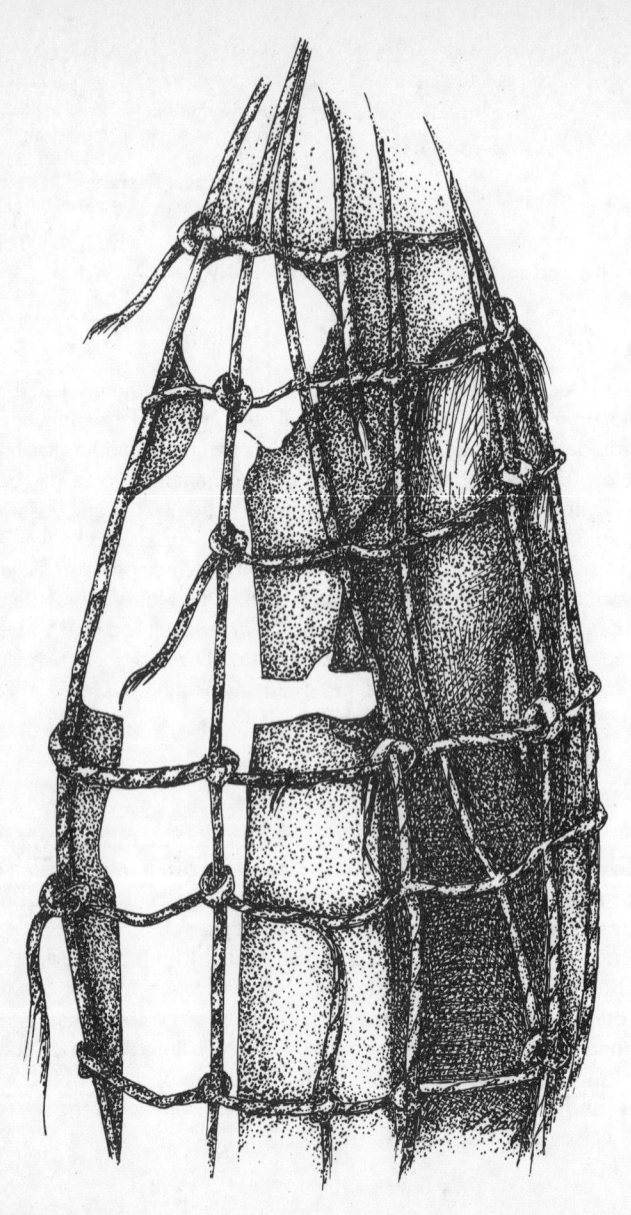

Fall: Beobachtungen über zehn Ehen – zehn repräsentative Ehen?

Eine Patientin, die nach ihrer Scheidung große Probleme hatte, eine neue Partnerschaft einzugehen, bat ich, Ehen in ihrem Freundes- und Bekanntenkreis so zu beschreiben, wie sie diese erlebte. Sie sollte sich dann überlegen, welche Formen dieser Beziehungen sie für eine eigene zukünftige Partnerschaft als »Modell« akzeptieren könnte. Zur nächsten Sitzung brachte sie die folgenden Notizen mit.

1. Ehepaar auf dem Dorf: Sie 45, er 50 Jahre alt, vier Kinder. Es ist eine gute Ehe, alles ok. Er ist arbeitsgeil, er arbeitet auch sonntags. Wenn er endlich mal zu Hause ist, geht er nach nebenan zu seiner Mutter und sieht fern. Sie sind ein rechtschaffenes Paar: Er tut alles für seine Familie, und sie auch. Aber was ist sie? Eine Dienstmagd.

2. Auf dem Dorf. Sie 25, er 30 Jahre alt, seit kurzem verheiratet. Sie hat in eine Metzgerei eingeheiratet, wo die Schwiegermutter das Zepter schwingt. Die junge Frau ist Bankkauffrau und arbeitet noch bei einer Bank. Er ist schwach gegenüber den Eltern und ist Vereinsmeier. Er ist also fast jeden Abend weg auf Versammlungen, und die junge Frau sitzt in ihrem riesengroßen Haus mit der ungeliebten Schwiegermutter. Die junge Frau hätte gern ein Kind, sie traut sich aber nicht, da sie dann daheim bleiben müßte und ganz in die Fänge der Schwiegermutter geriete, weil sie im Laden mitarbeiten müßte. Was ist die junge Frau? Lebendig begraben. Wenn sie noch ein Kind kriegt, ist sie jetzt schon tot.

3. In der Stadt. Er Akademiker, 31, sie Apothekerin, ein Baby, die ideale moderne Familie; beide sehr lieb und sehr gut zueinander, also alles top. Er kümmert sich mit um den Haushalt, sie teilen alles ein. Er hat Fernweh, er ist früher einmal durch Asien getrampt; sie hat einmal in einer Kommune gelebt. Beide lieben ihr Kind, aber sie sind eingeengt vom Mama-Papa-Kind-Verhältnis. Irgendwann geht sie dann ihrer Selbstverwirklichung nach, und wir haben eine Scheidung mehr.

4. Italien. Er 60 Jahre, pensionierter Offizier, gutsituiert, sie Hausfrau. Jedes Jahr zweimal Urlaub, alles geregelt. Er liebt sie, verehrt sie, ein Leben wie im Traum, ideale Ehe. Nur: Er hat einen Hund. Die Langeweile dieser Ehe umgeht er mit dem Hund und mit Gedichten, die er schreibt. Er dominiert sie auf italienische Art, sie ist alles im Haus, aber nichts im Leben, dafür sorgt er. Sie darf mit ihren 55 Jahren noch nicht einmal ein Formular ausfüllen. Was ist Sie? Der Teppich, auf dem der Gockelhahn mit seinen schillernden Schwanzfedern auf und ab spaziert.

5. Paris. Er 50, sie auch, ein Kind. Ich habe sie seit 20 Jahren nicht mehr gesehen. Er ist ein toller Mann, sie eine tolle Frau. Beide haben gearbeitet und geteilt, sie haben ein Haus gebaut, sie haben sich respektiert. Ja, das muß ich sagen, bei denen war alles so, wie ich denke, daß es sein soll. Es gab keine Langeweile, die waren ganz normal, und dennoch waren sie zusammen; und doch hatte jeder ein Leben, in dem er atmen konnte. Die Ehe war gut.

6. Amerika. Ein schönes altes Paar auf einer schönen alten Farm, gutsituiert. Er ein sehr guter Mann, sechs Kinder, alle gut geraten, alles ok. Ich verehre diese Frau, sie stand dem Haus und dem Personal so vornehm vor. Es ist sicher eine gute Ehe gewesen. Ich habe sie als Aushängeschild empfunden. Sicher ist sie schon gestorben, ohne ein einziges Mal sie selbst zu sein. Sie war das schöne Bild, das an die Wand gehörte.

7. Großstadt. Die angeblich beste Ehe, modern, liberal, gutsituiert, kein Streit, man konnte vor Neid erblassen. Sechsmal Urlaub im Jahr, jeder getrennt. Zwei Kinder. Jetzt, nach 22 Jahren, ist alles auseinandergebrochen. Keiner kannte den anderen.

8. Großstadt. Er Akademiker, 45, Frau ebenso alt. Er ein feiner, intelligenter Mann. Eine gute Ehe, viele gemeinsame Reisen, keine Kinder, absolut gutes Einvernehmen, viel Geld und viel Umfeld. Er, ein Mann zum Respektieren; und was sehe ich jetzt? Er macht sich total lächerlich. Es ist eine neue Dame in das Umfeld gekommen, und er benimmt sich unwürdig, wie ein dummer Junge. Er ist vom Sockel gestürzt. Und was ist jetzt mit der ach so guten Ehe?

9. Großstadt. Er Akademiker, 41, sie 40, gutaussehend, gutsituiert. Drei Kinder wie aus dem Bilderbuch. Gut erzogen, weil heile Familie. Sie ist in Vereine eingebunden, hat also außer dem Leben als Hausfrau und Mutter auch ein eigenes Leben. Alles harmonisch. Er fährt nirgends hin, auch nicht auf Geschäftsreise, ohne seine Frau. Sie lieben und verehren und respektieren sich. Dennoch, sie bekommt an jedem Geburtstag ein neues Negligé ... und mir läuft es dabei kalt über den Rücken.

10. Das Traumpaar überhaupt. Er 82 Jahre alt, gutaussehend, sie 76 und sehr gepflegt. Drei Kinder, gläubig, anständig, bürgerlich, häuslich, noch verliebt und 50 Jahre verheiratet. Sie sind wirklich ein schönes Ehepaar. Nur: auch hier mußte einer weichen und seine Persönlichkeit aufgeben, nämlich er; er hat sich untergeordnet (sanft natürlich), er sagt zu allem ja. So ist das eben mit der guten Ehe.

Die Patientin kam zu dem Schluß, daß eigentlich keine der Ehen ihrer Vorstellung entsprach. Sie konnte jetzt ihre eigene Situation besser verstehen. Es wurde ihr klar, daß sie sehr idealistische Vorstellungen hatte und bisher nicht bereit gewesen war, Abstriche an ihrem Wunschbild zu machen. Jetzt begann sie, partnerschaftliche Beziehungen nicht mehr allein an vorgegebenen eigenen Wertmaßstäben zu messen, sondern sie mit anderen Konzepten zu vergleichen. Sie erkannte auch, daß partnerschaftliche Probleme nicht nur ihr Schwierigkeiten bereiteten, sondern überindividuell, überregional, in Stadt und Land anzutreffen waren. Die Partnerschaft ist auch immer eine Begegnungsstätte unterschiedlicher Konzepte und Bewertungsmaßstäbe. Durch Relativierung ihrer eigenen Werthaltungen stellte sie Vorurteile in Frage, löste Fixierungen und baute allmählich Kommunikationsblockaden ab, nach dem

Motto: »Die Ehe ist ein Versuch, zu zweit mit den Problemen fertig zu werden, die man allein niemals gehabt hätte.«

Deutung:

Preußischer Orientale oder orientalischer Preuße? Die transkulturelle Problematik – in der Privatsphäre, Arbeitswelt und Politik – gewinnt heute immer mehr an Bedeutung, und es ist zu erwarten, daß sie eine der wesentlichen Aufgaben der Zukunft sein wird.

Bei transkulturellen Ehen beschäftigen wir uns mit den in einer Kultur gültigen Konzepten, Normen, Wertvorstellungen, Verhaltensstilen, Interessen und Perspektiven. Doch dieses Vorgehen ist einer Gefahr ausgesetzt: die damit verbundenen Typisierungen »der Deutsche«, »der Perser«, »der Orientale«, »der Bayer«, »der Preuße« etc. können zu Stereotypen und Vorurteilen führen. Daher sollte man sich bei transkulturellen Beschreibungen immer vor Augen halten, daß man es mit Typisierungen zu tun hat, also mit Abstraktionen oder statistischen Mehrheitsverhältnissen, die jederzeit Ausnahmen zulassen oder durch den Einzelfall und geschichtliche Entwicklungen widerlegbar sein können. In diesem Sinne sind Paradoxien möglich, zum Beispiel der »preußische Orientale«, der es mit der Pünktlichkeit, Ordnung und Zuverlässigkeit sehr genau nimmt, oder der »orientalische Preuße«, der mit seiner toleranten und laxen Auffassung von Pünktlichkeit durchaus in die Atmosphäre eines orientalischen Basars passen könnte. Ziel einer solchen Therapie kann nicht sein, auf seine kulturellen, gruppenspezifischen, familiären und persönlichen Eigenarten zu verzichten. Vielmehr erscheint gerade die Verwirklichung der individuellen Einzigartigkeit wie auch der kulturellen Einzigartigkeit wichtig. Es ist einerseits wichtig, daß jeder seine gelernte Sprache beibehält, er sollte jedoch auch eine Sprache sprechen können, mit deren Hilfe er sich mit dem anderen verständigen kann. Eine solche »Sprache« versucht die transkulturelle Psychotherapie als Metakommunikation, als Kommunikation über Konflikte, zu bieten.

Andere Kulturen

Kaum ein Gebiet wird mit größeren Emotionen behandelt als das Verhältnis von Mann und Frau, und kaum ein anderes Gebiet scheint mit solchen Vorurteilen belastet zu sein. Die Beziehung zwischen Mann und Frau spielt nicht nur in Ehe und Beruf eine Rolle, sondern wirft ihre Schatten auch auf die Erziehung. Das soziale Rollenverhalten, insbesondere das Geschlechtsrollenverhalten, kann in seinen wesentlichen Zügen als anerzogen gelten.

Eine Untersuchung des Deutschen Jugendinstituts (DJI) München kommt zu dem Ergebnis: In den mittleren sozialen Schichten haben die Frauen relativ hohe Ansprüche an ein partnerschaftliches Zusammenleben. Ihre ambivalenten Orientierungen zwischen Familie und Beruf tragen sie dabei in die Beziehung zum Mann hinein... Frauen sind nicht von vornherein zuständig für Haushalt und Kinder, der Verzicht auf die berufliche Perspektive ist nicht mehr selbstverständlich.

In den unteren sozialen Schichten schält sich aus den Antworten dagegen ein Konzept von Partnerschaft heraus, das die Unterschiedlichkeit der Geschlechterrollen akzeptiert, von den Ambivalenzen der Frauen vergleichsweise unberührt bleibt und in dem der Mann häufiger auf das volle Verständnis seiner Partnerin rechnen kann.

Je besser die Berufsausbildung der Frauen, je größer ihre ökonomischsoziale Sicherheit und je weniger Kinder sie haben, desto mehr gleichen sie ihren Lebensstil, was die äußeren Arrangements betrifft, dem der Männer an.

Praktische Konsequenzen:

Das besondere Mann-Frau-Verhältnis im Orient hat religiöse und geschichtliche Wurzeln, die sich gegenseitig überlagern. Die dominierende Rolle des Mannes, vor allem in der Vergangenheit, zeichnet sich dadurch aus, daß ihm allein das Recht zugestanden war, über Zusammenleben oder Scheidung zu befinden. Damit war auch die finanzielle Beweglichkeit der Frau eingeschränkt; sie war abhängig. Konsequenterweise war es auch unerwünscht, daß Frauen sich finanziell selbständig machten. Viele orientalische Frauen investieren ihre Energien und ihr Geld in Geselligkeiten, Reisen, Kleidungsstücke und andere Einkäufe. Eine Scheidung vom Mann wird kaum in Erwägung gezogen.

Um das Verhalten von Angehörigen anderer Nationen verstehen zu können, benötigen wir Hintergrundinformationen, die uns erst die Maßstäbe für das spätere Urteil geben. Hierzulande leben und arbeiten viele Ausländer, die unter besonderen Schwierigkeiten zu leiden haben, weil wir zu wenig von ihnen wissen. Diesem Problem sind auch umgekehrt viele Deutsche ausgesetzt, die im Ausland tätig sind.

> Eine stärkere Berücksichtigung des transkulturellen Ansatzes in Ehe, Partnerschaft, Familie, Beruf, zwischenmenschlichen Beziehungen und Politik kann zu einer wesentlichen Harmonisierung der Beziehungen beitragen.

»Er ist nicht fähig, für das Kind zu sorgen«

Ein deutscher Sozialarbeiter hatte in einer Vormundschaftsangelegenheit einen Hausbesuch zu machen. Es ging darum, zu entscheiden, wem von den Partnern das Sorgerecht für das gemeinsame vierjährige Kind zugesprochen werden sollte. Die Mutter, eine Deutsche, war krank und nicht in der Lage, für das Kind zu sorgen. Der Vater, orientalischer Herkunft, hatte das Kind zur Zeit bei sich. Den Besucher des Sozialamtes bedachte er mit besonderer Höflichkeit, wie es seiner Tradition entsprach. Während des Gespräches saß das Kind ruhig am Boden und spielte. Das Sorgerecht für den Vater wurde mit folgenden Worten abgelehnt: »Er vernachlässigt das Kind. Während des ganzen Besuches hat er sich nur mit mir beschäftigt.«

Partnerschaft als »Begegnungsstätte« liegt nicht nur dann vor, wenn sich zwei Partner unterschiedlicher Nationalität finden, sondern in der viel alltäglicheren Form einer Begegnungsstätte zweier Familien.

Partnerschaft als Beichtstuhl

> »Die Zunge hat keine Knochen, aber sie kann die Knochen brechen.«
>
> *Orientalische Weisheit*

Die Fähigkeit, sein Herz auf der Zunge zu tragen

Geschichte: »Die zerbrochene Schale«

Eine verheiratete Frau hatte auf einer Reise einen Liebhaber kennengelernt und mit ihm eine schöne Zeit verbracht. Wieder zu Hause, dachte sie fortwährend an ihren Freund. Nichts konnte sie mehr begeistern. Der Erfolg ihres Mannes war ihr gleichgültig wie die Wolken am Himmel. Sie langweilte sich. Vor Trauer und Langeweile wollte sie weinen, konnte aber nicht, weil sie befürchtete, ihr Weinen könnte sie und ihre geheimen Wünsche verraten. Wie ungewollt ließ sie am Abend eine kostbare Schale fallen. Die Schale zerbrach, und die Frau begann zu weinen, so herzzerbrechend, daß ihr Mann ihr nicht böse sein konnte. Im Gegenteil, zusammen mit der Schwiegermutter tröstete er seine Frau und sagte: »Meine geliebte Frau, so schlimm ist es doch nicht. Die Schale ist deine Tränen nicht wert.« Doch die Frau weinte sich ununterbrochen ihre Langeweile und ihren Kummer vom Herzen.

Erklärung:

Wärme und Intimität einer Zweierbeziehung erfüllen sich oft im vertrauensvollen Gespräch. Vor allem zu Beginn einer Partnerschaft will man wenigstens einen Teil seiner Charaktermaske fallenlassen und durch diese Offenheit den Partner prüfen, ob er bereit ist, einen »voll und ganz« anzunehmen.

Vertrauen kann aber auch leicht Grenzen erreichen, nämlich dann, wenn die »Beichte« nicht einen verzeihenden »Beichtvater« oder einen Psychotherapeuten erreicht, sondern einen Partner mit eigenen Wünschen, Phantasien, Ängsten und Träumen. Gerade hier zeigt sich die hohe Kunst partnerschaftlichen Vertrauens, Geduld und Einfühlungsvermögens.

Ritualisierte Offenheit wird zum Instrument gegenseitigen Mißtrauens. Ausgehend von der Unterstellung, der Partner habe, genau wie man selbst, Wünsche und Phantasien, die mit der Partnerschaft unvereinbar sind, meint man, die umfassende Offenheit biete Kontrolle und damit Sicherheit. Diese Form gegenseitigen Umgangs beschrieb ein 24jähriger Student als Ritual seiner Großeltern:

Fall: »Bei uns gibt es keine Geheimnisse.«

»Als meine Großmutter meinen Großvater kennenlernte, war ihr erster Gedanke: ›Oh Gott, was hat der für abstehende Ohren!‹ Sie wollte ihn nicht heiraten; mit vielen Männern gut bekannt, wollte sie sich nicht binden. Sie war eine gute Sängerin, hatte aber noch nicht viele Auftritte gehabt. Sie war sieben Jahre mit meinem Opa verlobt. Für ihre Ehe hatten sie ausgemacht, immer offen und ehrlich zu sagen, wenn der eine Partner eine andere Frau oder einen anderen Mann lieber hätte. Zum Beweis dafür, daß es keine Geheimnisse gab, öffnete meine Oma immer alle Briefe und las sie laut vor, egal, wer gerade anwesend war, ob Freunde oder Bekannte.«

In sexuellen Dingen ist Offenheit nicht nur ein Zeichen von Befreiung; sie kann zu einer Waffe gegenüber dem Partner werden, zumal wenn der Partner in emotionaler Abhängigkeit steht. Das Eingeständnis der eigenen Untreue zeigt dem Partner, daß man auch ohne ihn auskommen kann. Das sexuelle Erlebnis »außer der Reihe« gibt einem selbst das Bewußtsein jugendlicher Attraktivität.

Deutung:

In der Psychotherapie beobachten wir oft folgendes Phänomen: Im Erstinterview beginnt der Patient, durch das Interesse des Therapeuten angeregt, Konfliktinhalte fast unkontrolliert auszusprechen. Dann aber wird sein Vertrauen enttäuscht, wenn der Therapeut ihm mitteilen muß, er habe für die Therapie keine Zeit oder der Patient müsse noch ein bis zwei Jahre warten.

Wie in der Arzt-Patient-Beziehung, so spielen auch in einer Partnerschaft die drei Interaktionsstadien (Verbundenheit, Unterscheidung, Ablösung) eine zentrale Rolle. Bevor man jemandem etwas anvertraut, muß das Vertrauensverhältnis (Verbundenheit) da sein. Wem, wann, wo und wieviel man »beichtet«, gehört zur Stufe der Unterscheidung. Die »Beichte« kann erst dann sinnvoll und zielgerichtet sein, wenn sie dem Partner Alternativvorschläge, Informationen und Strukturierungshilfen anbietet, die zur Selbsthilfe ermutigen.

Andere Kulturen:

Partnerschaft als »Beichtstuhl« scheint mir eine abendländische Version von Beziehungen zu sein, die eine intensive Bindung an das Du des Partners voraussetzt. Da es beispielsweise im Islam die »Lippenbeichte« nicht gibt und die symbolische Reinigung weniger durch Vergebung der Sünden als durch Waschungsrituale erstrebt wird, scheinen auch im partnerschaftlichen Umgang Offenheit und Bereitschaft zu »beichten« einen anderen Stellenwert zu besitzen. Manche Verhaltensweisen, wie Verstöße gegen das Treuegebot durch den weiblichen Partner, sind ohnehin nicht diskutabel, weil sie unvereinbar mit der übernommenen Rolle der Ehefrau sind und massive Konsequenzen nach sich ziehen würden, bräche die Frau das Schweigen darüber. Mir will es scheinen, als ließen die Partner im Orient manche Dinge einfach im Raum stehen, als nähmen sie sie als schmeichelhaft hin oder hüteten sie wie einen Schatz. Konflikte werden eher nach innen ausgetragen oder in unspezifischer Weise durch Meditieren, Beten, Selbstgespräche, Singen auf der Straße, Trauergefühle zeigen, sich trösten lassen oder einfach dadurch, daß man zum Beispiel eine Schale fallen läßt.

Praktische Konsequenzen:

Offenheit setzt voraus, daß ich mich frage: Was will ich eigentlich meinem Partner mitteilen, und wie ist meine Bereitschaft, mich in den Partner einzufühlen? Was bedeutet meine Offenheit für ihn, und wie kann er damit umgehen? Beobachtung der eigenen Gefühle und die Offenheit ihnen gegenüber können dem Partner helfen, der sich durch die »Beichte« überfordert, gekränkt oder verletzt fühlt. Man sollte nicht auf Kosten des Partners Spuren in dessen Vergangenheit aufnehmen und sie verfolgen, gleichgültig, wohin sie führen.

Die Dosierung der Mitteilungen verhindert, daß nicht nur der Partner als Austragungsort für die eigenen Probleme und Wünsche gewählt wird, sondern auch andere Bezugspersonen. Insofern können wir von einem Stadium der Ablösung sprechen, das die reifende und reife Persönlichkeit kennzeichnet.

Partnerschaft als Berufung

> »Verurteile keinen Menschen und halte kein Ding für
> unmöglich, denn es gibt keinen Menschen, der nicht
> seine Zukunft hätte, und es gibt kein Ding, das nicht
> seine Stunde bekäme.«
>
> *Talmud*

Die Fähigkeit, zu helfen, ohne gefragt zu werden

Geschichte: »Der Sonnenrufer«

Auf dem Hühnerhof erkrankte der Hahn so schwer, daß er am nächsten
Morgen vermutlich nicht krähen würde. Die Hennen fürchteten daraufhin,
die Sonne werde an diesem Morgen nicht aufgehen, wenn das Krähen
ihres Herrn und Meisters nicht erschalle. Die Hennen meinten nämlich, die
Sonne ginge nur auf, weil der Hahn krähe. Der nächste Morgen heilte sie
von ihrem Aberglauben. Zwar blieb der Hahn zu krank, um zu krähen,
doch die Sonne schien. Nichts hatte ihren Gang beeinflußt (persische
Geschichte).

Erklärung:

Partnerschaft als Berufung ähnelt Partnerschaft als Karitativanstalt.
Doch hier steht das Allmachtsgefühl im Vordergrund. »Meine Frau
braucht mich, und sie braucht meine Liebe. Ich kenne ihre Schwächen
und ich weiß, was sie braucht. Auch wenn sie das nicht immer aner-
kennt, bin ich der einzige Mensch, der ihr helfen kann. Niemand hat
sich bisher um sie gekümmert. Ich fühle mich berufen, diese Aufgabe
zu übernehmen.«
Die Partnerschaft dient also primär narzißtischen Bedürfnissen, die dadurch Befriedigung erfahren, daß man sich als notwendig, unersetzbar
und als schlechthin allmächtig erlebt. Besonders betroffen scheinen
hiervon Partner, die für psychische Probleme sensibilisiert sind und
gegenüber anderen eine Eltern- oder gar die Psychotherapeutenrolle
übernehmen wollen.

Fall: »Ich wollte meiner Frau unter allen Umständen helfen«

»Meine Frau ist Alkoholikerin. Sie hatte eine sehr schwere Jugend. Als ich mich mit ihr befaßte, wußte ich gleich: Wenn hier jemand helfen kann, bin ich es. Aus diesem Grunde habe ich meine Frau geheiratet. Ich habe mir die größte Mühe gegeben. Ich habe alles getan, was ich tun konnte. Jetzt bin ich mit meinem Latein am Ende.«

Erfüllt die Berufung nicht die gehegten Wünsche, kommt es leicht zu einer schwerwiegenden narzißtischen Kränkung: Wenn man schon alles gegeben hat, sich für den Partner aufopferte, die ebenso dankbare wie undankbare Therapeutenrolle übernommen hat, ist es dann nicht undankbar von dem anderen, wenn er keine Besserung zeigt?

Deutung:

Der Zustand des Hin- und Herschwankens, auch eine nur vorübergehende Orientierungslosigkeit, erscheint für manche Menschen so erschreckend, daß sie das andere Extrem »Partnerschaft als Berufung« wählen. Um sich vor Zweifel – vor dem Zustand der Verzweiflung – zu schützen, flüchten sie sich in Starrheit, die sie dann noch für Charakterfestigkeit und Berufung halten. Um das Verhalten nicht ändern zu müssen, werden Informationen, die den Zweifel verstärken könnten, nicht zur Kenntnis genommen. Aus Angst vor Verunsicherung kann es zu einer zweiten Fehlhaltung kommen: Ohne die vorhandenen Informationsmöglichkeiten zu nutzen, also ohne die Möglichkeiten des Zweifels zu wahren, wird die Überzeugung anderer – einer Gruppe, einer Autoritätsperson, eines Stars – übernommen, um sich so ein Gefühl der Gruppenzugehörigkeit und der Sicherheit zu verschaffen.

Unter *Zweifel* verstehen wir die Fähigkeit, einen Glauben in Frage zu stellen, Unterscheidungen zu treffen und Inhalte gegeneinander abzuwägen. Die Funktion des Zweifels, die sich auf einzelne Aktualfähigkeiten und weniger auf die Gesamtpersönlichkeit bezieht, wird im Umgang mit den Bezugspersonen gelernt.

Wie fragt man danach? Worauf richten sich Ihre Zweifel? Zweifeln Sie an Ihren eigenen Fähigkeiten? Haben Sie manchmal das Gefühl, nicht die richtige Frau (den richtigen Mann) zu haben? Haben Sie den Eindruck, nicht den richtigen Beruf ergriffen zu haben? Wäre es Ihnen lieber, in eine andere Zeit, eine andere Umwelt und Gesellschaft hineingeboren zu sein? Kommt es vor, daß sie an Ihrer Religion und Weltanschauung zweifeln? Wer von Ihren Eltern war der größere Zweifler?

Verhaltensregulative

Zweifel ist nicht nur als Schwäche zu werten, sondern ist eine wesentliche Funktion zeitgemäßer Realitätskontrolle. Frage: An wem zweifelt man, an sich, dem Partner, an der Welt oder an einzelnen Eigenschaften, die mit unserem Anspruch nicht mehr verträglich sind?

Andere Kulturen

Partnerschaft als »Berufung« ist in orientalischen Kulturkreisen weitgehend unbekannt. Die Notwendigkeit der Ehe, die aufgrund religiöser Normen, fester Zukunftsperspektiven, Überzeugungen und Vorbilder außer Zweifel steht, bewirkt eine Gewißheit, sich auf einen – auch unbekannten – Partner einstellen zu können.

Bei einer Eheanbahnung ist in einigen Gegenden Indiens das Horoskop wichtig. Der Partner wird danach gewählt, ob das Horoskop für beide Ehekandidaten möglichst gleiche Mängel zeigt. Gleichwertige Mängel heben sich auf und sind eine günstige Voraussetzung für eine gute Ehe; gegensätzliche Mängel bekämpfen sich und bringen Unheil für beide Familien.

Die Braut geht mit der Gewißheit in die Ehe, daß diese Verbindung zu ihren Lebensumständen paßt. Obwohl sie den Partner vorher nicht gekannt, ja oft noch nicht einmal gesehen hat, ist sie davon überzeugt, daß die Wahl der Eltern und Priester zu ihrem Wohle getroffen wurde. »Wenn man aus Liebe heiratet, was bleibt übrig, wenn die Liebe stirbt?« Und die Einstellung des Bräutigams: »Je größer die Auswahl, desto schwieriger ist es, zufriedengestellt zu werden, und dann kommen Zweifel.«

Im Vergleich dazu Ungarn. Das Land hat die höchste Scheidungsrate der Welt. Man heiratet hier jung und weiß, daß die Liebe nicht von Dauer ist. Die »richtige« Wahl des Partners wird an die Frage geknüpft, was einen wohl glücklich macht. Feste Regeln für die Partnerwahl gibt es nicht mehr, auch nicht in ländlichen Gegenden. Die ersten zehn Jahre der Ehe benötigen die jungen Leute, ihr Haus zu bauen, und wenn es fertig ist, lassen sie sich scheiden.

Praktische Konsequenzen:

»Berufung« im starren Sinne ist zu unterscheiden von Gewißheit. Sie ist die Fähigkeit, nach einem Zustand des Zweifelns Entscheidungen zu treffen, die keine Schuldgefühle mehr auslösen. Der Mensch ist imstande, sich mit dieser Entscheidung zu identifizieren. Gewißheit meint darüber hinaus eine Qualität oder eine Intensität des Glaubens. Auch beim Kind beobachten wir Situationen des Zweifels. Wenn es nach Nahrung schreit, weiß es nicht, ob jemand kommt, es zu füttern. Indem die Mutter sich ihm wieder zuwendet, entwickelt sich die Gewißheit: »Auch wenn meine Bedürfnisse nicht gleich befriedigt werden, es geschieht doch bald.«

Wie fragt man danach?

Haben Sie (Ihr Partner) bei Entscheidungen das Gefühl, daß das, was Sie tun, richtig ist? Wie fühlen Sie sich, wenn Sie (beruflich oder privat) eine Entscheidung treffen müssen? Wer von Ihren Eltern vermittelte eher das Gefühl von Sicherheit, Gelassenheit und Gewißheit? Wie verhielten sich Ihre Eltern, wenn Sie eine eigenständige Entscheidung trafen?

Verhaltensregulative

Die Kontrolle der Gewißheit und des Zweifels ist die Fähigkeit zur Wirklichkeitsprüfung. In bezug auf welche Inhalte empfinden Sie die Gewißheit: Treue, Ehrlichkeit, Gerechtigkeit, religiöse oder weltanschauliche Inhalte? Seine Gewißheit sollte man mit den Gewißheiten der anderen konfrontieren: Kontakt – Sprechen – Konflikte erkennen und lösen – gegenseitiges Verständnis und Respekt – Relativität der Werte.

Partnerschaft als Besitz

Die Fähigkeit, zwischen Verwalten und Besitzen zu unterscheiden

Geschichte: »Was einer hat, hat er«

Ein Gläubiger kniete in einer Moschee, tief ins Gebet versunken. Einem anderen fielen dessen herrliche, kunstvoll gewebte Schnabelschuhe, die Giwee, auf, und er stellte sich vor, wie schön es wäre, wenn er selbst solche Schuhe hätte. Der Schritt vom Gedanken zur Tat ist oft kleiner als man denkt. Von hinten trat er an den Betenden heran und flüsterte ihm ins Ohr: »Du weißt doch, daß das Beten mit Schuhen nicht Gottes Ohr erreicht.« Der Gläubige unterbrach sein Gebet und flüsterte ebenso leise zurück: »Wenn auch mein Gebet nicht erhört wird, bleiben mir wenigstens noch meine Schuhe!«

Erklärung:

Das enge Verhältnis von Partnerschaft und Besitz ist nicht »naturgesetzlich« vorgesehen, sondern steht im Zusammenhang mit Gesellschaftsordnungen, in denen Besitz eine besondere Bedeutung zukommt. Man möchte besitzen, was man gern hat, und was man besitzt, dessen möchte man sich möglichst sicher sein. Manchmal allerdings will man den Besitz wieder loswerden. Der Partner wird zum Objekt, über das man wie über einen Besitz verfügen möchte: »In unserem großen Haus mit den drei Kindern ist für meinen Mann kein Platz mehr.« Dies sagte mir eine Lehrerin, die sich in einem Prozeß der Ablösung von ihrem Mann befand, den sie früher mit fanatischer Ausschließlichkeit mit Beschlag belegt hatte.

Fall: »30 Objekte am Fließband«

Ein Akademiker, 42 Jahre alt, seit etwa einem Jahr arbeitsunfähig, kam wegen psychosomatischer Beschwerden in die Praxis. Er beschrieb sie so: Bauchweh, wie Steine im unteren Bauchbereich, Schweißausbrüche, Beklemmung, Herzrasen, Herzrhythmusbeschwerden, Angstzustände, Übelkeit, kalte Hände, innere Unruhe, Unsicherheit, Gefühl des Ablebens, Durchfall, Kopfweh, Ziehen im Nacken, Krämpfe, Atembeschwerden, verengter Brustkorb.

Durch eine positive Deutung gelangte er vom Symptom zum Konflikt. Er erzählte, daß seine zweite Ehe seit sieben Jahren geschieden sei, daß er aber seine geschiedene Frau nicht loslassen könne und sie immer noch in einer gemeinsamen Wohnung lebten. Doch sexuelle Beziehungen gebe es seit Jahren nicht mehr. Vor, während und nach seinen Ehen habe er etwa 30 Frauen kennengelernt, mit denen er auch sexuelle Kontakte hatte. Er erklärte:

»Von Schönheit bin ich immer stark angezogen worden. Ich habe nie den Mut gehabt, die Frauen, die mich stark angezogen haben, anzusprechen. Oft haben die Frauen mich angesprochen. Gegenseitige Zuneigung habe ich noch nie erlebt, auch keinen adäquaten Sexpartner, so wie ich ihn mir vorstelle.
Meist habe ich zuviel am Partner auszusetzen gehabt. Wahrscheinlich setze ich die Anforderungen zu hoch an. Ich beschäftige mich oft mit mir selbst.
Die Suche nach dem idealen Partner war mir schon immer lästig und wurde nie ernsthaft betrieben. Studium, Schule, Beruf haben mich sehr stark in Anspruch genommen. Heute fühle ich mich einem Sexualpartner kaum gewachsen. Durch die Erfahrungen der letzten Jahre habe ich keinen Verkehr mehr gehabt. Der Sexualtrieb ist erheblich zurückgegangen. Heute besteht größtes Mißtrauen. Trotzdem würde ich mich von einer Ehe mit einer idealen Frau nicht abhalten lassen.«

Außerdem spielten folgende mikrotraumatisch wirkende Faktoren eine wichtige Rolle:

»Ich bin meist erst im Handeln sicher, wenn ich es überschaue. Ich benötige für viele Dinge des Lebens sehr viel Zeit, ich habe Entscheidungsschwierigkeiten. Mein Beruf bringt es mit sich, viel Material zu sammeln. Ich habe sehr viel und kann kaum etwas wegwerfen. Erinnerungen auch von der frühen Kindheit wirken da mit. Ich gehöre zur Kriegsgeneration. Mein Speichervermögen ist nur kurz, deshalb benötige ich eine Infothek. Ich stelle gerne meine persönlichen Erlebnisse als Wohnungsbestandteil dar, zum Beispiel in Form von Bildern usw. Ich habe sehr viel Interesse und verzettele mich dadurch erheblich. Wenn ich etwas anfange, führe ich es auch konsequent durch. Wahrscheinlich liegt darin auch eine Überforderung.«

Der Patient sieht seine Potenzstörung als Unfähigkeit zur sexuellen Be-

tätigung und Befriedigung. Als Gegenkonzept bot ich ihm die Deutung an: »Sie haben die Fähigkeit, sich aus dem Konfliktfeld der Sexualität zurückzuziehen. Ziel unserer gemeinsamen Arbeit muß es sein, die Beziehung zu Ihrem Körper, zu Ihrer Partnerin und zu den Bereichen Leistung, Kontakt und Zukunft auszubauen.«
Die Entwicklung von bisher brachliegenden Fähigkeiten führte den Patienten zu einem Standortwechsel. Er war dann in der Lage, seine geschiedene Frau »loszulassen« und in eine andere Wohnung zu ziehen.

Deutung: Varianten des Besitzes

Was man besitzen möchte, kann man sich kaufen. Manche kaufen sich deswegen ihren Partner. Besitz kann man auch teilen ... Um etwas auf Dauer besitzen zu können, muß man in der Lage sein, es zu beschützen und pflegen zu können. Dies bedeutet, den Partner nicht in seinen Entwicklungsmöglichkeiten einzuschränken, sondern ihn mit seiner sozialen Umgebung zu akzeptieren und zu fördern. Einheit in der Partnerschaft wird nicht durch den Rückzug auf sich selbst oder auf den Partner, sondern durch die Öffnung für alle Bereiche der sozialen Erfahrung gefunden: Körper – Leistung – Kontakt – Phantasie und Zukunft.
Eine andere Form zu dokumentieren, daß der Partner zu einem gehört, ist der Anspruch auf Verfügungsgewalt durch Sexualität. Der Geschlechtsverkehr wird dazu benutzt, den Partner an sich zu binden: »Wenn er mit mir geschlafen hat, gehört er mir.« »Wenn ich ein Kind von ihm habe, ist er mir verpflichtet.« Dem Partner wird versprochen, daß man vorsichtig ist, oder man behauptet, daß man die Pille genommen habe, ohne es getan zu haben.

Andere Kulturen:

Im Abendland entscheiden zumeist zwei Menschen, ob sie eine Partnerschaft eingehen oder nicht. Dies suggeriert Unabhängigkeit und Eigenständigkeit. So nimmt man sich die Freiheit, sein Leben so zu gestalten, wie man es für richtig hält, und stimmt dies mehr oder weniger mit seinem Partner ab. Wohl als größter Vorteil wird gesehen, daß sich kaum jemand in ein solches Zweiersystem einmischen kann. Andererseits sind beide Partner in ungeahnter Weise voneinander abhängig und glauben, das Vorrecht verteidigen zu mussen, daß einer dem anderen gehört. So bildet sich der Nährboden für Eifersucht und Verlassenheitsängste. Die »Besitzverhältnisse« sehen meist so aus: Tags-

über gehört der Partner dem Beruf, am Abend gehört er einem selber,
am Wochenende gehört er der Familie.

Im Orient werden von Anfang an andere Schwerpunkte gesetzt. Die
Großfamilie, die bei der Partnerwahl mitwirkt, stellt ihrerseits Ansprüche und bindet die beiden Partner in ihren Zusammenhang ein. Die Partnerschaft wird gewissermaßen zur Teilmenge der Großfamilie. Tagsüber
gehört der orientalische Mann seinen beruflichen Tätigkeiten und
Freunden, am Abend seiner Familie und Gästen, am Wochenende der
erweiterten Großfamilie mit ihren gemeinsamen Aktivitäten und Verpflichtungen. Der Frau gehört er im Schlafzimmer. Seinen oft patriar-
chalischen Anspruch teilt er mit der Großfamilie und mit ihrer Herkunftsfamilie, die sie, wenn es sein muß, gegen seine Willkür schützt.

Praktische Konsequenzen:

Die Aktualfähigkeit »Einheit« ist die Fähigkeit, mit anderen Menschen, Gruppen, Lebewesen, Dingen und Kräften Beziehungen aufzunehmen und bestehende Zusammenhänge zu begreifen. Einheit in
diesem Sinne läßt Partnerschaft als Teil des Ganzen sehen und will
den Partner nicht mit Ausschließlichkeit für sich haben. Die Einheit
der Persönlichkeit, die auch die Selbstwahrnehmung umfaßt, hängt
von der Entwicklung der Aktual- und Grundfähigkeiten ab.

Wie fragt man danach?

Sind Sie mit Ihrem körperlichen Aussehen, Ihrem Gesundheitszustand, Ihrer körperlichen Leistungsfähigkeit zufrieden? Sind Sie mit
sich, mit Ihren Eigenschaften und Fähigkeiten zufrieden? Worauf
beziehen Sie den Sinn Ihres Lebens: auf das eigene Wohlergehen, auf
die Familie, auf besondere, zum Beispiel nationale Gruppen, auf die
gesamte Menschheit, auf eine bessere Zukunft? Haben Sie das Gefühl, mit sich selbst eins zu sein? Haben Sie das Gefühl, mit Ihrer
Umwelt eine Einheit zu bilden oder ihr gegenüberzustehen? Hatten
Sie das Gefühl, von Ihren Eltern in allen Persönlichkeitsbereichen
akzeptiert zu werden; wenn nicht, welche Bereiche und Inhalte wurden betont oder vernachlässigt?

Alles, was wir tun, hängt mit allem anderen zusammen, was um uns
herum ist, auch wenn wir dies nicht wahrnehmen wollen. Eine Vielzahl von Bezugsgrößen bilden in einer bestimmten Situation eine
Einheit. Therapie ist nicht nur die Beseitigung der Störung, sondern
Wiederherstellung der Einheit. Krankheit, Leid, Krise sind keine
universellen Störungen, sondern Störungen einzelner Bereiche.

Partnerschaft als Bestrafung

> »Lebenskunst besteht zu neunzig Prozent aus der Fähigkeit, mit Menschen auszukommen, die man nicht leiden kann.«
>
> *Sam Goldwyn*

Die Fähigkeit, Spielverderber zu sein

Geschichte: »Geteilter Lohn«

Ein Mullah, ein Wanderprediger des alten Orients, kam mit einer wichtigen Botschaft in eine fremde Stadt. Nur dem König selber wollte er diese übergeben. So sehr ihn die Minister des Hofes drängten, ihnen diese Botschaft auszuhändigen, er blieb standhaft bei seinem Entschluß. Und wirklich, nach einem Gespräch mit dem Wesir unter vier Augen wurde er dem König vorgeführt. Der König zeigte sich hoch erfreut über die Botschaft des Mullah und stellte ihm frei, zu wünschen, was immer er wolle. Zum Erstaunen aller verlangte dieser in aller Bescheidenheit 100 Stockschläge. Nachdem er die ersten fünfzig Schläge erhalten hatte, rief er: »Haltet ein! Die restlichen fünfzig Schläge soll der Wesir bekommen. Ihm hatte ich die Hälfte meiner Belohnung versprochen.«

Erklärung:

»Liebe als Bestrafung« scheint ein Widerspruch in sich zu sein. Erkennt man aber, daß die Liebe, wie die anderen Voraussetzungen der Partnerschaft auch, im Verlauf der Lebensgeschichte von Lernerfahrungen abhängig ist, dann sollte auch deutlich werden, daß sie den Charakter von Selbst- und Fremdbestrafung erhalten kann:
»Ich habe mich wieder in einen verheirateten Mann verliebt, obwohl ich wußte, daß es gar keinen Sinn hat. Dafür kann ich doch nichts, daß ich mich verliebe.« »Mir geht es ebenso. Fast alle meine Freunde waren verheiratet oder sonst nicht zu bekommen. Wenn die Freundschaften vorbei waren, war ich gesundheitlich und seelisch fix und fertig.«
Nach der Partnerschaft »im siebenten Himmel« könne es nur noch schlimmer werden, heißt es oft, und manch altgedienter Veteran ist geneigt, in seiner Partnerschaft nur noch die Hölle zu sehen. Hölle, das ist: gegenseitiges Unverständnis, ironische und kritische Nadelstiche,

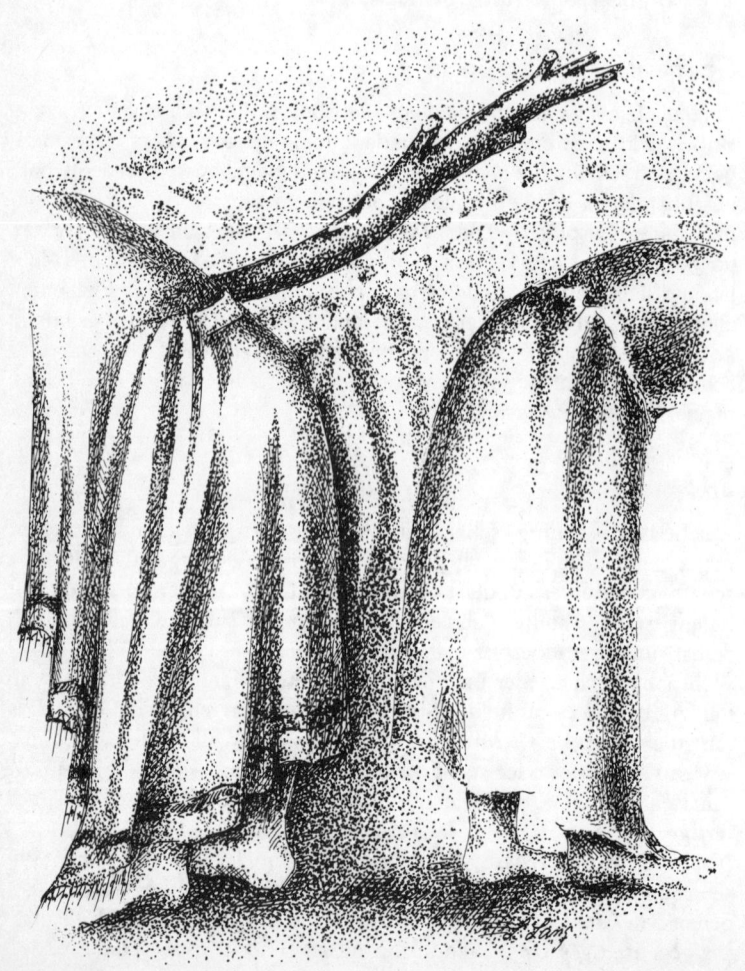

enttäuschte Erwartungen, emotionale Kälte und Distanz, gegenseitiges Blockieren der Fähigkeiten, Kontakt aus Distanz, Hemmung der Phantasietätigkeit, nicht mehr ausbrechen können aus immer den gleichen Teufelskreisen, gegenseitiges Mißtrauen, Unterstellungen und Haß, neben seelischen Peinigungen die körperlichen Aggressionen.

Fall: »Gerechtigkeitssinn oder Gerechtigkeitstick«

Eine 29jährige Sozialarbeiterin hatte eine stereotype Lösung aller ihrer Probleme mit dem Ehemann gefunden. Verhielt er sich so, daß sie von ihm enttäuscht war, hielt sie ihm vor: »Ich verlasse dich, ich lasse mich von dir scheiden.« Diese Drohung, obwohl oft geäußert, hatte nichts an ihrer Schärfe eingebüßt. Hochempfindlich gegenüber jeder Form einer Bevormundung durch ihren Ehemann, verwickelte sie sich in eine Gerechtigkeitsproblematik. Erst als wir darangingen, als Hintergründe ihrer Überempfindlichkeit und Überreaktion verschiedene Aktualfähigkeiten zu beleuchten, konnte sie Verständnis für ihren »Gerechtigkeitstick« entwickeln und lernen, ihn zum Gerechtigkeitssinn zu modifizieren.

Bestrafung kann in der Partnerschaft in unterschiedlichen Formen und Graden praktiziert werden: als Selbst- und Fremdbestrafung, »masochistisch« und »sadistisch«, und in verschiedenen Bereichen:
körperlich durch Verweigerung von Zärtlichkeit oder durch Mißhandlung, so daß Frauen in Frauenhäusern Zuflucht suchen müssen;
im *Leistungsbereich* durch die Verweigerung von Mitarbeit im Haushalt oder durch finanzielle Einschränkungen; durch »Verheiratetsein mit dem Beruf«; durch Ausnutzung des Unterhaltsrechts, so daß Partner nach der Scheidung nur noch am Rande des Existenzminimums leben können;
im *Kontaktbereich* durch den Abbruch oder die Verweigerung von Außenkontakten oder – umgekehrt – durch Flucht aus der Partnerschaft in »lohnendere« Beziehungen;
im *Phantasie- und Sinnbereich* durch erstickende Routine, die eine Weiterentwicklung nicht zuläßt; durch Mißachtung oder Verächtlichmachung von Überzeugungen des anderen;
bewußt oder eher unbewußt, in dem man zum Beispiel den Einsatz oder die Verweigerung sexueller Kontakte als »Waffe« einsetzt.
Als Muster für die Spielformen von »Partnerschaft als Bestrafung« spielen Fixierungen in der Kindheit eine entscheidende Rolle, Fixierungen, die transparent werden, wenn wir sie unter dem Gesichtspunkt der vier Bereiche der Liebesfähigkeit sehen. Hier fragen wir:

Wie verhielten sich die Eltern mir und meinen Geschwistern gegenüber? (»Ich«);
Wie verhielten sich die Eltern untereinander? (»Du«);
Wie war die Beziehung der Eltern zur Umwelt, zu anderen Menschen, zum Beruf? (»Wir«);
und schließlich: Wie verhielten sich die Eltern gegenüber Religion und Weltanschauung? (»Ur-Wir«).

Eine 28jährige Lehrerin mit Sexualstörungen und aggressivem Verhalten wegen der »Ungerechtigkeiten« ihres Partners beschreibt ihren Grundkonflikt folgendermaßen:

1. Das Verhältnis meiner Eltern zu mir

»Das beherrschende Element in der Erziehungsgestaltung meiner Eltern war Strenge. Sie verlangten unbedingten Gehorsam. Auf Ungehorsam folgte immer Strafe – meistens Prügel oder Liebesentzug. Uns Kindern war eigentlich alles verboten. Es gab für meine Schwestern und mich fast keinen Freiheitsraum. Immer, wenn wir etwas taten, was nicht ausdrücklich ver- oder geboten war, hatten wir Angst, meine Eltern könnten trotzdem etwas dagegen haben; meistens war es dann auch so.

Meine Eltern hatten zu uns keine liebevolle Verbindung. Wir wurden nie gelobt, dafür aber oft bestraft. Zärtlichkeiten gab es überhaupt nicht, nur einen Kuß vor dem Schlafengehen, der dann noch oft genug wegen eines »Vergehens« ausfiel. Von meinem Vater wurden wir nur anerkannt, wenn wir in der Schule gute Leistungen zeigten, und von meiner Mutter, wenn wir bei der Hausarbeit halfen. Beides wollte und konnte ich nicht bringen.

Gespräche gab es bei uns zu Hause überhaupt nicht. Die sprachliche Kommunikation seitens meiner Eltern beschränkte sich auf Anordnungen und Androhung von Strafen, meistens in schreiendem Ton. Schon von Kindheit an hatte ich Angst, meinen Eltern etwas zu erzählen, denn dann hätte ich ihnen vielleicht wieder Anlaß zu einer Strafe gegeben. Als Kind hatte ich das oft genug erlebt. Außerdem hatte ich das Gefühl, daß meine Eltern gar kein richtiges Interesse für uns aufbrachten. Es wurde nie gefragt, was wir in der Schule gelernt hätten oder ob uns das Essen schmeckte, geschweige denn, daß an unseren Problemen Anteil genommen worden wäre.

Trotzdem war meine Mutter sehr neugierig. Wenn wir nicht im Haus waren, wühlte sie unsere Schränke und Schubladen durch. Hatte sie dann etwas Verbotenes gefunden, wurden wir bestraft. Sie war im Schnüffeln so erfolgreich, daß es wirklich keinen Platz gab, an dem man etwas hätte verstecken können.

Sexualität war, wie fast alles andere, tabu. Es wurde nie darüber auch nur eine Andeutung gemacht. Allerdings hielt mein Vater in der Schule Vorträge, wie Eltern ihre Kinder aufklären sollten. Es war meinen Eltern schon höchst peinlich, wenn wir sie nur in der Unterwäsche sahen.«

2. Das Verhältnis meiner Eltern zueinander

»Meine Eltern führten schon immer eine sehr glückliche Ehe. Noch heute sitzen sie eng umschlungen vor dem Fernsehapparat. Geküßt haben sie sich allerdings höchstens beim Verabschieden, auf die Wange. Ich habe nie gehört, daß sie sich einmal richtig gestritten hätten.

Allerdings dominiert mein Vater. Meine Muter findet alles richtig, was er tut und sagt. Sie fühlt sich nicht unterdrückt, wenn sie sich nach seinen Vorstellungen richtet. Mein Vater war schon immer eine starke Persönlichkeit, selbstbewußt und intelligent. Dagegen hat meine Mutter fast keine Qualifikationen, nur den Haushalt erledigt sie ordentlich. Sie ist ein richtig graues Mäuschen. Allerdings versucht mein Vater nie, ihr etwas vorzuschreiben. Beide handeln immer in Übereinkunft.

Manchmal geschah es, daß meine Mutter sich uns Kindern gegenüber seiner Ansicht nach nicht richtig verhielt. Trotzdem versuchte er dann nie einzuschreiten und etwas zu ändern. Gespräche gab es auch zwischen meinen Eltern so gut wie nie; ich nehme an, daß meine Mutter dazu zu wenig intelligent ist. Meine Eltern waren ein richtiges Bollwerk gegen uns Kinder. Ich hatte das Gefühl, sie genügten sich gegenseitig, und betrachteten ihre Kinder als notwendige Dreingabe.«

3. Das Verhältnis meiner Eltern zur Umwelt

»Unsere Familie lebte praktisch isoliert von der Umwelt. Besuch kam höchst selten, und wenn doch, dann meistens Kollegen meines Vaters. Denen wurden dann immer die Sünden von uns Kindern erzählt. Auch gingen meine Eltern selten aus, höchstens einmal ins Theater. Wir sind die ganzen 21 Jahre, die ich zu Hause wohnte, niemals gemeinsam essen gegangen. Selbst die Hochzeiten meiner Schwestern wurden selbst gestaltet (Wir können das ja viel billiger!).

Auch wir Kinder durften die häusliche Wohnung nur selten verlassen. Auf der Straße durften wir nicht spielen, keine anderen Kinder mitbringen und kaum Freundinnen besuchen. Ich hatte als 12- bis 16jährige eine Freundin, die mich fast jeden Sonntag zur gemeinsamen Autofahrt mit ihrem Vater einlud. Donnerstag kam dann das Zeremoniell: Ich fragte meine Eltern, ob ich mitfahren dürfte. Zuerst wurde ich einmal von einem Tag auf den anderen vertröstet. War dann der Sonntag gekommen und ich wurde wieder angerufen, verboten mir meine Eltern meist den Spaß. Das wurde mir auf die Dauer so frustrierend und vor meiner Freundin so peinlich, daß ich später schon freiwillig auf die Fahrt verzichtete. Die Freundschaft ging dann auch bald in die Brüche.

Als wir älter waren, durften wir keine Freunde mit nach Hause bringen. Partys waren in den Augen meiner Eltern schon fast obszön. Je älter sie wurden, um so mehr kapselten sie sich von der Außenwelt ab. Der einzige Kontakt zur Außenwelt war die Kirche.

Mein Vater hat jahrelang hauptsächlich für seinen Beruf gelebt. Er begann als kleiner Angestellter und hat sich durch Intelligenz und Fleiß zum leitenden

Beamten hochgearbeitet. Er nahm sich jeden Abend Akten mit nach Hause und ging auch sonntags und während des Urlaubs ins Büro. Erfolg im Beruf ging ihm über alles. Als Kinder konnten wir immer wieder hören, daß jemand, der keinen ordentlichen Beruf habe, auch nichts wert sei.
Meine Mutter ging im Haushalt auf. Alles war ordentlich und sauber. Man hätte vom Boden essen können. Jeder Besucher mußte seine Schuhe ausziehen, wenn er das Haus betrat. Ein Fleck auf einem Kleid war ein Drama. Trotzdem hat sie nie eigene Ideen im Haushalt verwirklicht. Zu essen gibt es noch heute, was sie schon vor 20 Jahren gekocht hat. Die Möbel stehen noch immer am selben Ort; das Kaffeegeschirr ist auch noch immer dasselbe. Sie wirft nicht einmal das alte Zinkbesteck aus dem Krieg fort.«

4. Das Verhältnis meiner Eltern zur Religion

»Meine Eltern sind und waren strenge Katholiken. Natürlich mußten wir jeden Sonntag in die Kirche gehen. Vor und nach dem Essen wurde gebetet. Am Abend hatte sich die Familie zum gemeinsamen, etwa viertelstündigen Gebet mit anschließenden Kirchenliedern zu versammeln. Waren wir beim Beten nicht aufmerksam genug oder kicherten, bekamen wir sofort eine Ohrfeige. Meine Eltern achteten streng darauf, daß der Einfluß der Kirche auf uns Kinder möglichst groß war. Religionsunterricht, Kommunionunterricht, Beichtunterricht, Firmunterricht, Gruppenstunde, Kindermesse, Rosenkranzandacht usw. Selbstverständlich wurden wir regelmäßig alle vierzehn Tage zur Beichte geschickt. Hatten wir etwas angestellt, war das eine Sünde und wurde von Gott bestraft. Die katholische Kirche war das einzige, was den Kontakt meiner Eltern zur Außenwelt aufrechterhielt.«

Bei dieser Patientin ist Gerechtigkeit das Leitthema, um das herum eine Anzahl von erlebten Gerechtigkeitssituationen gruppiert sind. Es scheint, als laufe bei ihr ein »Gerechtigkeitsprogramm« ab, das sich zeitweise der Realitätskontrolle entzieht.
Die Patientin fühlt sich für jedes Ereignis, für alle partnerschaftlichen Konflikte, zwischenmenschlichen Probleme und unerwarteten Geschehnisse voll verantwortlich. Im Laufe der Therapie konnten durch die Einbeziehung des Partners und der weiteren sozialen Umgebung die Verantwortlichkeiten der anderen berücksichtigt werden: Partner, Eltern, Geschwister, Freunde, Bekannte, Arbeitskollegen und die anderen Instanzen sind immer anteilig mitverantwortlich. Durch Beratung innerhalb der Partner- und Familiengruppe kann diese Einsicht entwickelt und entfaltet werden.

Deutung: »Liebe als Wettkampf«

Fixierungen aus der Kindheit spielen in diesem Fall eine entscheidende Rolle, wie auch eine teils unbewußte Abwehr gegenüber der Partnerschaft. Diese masochistische Haltung ist häufig gekoppelt mit sadistischen Tendenzen: »Fünf Jahre lang habe ich nur das getan, was mein Partner wollte. Wenn er mich anrief, hatte ich für ihn Zeit. Ich lebte nur noch für ihn. Als er sich entschloß, mit mir zu leben, habe ich ihn so fertiggemacht und ihm seine Unfähigkeit vorgeworfen, daß er endlich von mir wegging.«

Es können sadistische Tendenzen im Vordergrund stehen. Hier wird zum Beispiel eine Partnerschaft nur deshalb gesucht, um anschließend beweisen zu können, wie wenig man doch auf diese Partnerschaft angewiesen ist und wie selbständig man ist. In den Leiden des Partners wird Lustgewinn gesucht: »Mir fällt es nicht schwer, Freundschaften einzugehen. Dazu sind mir beinahe alle Mittel recht. Für mich ist die Liebe so etwas wie ein Wettkampf. Daß die Frauen darunter leiden, wenn ich die Nase von ihnen voll habe, macht mir nichts aus. Ich bin doch nicht für die anderen verantwortlich. Als mich damals meine beste Freundin verlassen hatte, hat mich ja auch keiner gefragt.«

Die Funktionen der Bestrafung

Die Formen der Bestrafung haben ihre Vorgeschichte und ihre Gründe, die sich nicht nur mit Begriffen wie Sadismus und Masochismus einfangen lassen. Die Sexualabwehr der Frau, von ihr selbst als Minderwertigkeit, vom Partner als Geschlechtskälte und Orgasmusunfähigkeit gedeutet, bedeutet etwas viel Wesentlicheres, nämlich *die Fähigkeit, mit dem Körper nein zu sagen,* und damit auch *die Fähigkeit, ein Stück eigenes Bedürfnis mitzuteilen.*

Wir neigen dazu, eine solche Bestrafung für eine autonome Handlung zu halten, etwa wie eine richterliche oder elterliche Strafe, der die Freiheit der Entscheidung zugebilligt wird. Von ihrer Psychologie her kommen dieser Form von Strafe nur wenige Freiheitsgrade zu. Bestrafung in der Partnerschaft ereignet sich zumeist im Rahmen einer Beziehungsfalle, so daß es mitunter schwerfällt zu unterscheiden, wer eigentlich straft und wer der Bestrafte ist. Der Wunsch, gemeinsam Freud und Leid zu teilen, wird selbst in der haßgeladenen Atmosphäre einer unguten Trennung aufrechterhalten: Wie man früher gemeinsam am Guten teilhaben wollte, wünscht man jetzt dem Partner auch das Schlechte, selbst wenn man selber genauso darunter zu leiden hat.

Noch vor dem Scheidungstermin erklärte eine 48jährige Hausfrau, Mutter von vier Kindern: »Ich werde ihm das Leben so sauer machen, daß er nie mehr mit einer anderen Frau glücklich werden kann.«

Andere Kulturen:

Die Härte eines Partnerkrieges erinnert an zwei Ertrinkende, von denen sich jeder dadurch Luft verschaffen möchte, daß er, um selbst den Kopf über Wasser halten zu können, den anderen unter Wasser drückt. Dieses Vorgehen ist auf dem Boden des westlich-europäischen Individualismus gewachsen, der alles auf die Frage »Ich oder du« zuspitzt.

In der orientalischen Partnerschaft wird diese Konfrontation gemildert durch ein »Wir«, dem beide Partner immer verpflichtet sind. Gemeint ist hier die oft zitierte Großfamilie. Zum anderen bestehen gleichermaßen verbindliche Verpflichtungen durch die religiösen Normen im Sinne des »Ur-Wir«. Die hervorgehobene Rolle des Mannes verbietet der Frau, mit ihm unmittelbar zu rivalisieren und ihm seine Grenzen und Schwächen zu zeigen. Er besitzt in der orientalischen Tradition die unvergleichlich bessere Ausgangsposition.

An die Stelle der offenen Auseinandersetzung tritt nun eine andere Form der Bestrafung, nämlich die verstärkte Hinwendung zu den Kindern. Die Frau ist bereit, auf alles zu verzichten und sich für die Kinder aufzuopfern. Auf diese Weise trifft sie ihren Ehemann an einer besonders empfindlichen Stelle: »Es sind mehr meine Kinder als deine Kinder.« Ausgesprochen wird das nie, gelebt allerdings häufig.

Aggressionen und Bestrafungen haben innerhalb der Großfamilie noch einen anderen Rang. Niemand ist so verschlossen, daß nichts von einer Unstimmigkeit nach außen dringt. Voller Neugier und Interesse nimmt der große Kreis der Verwandten, Freunde und Bekannten an den Spannungen teil und trägt sie durch Klatsch und Tratsch weiter. Die Austragung des Konfliktes wird auf den Familienverband delegiert, der jedoch nicht so sehr daran interessiert ist, die Situation zuzuspitzen, als vielmehr über eine Klärung und Abwägung aller Interessen den Konflikt sachlich zu lösen. Ziel ist Versöhnung, ist die Erhaltung der Beziehung. Zumeist geschieht dies dadurch, daß die Frau davon überzeugt wird, es sei ihr Vorrecht, dem Mann gegenüber nachzugeben und sich mit scheinbar Unvermeidlichem abzufinden, ohne viel zu räsonnieren und nachzutragen.

Praktische Konsequenzen:

Die Aktualfähigkeit »Gerechtigkeit« ist die Fähigkeit, im Verhältnis zu sich selbst und anderen gegenüber Interessen abzuwägen. Als ungerecht empfindet man eine Behandlung, die von persönlicher Zu- und Abneigung oder Parteinahme statt von sachlichen Überlegungen diktiert wird. Der gesellschaftliche Aspekt dieser Aktualfähigkeit ist soziale Gerechtigkeit. Jeder Mensch besitzt einen Gerechtigkeitssinn. Die Art, wie Bezugspersonen ein Kind behandeln, wie gerecht sie zu ihm, zu seinen Geschwistern und zueinander sind, prägt das individuelle Bezugssystem für Gerechtigkeit.

Wie fragt man danach?
Wer von Ihnen legt mehr Wert auf Gerechtigkeit? (Gerechtigkeit oder Ungerechtigkeit in welchen Situationen und wem gegenüber?) Wie reagieren Sie, wenn Sie ungerecht behandelt werden (im Beruf, in der Familie etc.)? Halten Sie Ihren Partner für gerecht (den Kindern, den Schwiegereltern, den Mitmenschen, Ihnen selbst gegenüber)? Haben Sie oder hatten Sie Probleme mit Ungerechtigkeiten (Wurde jemand anderes bevorzugt)? Wer von Ihren Eltern achtete Ihnen oder Ihren Geschwistern gegenüber mehr auf Gerechtigkeit (Situation)?

Verhaltensregulative:
Gerechtigkeit ohne Liebe sieht nur die Leistung und den Vergleich. Liebe ohne Gerechtigkeit verliert die Kontrolle über die Wirklichkeit. Lerne Liebe und Gerechtigkeit zu vereinigen. Zwei Menschen gleich zu behandeln heißt, einen ungerecht zu behandeln.

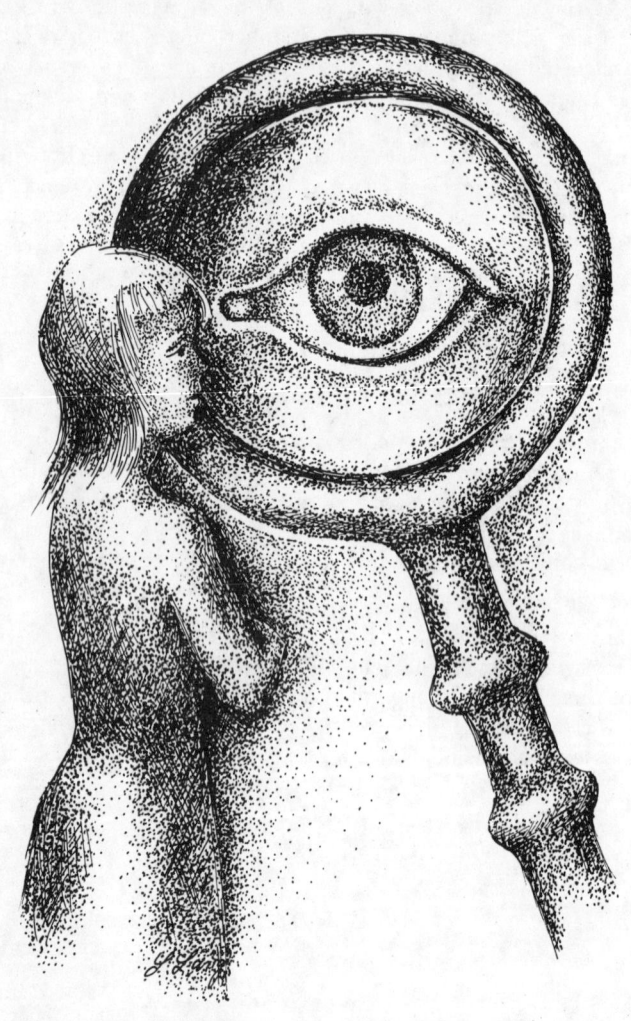

Partnerschaft als Doktorspiel

> »Nichts ist dir näher als du selbst; doch wenn du dich selbst nicht kennst, wie willst du dann andere kennen?
>
> *Orientalische Weisheit*

Die Fähigkeit, ohne Rücksicht in der Tiefe zu bohren.

Geschichte: »Der Unterschied zwischen Anstreicher und Hakim«

Ein orientalischer Anstreicher wollte sein Glück in einer anderen Stadt versuchen und verließ seine Heimat in Richtung des Sonnenaufgangs. Auf dem Weg kam ihm die Idee, künftig nicht mehr als Anstreicher, sondern als Hakim, als Arzt, zu arbeiten.

Einige Zeit darauf kam ein Freund auf einer Durchreise in die Stadt. Er sah den Anstreicher, erkannte ihn trotz der ungewohnten Umgebung wieder und fragte ihn: »Hast du hier dein Glück gefunden? Welche Arbeit ernährt dich hier?« Der Anstreicher, voll Freude über das Wiedersehen, antwortete: »Nun, hier bin ich Hakim.«

Der Freund konnte sein Erstaunen nur mühsam unterdrücken und fragte: »Was brachte dich darauf?« Der Anstreicher lächelte: »In meinem Beruf als Anstreicher konnte man jeden Fehler sehen. Wenn ich aber als Hakim einen Fehler mache, dann deckt die Erde ihn zu.«

Erklärung:

Intime Partnerschaft wird häufig zum Schlachtfeld wechselseitiger Selbst- und Fremdanalyse. Erst wird geforscht: Was für ein Mensch bist du eigentlich? Warum verhältst du dich gerade so? Warum empfinde ich in dieser Weise? Zur Beantwortung dieser Fragen werden ganze Theoriesysteme benützt, unter denen Psychoanalyse und Tiefenpsychologie wohl die beliebtesten sind. Diese Form der Laienanalyse hat unterschiedliche Funktionen. Einmal ist sie die Rationalisierung teilweise unbewußter Sexualängste. Zum anderen fungiert sie als Aggression gegenüber dem Partner, gewissermaßen als Waffe. Wenn das Schutzschild Persönlichkeit des Partners »geknackt« ist, kann man ihm leicht sexuelles Versagen zuschreiben: »Ich selber will ja. Du siehst es an meinem Engagement. Du bist aber wegen deiner Störung und deiner Vergangenheit nicht der Partner für mich, der mich befriedigen könnte.« Über die Eifersucht oder die Desillusion wird letztlich Sexualangst unterschiedlicher Genese ausgetragen: »Mein Freund wollte alles von mir wissen. Jedesmal, wenn wir zusammen geschlafen hatten, fragte er mich aus, wie es mit früheren Freunden gewesen sei. Eigentlich wollte ich gar nichts sagen. Er beruhigte mich immer wieder, ich könnte ihm vertrauen, und außerdem sei rückhaltlose Ehrlichkeit voreinander die Voraussetzung für eine echte Partnerschaft. Kurz nachdem ich ihm alles erzählt hatte, machte er schreckliche Eifersuchtsszenen und zog sich sexuell zurück. Schließlich konnte ich es nicht mehr aushalten.«

Der Partner wird in eine Konfliktsituation gedrängt, in der er so reagieren muß, daß er in das »Schußfeld« des anderen gerät. Ähnlich wie jene Ehefrau, die ihrem Mann zwei Krawatten kauft, und, als dieser, um ihr eine Freude zu machen, eine davon trägt, empört reagiert: »Gefällt dir etwa die andere nicht?«

Fall: »Der Prophet gilt nichts im eigenen Lande«

Die Frau eines fachlich hochqualifizierten Psychotherapeuten weigerte sich hartnäckig, während eines depressiven Zustandes auch nur den geringsten Kommentar ihres Mannes zu akzeptieren. Sie verschloß sich ihm gegenüber. Ihr Mann ließ sich nicht erst auf fragwürdige Behandlungsversuche ein, sondern stellte seiner Frau anheim, einen Psychotherapeuten ihrer Wahl zu suchen. Im Verlauf der Behandlung berichtete sie ihrem Mann von ihrer Therapie und den neuen Entwicklungsmöglichkeiten, die sich für sie daraus ergäben. In einer späteren Sitzung erklärte sie mir verschmitzt: »Mein Mann meinte, wenn er mir all dies gesagt hätte, hätte ich bestimmt nicht darauf gehört. Aber von Ihnen habe ich es leichter angenommen.«

Gerade diese Behandlung bot uns die Möglichkeit, die dem Partner gegenüber bestehende Barriere und ihre Bedeutung für das Selbstwertgefühl der Patientin durchzuarbeiten. Was der Ehemann mit sehr viel Einfühlungsvermögen verhinderte, nämlich das bohrende »Doktorspiel«, wird durch das Laiensystem und die Popularisierung von Psychologie und Psychotherapie zur alltäglichen Übung.

Deutung: »Warum will ich seine Hilfe nicht?«

Das »Doktorspiel« als Technik der Partnerbeziehung benutzen nicht nur jene Therapeuten, die zwischen Beruf und Freizeit nicht unterscheiden können, auch nicht nur encountergestählte »Psycho-Freaks«. Der Vorwurf: »Du hast Minderwertigkeitskomplexe«, oder: »Du hast dich noch nicht von deiner Mutter gelöst« gehört bereits zur Alltagssprache. Zunächst mögen diese Aussagen nicht einmal falsch sein. In der partnerschaftlichen Konfliktsituation kommt es jedoch nicht allein auf den Inhalt des Gesagten an, sondern auch auf die Bedeutung, die eine Aussage für den Augenblick besitzt. Und die besagt: »Du bist klein und hilflos, in deinen Konflikten verstrickt. Ich stehe über den Dingen, sage dir, was du falsch machst, jedoch nicht unbedingt, wie du es besser machen kannst. Vor allem: Ich bin besser als du. Ich kenne mich besser aus.«

Gerade durch diesen doppelten Informationsgehalt provoziert solch halbprofessioneller »Rat-Schlag« zu Recht die Reaktion: »Ich will mir nicht helfen lassen, erst recht nicht von dir. Laß mich in Ruhe!« Dahinter steckt wohl auch die Angst, manipuliert zu werden. Die Reaktion dient gerade in einer Partnerschaft, in der durch Intimität die Ich-Grenzen gegenüber dem Partner durchlässiger geworden sind, der Selbstbehauptung.

»Neun verschiedene Doktoren!«

Nicht nur ein Partner, auch andere Menschen können solche »Rat-Schläge« geben und so den manchmal notwendigen Weg in die »Tiefe« verbauen. Wie dies in der Praxis aussehen kann, demonstriert eine Patientin, die aufgrund totalen Haarausfalls – als »Entwurzelungssyndrom« nach zwei Scheidungen und anderen Mikrotraumen – nach mehrjähriger medizinischer Behandlung und »Volkspsychotherapie« durch den Bekanntenkreis in psychotherapeutische Behandlung gekommen war. Auf meine Bitte hin schrieb sie zur Frage: »Wie verhält sich Ihre Umwelt, wenn sie erfährt, daß Sie in psychotherapeutischer Behandlung sind?«

1. Partner: »Hält die Idee als solche für nicht falsch, eventuell auch für mich angebracht. Ist aber nicht der Meinung, daß er der »Typ« wäre, der diese Hilfe in Anspruch nehmen würde, da seine Probleme entweder nicht so schwerwiegend sind, oder aber durch Selbsthilfe bzw. den eigenen Willen gelöst werden können und müssen.«

2. Eltern: »Sind der Meinung, daß man mit gesundem Menschenverstand und Selbstdisziplin keine derartige Hilfe braucht. Trotz eigener positiver Erfahrungen mit der Methode sind sie davon überzeugt, daß dies ohne Hilfe, mit eigenem Durchsetzungsvermögen und Verstand auch selbst gelöst werden könne.«

3. Beste Freundin: »Verfolgt mit großem Interesse die Behandlung, ist aber nicht vom Ergebnis überzeugt. Steht den Dingen abwartend gegenüber.«

4. Kolleginnen im Büro: »Glauben, daß die Methode sicherlich die einzige ist, die Menschen in der Lebenssituation (der meinigen) helfen kann. Manche wäre froh, wenn sie selbst einmal an den ›Sitzungen‹ teilhaben dürfte.«

5. Ein befreundeter Hautarzt: »Dieser Freund unserer Familie (32 Jahre) hat mich mit allen ›Hautproblemen‹, seien es Ekzeme, Haarausfall oder dergleichen, behandelt. Er kennt meine Familiensituation genauestens. Weiß, daß die Probleme seelischer Art sind, gibt aber nicht zu, daß eine solche Therapie erfolgversprechend ist. Dies liegt für ihn auch außerhalb der Schulmedizin und ist schwer verständlich. Er ist zu sehr Fachtrottel.«

6. Eltern meines Freundes: »Verstehen den Zusammenhang überhaupt nicht. Äußern sich aber auch nicht negativ. Stellen keine Fragen.«

7. Geschiedener Ehemann: »Da meine Lebensphilosophie von ihm geprägt wurde, er jedoch die Konflikte, denen ich schon sehr lange ausgesetzt bin, genauestens kennt und versteht, sieht er in einer Psychotherapie für mich den einzigen Ausweg aus dem Dilemma. Er hatte schon vor zehn Jahren zu einer solchen Behandlung geraten. Ich erkannte seinerzeit noch nicht die Zusammenhänge: Durch seine Art zu leben sind mir erst meine Probleme zum Bewußtsein gekommen. Vor seiner Zeit ging es mir ja auch gut. Da er mir die Augen geöffnet hat für den Sinn des Lebens, begannen meine Probleme.«

8. Chef: »Da der Körper zu 100 Prozent aus Chemie besteht, hat er keine Beziehung zu einer solchen Behandlung (Information seiner Frau). Er selbst hat sich bei mir nie geäußert. Die Aussage seiner Frau basiert auf der Empfehlung seines Arztes, er solle sich einmal einer Therapie unterziehen (Streß, Ärger mit eigener Mutter etc.), da er in seinem Beruf (Geschäftsführer einer Firma mit etwa 450 Leuten) in höchstem Maße herzinfarktgefährdet sei.«

9. Sohn, 11 Jahre: »Er war einmal mit in der Praxis und bei einem Familiengespräch (meine Eltern) anwesend. Weiß nur, daß durch den Doktor das Verhältnis zur Oma besser geworden ist.«

Im Rahmen einer Familientherapie wurden die »Doktoren« zum Teil telefonisch, zum Teil mit der Patientin zusammen in der Praxis einbezogen. Dadurch konnten sie als »Ko-Therapeuten« für die weitere Zusammenarbeit mit der Patientin und in Fragen ihrer eigenen Lebenssituation gewonnen werden.

Andere Kulturen:

Im orientalischen Kulturkreis vollzieht sich das »Doktorspiel« nach anderen Spielregeln: Das Laiensystem der Großfamilie trägt es in Beziehung zu moralisch-religiösen Institutionen aus. Moral und Tradition sind die gleichen Waffen, wie sie im Abendland von der popularisierten Psychologie und Psychotherapie geliefert werden. Eine besondere Rolle spielen Geschichten, deren handelnde Personen typisierte Vertreter der verschiedenen Institutionen sind.

Von jeher hatten Geschichten, Märchen, Mythen, Fabeln und Parabeln – sowohl orientalischen als auch europäischen Ursprungs – zwei Funktionen: Sie dienten der Unterhaltung und waren gleichzeitig Medien einer Volkspsychotherapie, lange vor der Entdeckung und Entwicklung der modernen Psychotherapie. Vor allem in den orientalischen Ländern haben Geschichten bis heute die Bedeutung von Lebenshilfen. Jeder Zuhörer kann sich in seiner Phantasie als »Doktor« betätigen. Nach meiner Erfahrung haben Geschichten und Spruchweisheiten sehr viel mit Medikamenten gemeinsam. Zum richtigen Zeitpunkt und in der richtigen Form angewandt, kann eine Geschichte zum Angelpunkt des therapeutischen Bemühens werden und Einstellungs- und Verhaltensänderungen einleiten.

Praktische Konsequenzen

Um die Fähigkeiten und Möglichkeiten von Mitmenschen zu mobilisieren, statt beharrlich wie beim »Doktorspiel« nach Problemen zu bohren, sind positive Deutungen, Geschichten, Spruchweisheiten und Beispiele aus anderen Kulturen hilfreich; sie können als Erweiterungskonzept eingebracht werden.

Viele Geschichten, Parabeln, Gleichnisse, Weisheiten und Sprichwörter erleichtern den gedanklichen und emotionalen Standortwechsel. Sie erreichen dies durch bildhafte Sprache, die nicht nur das logische Denken, sondern auch Phantasie, Intuition und Kreativität anregt. Darüber hinaus sind sie Modell und Vorbild und erlauben über eine Identifikation mit dem »Helden« die Erprobung neuer Lösungsmöglichkeiten in der Phantasie. In Erziehung, Selbsthilfe und »Volkspsychotherapie« hatten die Geschichten schon immer ihren Platz. Aber auch im Rahmen einer kritischen Selbsthilfe und einer modernen Partner- und Familientherapie können sie wichtige Anstöße bieten.

Eine Patientin erklärte: »Ich war bereits zwei Jahre in Behandlung. Mir ist nicht mehr zu helfen. Ich bin vollkommen verkorkst.« Man hätte mit dieser Patientin die Hintergründe ihrer Aussage, deren Widersprüchlichkeit zur Tatsache, daß sie dennoch in die Psychotherapie kam, durcharbeiten können. Damit hätte man sich notwendigerweise mit den Störungen beschäftigen müssen, denen die Patientin bereits seit Jahren nachgegangen war. Ein solches Verfahren hätte das Grundkonzept der Patientin weiter verstärkt. Statt einer Analyse sagte ich ihr:

»Stellen Sie sich bitte die Sonne vor. Wenn die Sonne nicht scheint, woran liegt es dann?« »Die Sonne scheint immer. Sie ist lediglich von Zeit zu Zeit durch Wolken verdeckt«, antwortete die Patientin.

Dieses Sprachbild leistete etwas Ähnliches wie eine Aufarbeitung: Es weist auf den Widerspruch hin, in dem sich die Patientin befindet, und auf die Halbwahrheit ihrer Aussage: »Depressionen sind nur Wolken.«

Die Patientin reagierte spontan: »Könnte es also sein, daß meine Depressionen nur Wolken sind, die das Verhältnis, das ich zu mir habe, überschatten?«

Mit dieser Frage stellte die Patientin ein neues Konzept ihrer Krankheit auf, das die therapeutische Arbeit erleichterte.

Im Gegensatz zu den üblichen Ratschlägen enthalten solche Erweiterungskonzepte keine Verpflichtung. Sie verzichten auf Druck und lassen dem Partner Zeit, sich auf die erweiterte Sichtweise einzustellen. Die Bezugsperson kann so die notwendige Geduld mit dem depressiven Partner aufbringen.

Wie vieles andere haben wir auch unser Verhältnis zu Geschichten, Fabeln und Märchen gelernt. Wir haben gelernt sie zu lieben, ihnen gegenüber gleichgültig zu sein oder sie abzulehnen. Einige Fragen können uns helfen, den Hintergrund unserer Einstellung den Geschichten gegenüber durchsichtiger zu machen: Wer hat Ihnen Geschichten vorgelesen oder erzählt (Vater, Mutter, Geschwister, Großeltern, Tante, Kindergärtnerin)? Können Sie sich an Situationen erinnern, in denen Ihnen Geschichten erzählt wurden? Wie fühlten Sie sich? Was halten Sie von Märchen und Geschichten? Welche Geschichte, welche Erzählung, welches Märchen fällt Ihnen spontan ein? Wer ist Ihr Lieblingsautor? Welche Sprichworte und Konzepte haben für Sie die größte Bedeutung?

Partnerschaft als Doppelblindversuch

> »Willst du durchaus heiraten, nimm einen Narren,
> denn gescheite Männer wissen allzu gut, was ihr für
> Ungeheuer aus ihnen macht.«
>
> *Shakespeare*

Die Fähigkeit, zu spontan eine Partnerschaft einzugehen

Geschichte: »Die Laterne als Schutz«

In einer finsteren Nacht ging ein Blinder mit einer Laterne in der Hand und einem Krug voll Oliven auf der Schulter durch die engen Gassen des Bazars. Da begegnete ihm ein Freund. Der sprach zu ihm: »Mein Freund, Tag und Nacht sind doch gleich für deine Augen, was kann dir da diese Laterne nützen?« Der Blinde antwortete mit einem feinen Lächeln: »Die Laterne ist doch nicht für mich, sondern für dich, damit du mir in der finsteren Nacht nicht meinen Krug von der Schulter stößt, sondern mir gegenüber aufmerksam bist.«

Erklärung:

Jede Partnerschaft erfordert eine nicht unerhebliche Arbeit, nämlich sich mit der Gedankenwelt, den Interessen und Eigenschaften des Partners auseinanderzusetzen. Dieser anstrengenden Aufgabe kann man sich dann am ehesten entziehen, wenn der Partner in keinem Bereich das eigene Niveau übersteigt. Er vermittelt so das Gefühl: »Ich bin ihm eine Nasenlänge voraus«. In anderen Worten: »Ein Blinder führt hier einen anderen Blinden«. Man könnte dies auch einen »Doppelblindversuch« nennen.

Die partnerschaftliche Beziehung wird unter dem Aspekt gewählt, daß der Partner nicht über Eigenschaften verfügt, die einem im Laufe der Zeit als Vorbild lästig werden könnten: »Bei uns kann keiner dem anderen etwas vormachen. Mein Mann ist auch kein Genie.«

Fall: »Ich wollte jedes Mädchen heiraten«

»Als ich mit 18 oder 19 Jahren für vier Wochen nach X. in die Jugendpsychiatrische Universitätsklinik zu Dr. Y. kam, weil ich unter fürchterlichen Minderwertigkeitskomplexen litt (verkriechen wollen in ein Mauseloch, nicht lachen

können, rot werden, Worte verhaspeln, sich häßlich finden usw.), starrte ich zwei Wochen lang einer Schwester nach, Hannelore. Nachdem sie heimlich meinen Krankenbericht gelesen hatte, kam sie nachts in mein Einzelzimmer. Ihren Busen durfte ich nicht streicheln, aber sie schlief mit mir. Sie war meine erste Frau. Und sie war fünf Jahre älter. Sie sagte zu mir: Meinen Verlobten liebe ich, und dich habe ich lieb. Das verstand ich nicht. Ich wollte sie heiraten. Wie ich eigentlich jedes Mädchen, das ich kennengelernt habe, sofort geheiratet hätte.«

Die Folgen einer Handlung in die Überlegung einzubeziehen, auch wenn dies auf Kosten der Spontaneität geht, erweist sich gar nicht selten als höchst nützlich. Welche Folgen hat es für mich neben dem Genuß, wenn ich Alkohol trinke? Mit welchen Folgen muß ich rechnen, wenn ich mir neben meiner Frau noch eine Freundin nehme? Welche Folgen hat es, wenn ich spontan eine Partnerschaft eingehe? Welche Folgen hat es, wenn ich zuviel esse?

Die Partnerschaft bietet sich für den Mechanismus »Doppelblindversuch« vor allem durch die Nähe des Partners an. Man signalisiert sich gegenseitig: »Ich brauche dich, um mir zu beweisen, daß du weniger bist als ich und ich mehr als du.« Diese Haltung bedeutet Sicherheit, ähnlich wie in amerikanischen Slums die Existenz der Farbigen und Puertoricaner dem untersten Weißen das Gefühl vermittelt, daß noch andere unter ihm stehen: So sehr er sie hassen mag, weil er sich durch sie bedroht fühlt, so sehr braucht er sie, um wenigstens in seiner Vorstellungswelt seine soziale Position zu verbessern.

Deutung: »Es geht doch nur um dich!«

Diese Form der Beziehung ist meist symmetrisch, das heißt, beide Partner sind an ihr gleichermaßen beteiligt. Man braucht den anderen, um sich durch ihn die Bestätigung zu geben, die man benötigt, die aber von der weiteren Umgebung versagt wurde. Eigentlich ist es hierbei gleichgültig, über welche tatsächlichen Eigenschaften der Partner verfügt, denn die braucht man nicht. Vielmehr benötigt man seine Unfähigkeiten als Projektionsfläche eigener narzißtischer Bedürfnisse. Was er *bietet,* irritiert: Seine *Schwächen* sind es, die für Bestätigung sorgen müssen. So wird zum Beispiel die Untreue eines Ehemannes gesehen, nicht aber seine Aktivität, Dynamik und Phantasie. Bei einer Hausfrau wird großzügig über alles hinweggesehen, was sie im Haushalt, für die Kinder und den Partner leistet: festgehalten wird aber, daß sie keinen Beruf hat oder zumindest nicht einen so erfolgreichen wie ihr Mann. Weil dies gewissermaßen »ohne Ansehen der Person« erfolgt, sprechen wir von einem »Doppelblindversuch«.

Andere Kulturen:

Nach meinen Beobachtungen können sich auch im Orient zwei Partner gegenseitig fertigmachen. Doch nur die Kinder dienen als Forum für die Austragung von Spannungen. Gegenüber Dritten, die nicht zum engeren Familienkreis gehören, wird ungeachtet der Konflikte kaum etwas Negatives über den Partner geäußert. Der Mann bleibt für die anderen, was die Tradition einräumt: der »Größte«. Die Frau wird von der Umwelt ihrer geduldigen Mütterlichkeit wegen respektiert. Es gilt das Motto: »Was zu Hause gekocht wird, wird auch zu Hause gegessen.«

Partnerschaft als Doppelblindversuch scheint eine typisch westlich-europäische Beziehungsform darzustellen: Der Umgang mit anderen Menschen dient dazu, den Partner bloßzustellen, um auf *dessen* Kosten auf die *eigenen* Kosten zu kommen. So beklagt sich ein 27jähriger Facharbeiter, daß ihn seine Frau vor anderen Leuten immer bloßstelle: »Wenn ich nur einmal anfange, einen Witz oder ein Urlaubserlebnis in Gesellschaft zu erzählen, schneidet sie mir das Wort ab: ›Das hat schon einen so langen Bart. Merkst du nicht, wie du die anderen langweilst?‹ Wenn ich mit den Händen gestikuliere, erklärt sie mir vor den anderen, daß das nur ein Zeichen meiner Unsicherheit und Nervosität ist. Spätestens dann werde ich wirklich unsicher.«

Aus der Sicht der 25jährigen Frau sah dies so aus: »Ich ertrage es einfach nicht, wenn er sich in den Vordergrund stellt und herumprotzt. Es geht nur um ihn. Er steht im Rampenlicht und kümmert sich kaum darum, daß ich nur in seinem Schatten stehe.«

Praktische Konsequenzen:

Um eine Partnerschaft nicht als »Doppelblindversuch« zu führen, gilt es, die besonderen, individuellen Stärken und Fähigkeiten des Partners zu erkennen. Es kommt nicht so sehr darauf an, daß er mit Altersgenossen hinsichtlich einer Fähigkeit konkurrieren kann und sich sogar als der Beste erweist. Wichtiger erscheint vielmehr, die besonderen Fähigkeiten zu erkennen und ihre Entwicklung zu unterstützen. Manche Menschen sind mehr praktisch begabt, andere besitzen mehr abstrakte Fähigkeiten. Manche zeigen organisatorische Fähigkeiten, wieder andere zeigen sich auf künstlerischem Gebiet erfolgreich.

Darüber hinaus können wir nicht die Augen vor den eigenen Schwächen und vor den Schwächen des anderen verschließen. Erst die Erkenntnis der Schwächen bietet die Möglichkeit, sie zu beheben. Die Einzigartigkeit eines Menschen ist abhängig von seiner persönlichen Aktivität und seinem individuellen Einsatz. Er ist nicht nur das Produkt von Körper und Umwelt, sondern produziert sich in jedem Augenblick selbst. Die Einzigartigkeit des Menschen zeigt sich in der Ausprägung seiner Aktualfähigkeiten. Jede der Aktualfähigkeiten kann in aktiver und passiver Hinsicht eingesetzt werden.

Aktiv bedeutet: pünktlich/unpünktlich sein; ordentlich/unordentlich sein; ehrlich/unehrlich sein usw.

Passiv bedeutet: Wie reagiere ich auf Pünktlichkeitsforderungen oder Unpünktlichkeit anderer? Wie komme ich mit der Unordnung oder den Ordnungswünschen meines Partners zu Rande? Kann ich Gerechtigkeitsforderungen oder die Ungerechtigkeit meines Partners ertragen?

Die Position eines Partners hängt nicht nur davon ab, welche Aktualfähigkeiten er äußert, sondern ob er aktiv fordernd oder passiv erwartend auftritt. Oft ist die Erkenntnis dieser Zweiseitigkeit der entscheidende Vorgang bei der Konfliktlösung: sich nicht nur für Gerechtigkeit einzusetzen, sondern gegebenenfalls und zeitweilig auch Ungerechtigkeiten ertragen zu können, ohne daran zu zerbrechen.

Die Aktualfähigkeiten geben Beziehungsaspekte einer Partnerschaft oder einer anderen Gruppe wieder. Der Ordnungswunsch des Ehemannes ist nicht nur seine persönliche Vorstellung davon, wie Ordnung aussehen sollte, sondern beschreibt zusammen mit den anderen beteiligten Aktualfähigkeiten eine gerade für diese Partner- und Familienbeziehung charakteristische Spielregel. Mit anderen Worten: In den Aktualfähigkeiten kristallisieren sich die in einer Gruppe bestehenden und von den Menschen produzierten Beziehungen. Die Aktualfähigkeiten erfassen wir über das Differenzierungsanalytische Inventar (DAI), das Inventar der individuellen, familiären und kulturbezogenen konfliktrelevanten Konzepte. Das DAI kann in der therapeutischen Situation, aber auch im Rahmen der Selbsthilfe von jedem Familienmitglied erhoben werden. Die Instruktion lautet: »Kommt es im Bereich der Pünktlich-

keit (Ordnung usw.) zu Konflikten? Wer von Ihnen (Sie oder Ihr
Partner) legt mehr Wert auf Pünktlichkeit (Ordnung usw.)?« Dem
jeweiligen Fall entsprechend, sind Modifikationen der Instruktion
möglich.

Die Aktualfähigkeiten werden in der familientherapeutischen Praxis mit Hilfe des Differenzierungsanalytischen Inventars (DAI) erfaßt. Dieses gibt die inhaltlichen Bedingungen individueller, fami-
liärer und sozialer Konflikte wieder.

Signiert werden die Verhaltensbereiche derart, daß (+++) die
höchste subjektive Bewertung einer Kategorie kennzeichnet,
(———) die niedrigste Bewertung; (+—) bedeutet eine Indifferenz
gegenüber dem zu beurteilenden Verhaltensbereich; (++), (+)
und (——), (—) sind Abstufungen der subjektiven Bewertung. Die
zweite Spalte gibt die Selbstbeurteilung hinsichtlich der Aktualfähigkeiten wieder. Die dritte Spalte kennzeichnet die Fremdbeur-
teilung des Partners/in durch den Partner/in; gegebenenfalls können
für andere wichtige Bezugspersonen weitere Spalten eingeführt
werden. Die letzte Spalte enthält Spontankommentare.

Zur Selbst- und Partnerkontrolle für den Leser
Das Differenzierungsanalytische Inventar (DAI, Kurzform)

Aktualfähigkeiten	Ich	Partner	Spontanaussagen
Pünktlichkeit			
Sauberkeit			
Ordnung			
Gehorsam			
Höflichkeit			
Ehrlichkeit/Offenheit			
Treue			
Gerechtigkeit			
Fleiß/Leistung			
Sparsamkeit			
Zuverlässigkeit/ Genauigkeit			
Liebe			
Geduld			
Zeit			
Vertrauen/Hoffnung			
Kontakt			
Sex/Sexualität			
Glaube/Religion			

Partnerschaft als Entspannung

»Fähigkeiten werden vorausgesetzt, sie sollen zu Fertigkeiten werden. Dies ist der Zweck aller Erziehung.«
Goethe

Die Fähigkeit, Leistungsanforderungen aus dem Wege zu gehen

Geschichte: »Die Kraft der Wahrheit«

Eine zauberhafte Frau ging ihres Weges, als sie sah, daß ihr ein Mann folgte. Sie wandte sich um und fragte den Fremden: »Sage, weshalb folgst du mir?« Der Mann gab ihr zur Antwort: »Gebieterin meines Herzens, dein Liebreiz ist es, der mich dir folgen läßt. Man sagt, ich beherrsche das Spiel der Laute und die Gesetze der Dichtkunst, ich vermag in den Herzen der Frauen Liebesschmerzen zu erzeugen. Dir will ich meine Liebe gestehen, denn mein Herz ist für dich entbrannt.« Die schöne Frau betrachtete den jungen Mann eine Weile schweigend, dann sagte sie: »Wie kannst du dich in mich verlieben? Meine Schwester, die jünger ist als ich, ist viel schöner und viel liebreizender. Sie kommt hinter mir, schau sie dir an.«

Der Mann blieb stehen. Nach kurzer Zeit wandte er sich zurück, doch was er sah, war nur eine alte häßliche Frau in einem geflickten Umhang. Schnell setzte er seinen Weg fort, um die junge Frau einzuholen. Mit gesenktem Blick und demutsvoller Stimme fragte er: »Sage mir, warum konnte diese Lüge über deine Lippen kommen?« Die junge Frau lächelte, als sie sagte: »Du hast mir, mein Freund, auch nicht die Wahrheit gesagt, als du mir deine Liebe schworst. Wie kannst du, der alle Regeln der Liebe beherrscht und der vorgibt, daß sein Herz in Liebe für mich entbrannt ist, dich nach einer anderen umsehen?«

Erklärung

Partnerschaft ist im Erleben mit dem Gefühl innerer Erregung und Spannung verbunden. Diese Spannung findet in der sexuellen Betätigung, vor allem im Geschlechtsverkehr, ihre Abfuhr. Darin münden aber nicht nur sexuelle Spannungen, sondern auch solche, die aus dem Leistungsbereich, vorwiegend im beruflichen und zwischenmenschlichen Bereich, resultieren. Dieser psycho-physiologische Sachverhalt führt zu einem Mißverständnis, wenn die sexuelle Entspannung zum ausschließlichen Ziel sexueller Betätigung hochstilisiert wird: »Nach fünf arbeitsreichen Tagen brauche ich doch meine sexuelle Entspannung. Welchen Partner ich dazu benütze, ist für mich nur eine Geschmacksfrage.«

Fall: *»Die Liebesaffären meines Mannes«*

Eine 42jährige attraktive Frau bat mich um ein psychotherapeutisches Gespräch. Sie beschrieb ihr Problem wie folgt: »Im verliebten Vorehestand fiel mir einmal auf, daß mein Mann, nachdem wir uns verabschiedet hatten und ich mich umdrehte, um ihm nochmals zuzuwinken, sich zwar auch umdrehte, aber ganz gebannt einem attraktiven Mädchen nachschaute. Während unseres zweiten und dritten Ehejahres lebte mein Mann die Woche über allein in M., während ich noch in W. blieb und zwei Kinder auf die Welt brachte. Das war sicher keine gute Weichenstellung für unsere junge Ehe. Die damalige Wirtin meines Mannes sagte mir einmal, daß sie noch nie einen Mieter gehabt habe, der wie mein Mann *keinen einzigen Abend* in seinem Zimmer verbringe. Zusammen mit Kollegen und Sekretärinnen unternahm er ständig irgend etwas. Als ich meinen Mann mit dem ältesten Kind einmal für einen Tag besuchte, war ich sehr enttäuscht, daß er nur Blicke für attraktive Mädchen hatte. Auch heute noch entgeht kein gutaussehendes Mädchen den Blicken meines Mannes, ganz gleich, ob wir eine Gaststätte oder ein Fest besuchen. Er betrachtet sie oft so unverhohlen, daß ich mich verletzt fühle. Wenn mein Mann bei Festen intensiv flirtete und wir deshalb Streit bekamen, meinte er immer, das hätte nichts mit mir zu tun, ich müßte darüberstehen.

Nach zehn Jahren Ehe bekam ich hintereinander drei anonyme Briefe, in denen eine Frau drohte, alles der Ehefrau zu sagen, ›auch das mit dem Kind, wenn er nichts von sich hören ließe‹. Mein Mann meinte, jemand wolle ihm einen Streich spielen. Ein Jahr später kam dann der ›Akt‹ in unserer Wohnung mit einer 25jährigen Sekretärin. Mein Mann, damals 42 Jahre alt, meinte, die Frauen würden es ihm so leicht machen. Er versprach, mit dem Mädchen sofort Schluß zu machen, ich merkte aber, daß er sie noch öfters traf und nach einer Urlaubsreise sogar am Flughafen abholte. Die junge Dame hatte aber in diesem Urlaub einen Mann kennengelernt, den sie dann heiratete. Deshalb war dann wirklich Schluß.

Es gab immer wieder Affären, und wenn ich davon erfuhr und mit meinem Mann darüber sprach, sagte er immer, er brauche mich und die Familie, das wäre sein Halt. Er meinte auch, daß er mir doch nichts wegnähme, deshalb brauchte es mir doch auch nichts auszumachen. In dieser Zeit hatte ich für etwa zwei Jahre auch eine Beziehung zu einem anderen Mann, der mir sehr geholfen hat, überhaupt noch mit meinem Mann klarzukommen. Ich habe später meinem Mann von der Beziehung erzählt, und er war *sehr* getroffen. Aber machte weiter. Eine meiner Freundinnen meinte, sie könne – wenn sie wolle – jederzeit mit meinem Mann ins Bett gehen. Eine andere erzählte mir, daß mein Mann auch im Tennisklub andere Frauen angemacht hätte und daß die sich darüber empört hätten. Ich tröstete mich immer wieder damit, daß die Familie einen anderen Stellenwert hätte und daß er irgendwann zur Ruhe kommen würde. Statt dessen läuft jetzt die bedrohlichste Affäre. Seit einem Jahr weiß ich davon, und seitdem hat mein Mann schon zweimal ›endgültig Schluß‹ gemacht. Am Wochenende meinte mein Mann: ›Ich bin dabei, Schluß zu machen, aber noch nicht darüber hinweg. Du verhältst dich so großartig. Du bist zu gut für mich; ich denke an dich...‹ und reiste zu ihr.

Wenn ich bei seinen vielen Reisen Verdacht und Mißtrauen anmeldete, meinte er immer: ›Laß das Mißtrauen bei meinen Dienstreisen, sie gehören zu meinem Beruf (obwohl sie meistens nur von abends bis morgens stattfanden!). Ich brauche das zu meiner Entspannung. Du würdest sehr gewinnen, wenn du das akzeptieren würdest.‹

Eine Eigenschaft meines Mannes ist, daß er selten nein sagen kann. Wenn er für einen Abend zwei Einladungen hat, nimmt er nach Möglichkeit beide wahr und packt sich seinen Terminkalender so voll und macht alles mit, auch wenn es sehr knapp aufeinanderfolgende Termine sind und er von einem zum anderen hetzt.

Mein Mann war bis vor einem halben Jahr so gut wie nie krank, und falls er einmal eine Erkältung hatte, wurde sie sofort mit Tabletten wegkuriert. Seit einigen Monaten hat er schwere und schmerzhafte Zahnbehandlungen durchzustehen, und eine Nasen-Ohren-Operation ist noch nicht auskuriert. Er jammert sehr, wenn es ihm nicht gut geht. Für sein Äußeres tut er viel: Jogging, Solarium, im Sommer in der größten Hitze stundenlange Sonnenbäder, Sauna, Bürstenmassagen etc. Sehr viel Sorgfalt verwendet er auch für sein gelichtetes Haar; mit regelmäßigen Anwendungen von Kopfmassagen und Haarwasser und ständigem Kämmen wird daran gearbeitet. Bei der Kleidung ist er von meinem Geschmack abhängig. Das meiste kaufe ich und achte auf die Zusammenstellung. Er hat dafür auch kaum Sinn und Interesse.

Treue war im Familienleben meiner Eltern ein etwas heikles Thema. Als ich etwa sechs Jahre alt war, fand meine Mutter in der Tasche meines Vaters zwei Theaterkarten, und es gab deswegen eine Szene. Mein Vater war mit der Frau eines verstorbenen Freundes fort, um den er endlos getrauert hat. Etwa sieben Jahre später warf mein Vater meiner Mutter vor, mit dem zu Besuch weilenden Schwager geschlafen zu haben, was meine Mutter bestritt. Der Schwager wurde des Hauses verwiesen. Mein Vater entdeckte einen weiteren Liebhaber meiner Mutter, es gab viel Streit, auch Schläge und Selbstmordversuche meines Vaters. Er fragte mich, ob wir nicht allein den Haushalt führen könnten. Als ich 17 war, hörte ich, wie mein Vater mit einer zu Besuch weilenden Tante schlafen wollte, die entrüstet ablehnte. Später kam in dieser Hinsicht nichts mehr vor.«

Ihren Wunsch, psychotherapeutisch behandelt zu werden, begründete die Patientin damit, daß sie in den letzten Jahren kaum mehr mit sich zurechtkomme: »Ich bin fix und fertig und innerlich leer. Ich habe in den letzten Monaten zehn Kilo abgenommen, und die Freundin meines

Sohnes sagte, als dieser sie wegen des Gewichts ihres Vaters hänselte: ›Lieber einen dicken Vater als einen, der dauernd anderen Frauen nachsteigt.‹ Zu meinem Mann habe ich keine rechte Beziehung mehr . . .«
In der Tat machte die Patientin einen ängstlichen, hoffnungslosen Eindruck und schien zu erwarten, daß man ihr mitteilte, dies sei ein Problem ihres Mannes, und man könne ihr nicht helfen.
Im Rahmen einer fünfstufigen Positiven Familientherapie innerhalb von 14 Sitzungen, die sich auf einen Zeitraum von fünf Monaten verteilten, konnte eine wesentliche Besserung des Gesundheitszustandes der Patientin, aber vor allem eine merkliche Änderung der Kommunikationsstruktur in der Partnerschaft erzielt werden. Voraussetzung dafür war es allerdings, daß wir die kooperative Patientin als »Therapeut« ihres Partners einsetzen konnten. Wie die Frau in der Geschichte *»Die Kraft der Wahrheit«* war sie in der Lage, die Doppelbödigkeit der »entspannenden« Wechselbeziehungen ihres Mannes zu verstehen, zu deuten und ihm Alternativmöglichkeiten anzubieten.

Deutung:

In der Industriegesellschaft haben wir es mit zwei entgegengesetzten Konfliktreaktionen in der Leistungsdimension zu tun:
1. *Flucht in die Partnerschaft* mit dem Ziel, berufliche Aufgaben durch sexuelle Beziehungen im Sinne einer Entspannung zu erleichtern. Diese Reaktionsweise zeigt das vorangehende Fallbeispiel.
2. *Flucht vor Leistungsanforderungen,* um Streßreaktionen, Versagensängsten, Konzentrationsstörungen und defizitären Symptomen wie Rentenneurosen, Apathie, Leistungshemmungen etc. aus dem Wege zu gehen. Hier wird die Partnerschaft als Ruhestätte, Versorgungsanstalt, Tankstelle und Schutz benutzt: »Ich bin froh, wenn ich zu Hause bin, da ist es am schönsten.« Man liebt einen Partner, weil er auf der gleichen Wellenlänge lebt. Er hat gleiche Interessen, ähnliche Einstellungen und Eigenschaften: »Wir passen so gut zusammen, weil jeder von uns weiß, wie wichtig die Ordnung ist.« Auch das ist eine Form von Entspannung.

Andere Kulturen:

Wenn ein deutscher Mann abends nach Hause kommt, möchte er seine Ruhe haben. So ist es wenigstens die Regel. Er setzt sich vor das Fernsehgerät, trinkt sein wohlverdientes Bier, liest seine Zeitung. »Laßt mir meine Ruhe. Nach so viel Arbeit steht sie mir zu.« Das ist für ihn Entspannung.

Im Orient entspannt sich der Ehemann anders: Wenn er abends nach Hause kommt, hat seine Frau einige Gäste, Verwandte, Freunde der Familie oder Geschäftspartner eingeladen. Durch die Unterhaltung mit den Gästen fühlt er sich entspannt, nach dem Motto: »*Gäste sind eine Gnade Gottes.*« Entspannung kann also vielerlei bedeuten. Man entspannt sich so, wie man es gelernt hat, und man hat es so gelernt, wie es in der Familie, der Gruppe, dem Kulturkreis, dem man angehört, üblich ist.

So wie Freizeit und Entspannung haben auch Sitten, Gewohnheiten und Wertvorstellungen viele Gesichter. Dies bedeutet nicht, daß das eine Modell besser ist als das andere, sondern daß verschiedene Wertsysteme sich gegenseitig ergänzen können.

Praktische Konsequenzen:

Nicht nur sexuelle Erfüllung führt zur Entspannung. Es gibt eine Reihe von anderen Möglichkeiten der Entspannung, die durch das Medium der Sinne wirken. Dazu gehören Verfahren wie das autogene Training, die progressive Muskelentspannung, Atemübungen, körperliches Training, meditative Übungen und entsprechende Musik. Für den großen Arzt Christoph Wilhelm Hufeland (1762–1836) trug die Musik zur Verlängerung des Lebens bei. Wenn er in seinen überfüllten Vorlesungen an der Universität Jena über Lebensordnung und Lebensverlängerung sprach, ging er auch auf den wohltuenden Einfluß der Musik ein und wünschte sich eine gründlichere Erforschung ihrer therapeutischen Wirkung.

Ein Weg, sich und den Partner zu entspannen, ist die meditative Beschäftigung mit Konzepten und Gegenkonzepten. Im Anschluß an ein Entspannungstraining, in einer ruhigen Minute, zum Beispiel vor dem Einschlafen, stellt man sich das Konzept und das dazugehörige Gegenkonzept bildlich vor. Ein solches Alternativkonzept nennen wir *Psychoserum*. Das ist eine formelhafte Verkürzung von Ziel- und Sinnvorstellungen; es soll Korrekturen der konflikthaft besetzten Verhaltensweisen ermöglichen und einen Willensimpuls verstärken, der eine Verhaltensänderung erleichtert.

Beispiele für das Psychoserum: »Lerne zu unterscheiden zwischen Höflichkeit und Ehrlichkeit« (bei Menschen, die aus lauter Rücksicht gegenüber anderen ihre eigenen Interessen vernachlässigen).

»Lerne zu unterscheiden zwischen Ordnung und Geduld« (bei Schwierigkeiten, die sich an der Unordnung des Partners und betonten Ordnungsvorschriften entzünden).

»Lerne zu unterscheiden zwischen Liebe und Gerechtigkeit« (bei der Abwägung von Aktion und Reaktion im partnerschaftlichen Zusammenleben).

Die Praxis: Führen Sie das Entspannungsverfahren durch. Wenn Sie sich entspannt fühlen, stellen Sie sich bildhaft die positiven Aspekte des kritischen Verhaltens vor. Beispiel: »Meine Depressionen sind Abschnitte der Entlastung. Wenn ich mich depressiv fühle, lasse ich alle Verpflichtungen, alle Anspannungen, ja sogar mich selber fallen. Meine Depressionen sind das Gegengewicht zu meinem Bedürfnis, immer der Beste zu sein und das Beste zu leisten.«

Geschichten als Psychoserum: Ein Großteil der Konzepte und Gegenkonzepte hat seinen Niederschlag in Spruchweisheiten und Geschichten gefunden. Deren Vorteil ist ihre plastische, lebendige Sprache. Stellen Sie sich Ihre Konzepte und Gegenkonzepte in Form von Geschichten und Spruchweisheiten vor: »Wir passen nicht zusammen, wir sind ganz andere Typen« (Konzept). »Das gleiche bringt uns in Ruhe. Der Widerspruch macht uns produktiv« (Gegenkonzept).

Partnerschaft als Fessel

> »Binde zwei Vögel zusammen, sie werden nicht flie-
> gen können, obwohl sie nun vier Flügel haben.«
> *Orientalische Weisheit*

Die Fähigkeit, nicht loszulassen

Geschichte: »Der gläserne Sarkophag«

Ein orientalischer König hatte eine zauberhafte Frau, die er über alles liebte. Immer wenn er Zeit hatte, suchte er ihre Nähe. Eines Tages starb die Frau und ließ den König in großer Trauer zurück. »Nie«, rief er aus, »will ich mich von meinem geliebten jungen Weibe trennen.« In einem gläsernen Sarko-phag bahrte er seine Frau im größten Saal des Palastes auf und stellte sein Bett daneben, um nicht eine Minute von ihr getrennt zu sein.

Es war aber ein heißer Sommer, und trotz der Kühle des Palastes ging der Leichnam der Frau langsam in Verwesung über. Ihr holdes Antlitz begann sich zu verfärben und wurde von Tag zu Tag aufgedunsener. Der König in seiner Liebe sah dies nicht. Bald erfüllte der süßliche Geruch der Verwe-sung den ganzen Raum, und keiner der Diener wagte es, auch nur seine Nase hereinzustecken. Der König nahm selber schweren Herzens sein Bett und trug es in den Nachbarraum. Obwohl alle Fenster sperrangelweit of-fenstanden, kroch der Geruch der Vergänglichkeit ihm nach. Es flohen alle Diener und Freunde.

Dann verlor der König das Bewußtsein. Der Hakim, der Arzt, ließ ihn in den großen Garten des Palastes bringen. Als der König erwachte, strich ein frischer Windhauch über ihn. Der Duft der Rosen umschmeichelte seine Sinne. Es war ihm, als lebte seine große Liebe noch. Nach wenigen Tagen erfüllte den König wieder Leben. Sinnend blickte er in den Blütenkelch einer Rose, und plötzlich erinnerte er sich daran, wie schön seine Frau zu Lebzeiten gewesen war. Er brach die Rose, legte sie auf den Sarkophag und befahl seinen Dienern, die Leiche der Erde zu übergeben. (Persische Geschichte)

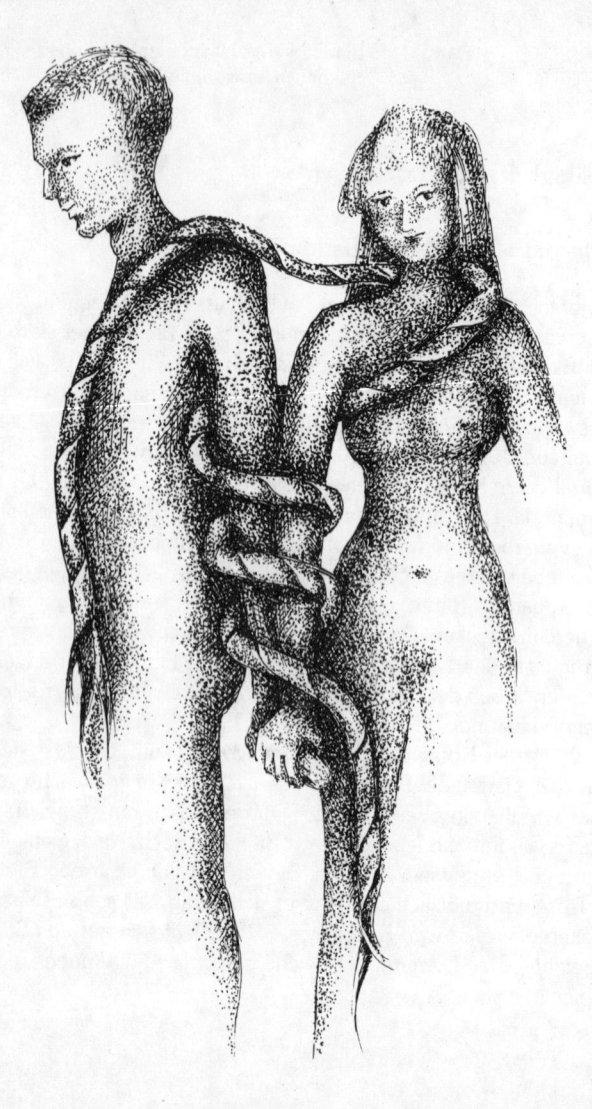

Erklärung:

Nicht von ungefähr heißt das Eingehen einer dauerhaften Partnerschaft »sich binden«. Dieser Ausdruck steht dem Wohlmeinenden für »Bündnis«, dem Kritiker für »Fessel«. In dieser Ambivalenz verbirgt sich ein Distanz-Nähe-Problem: Kann ich mich überhaupt auf eine verpflichtende Beziehung mit all ihren Konsequenzen einlassen? Oder muß ich eine Beziehung rechtzeitig sabotieren, um sie nicht zu verpflichtend, zu angsterregend werden zu lassen? Andererseits scheinen manche Menschen das Gefühl enger Bindungen und Gewohnheiten zu benötigen, ein Gefühl, das ihnen Sicherheit, Stabilität und Geborgenheit vermittelt.

Fall: »Eine verhängnisvolle Affäre« (Film)

Alex, eine junge, attraktive, beruflich erfolgreiche junge Frau lernt Dan, einen Anwalt, kennen und animiert ihn zu einer Wochenendaffäre, obwohl sie weiß, daß er verheiratet ist und ein Kind hat. Er, überrascht von der offenen Einladung, geht mit ihr, obwohl er bis jetzt nie an ein Abenteuer gedacht hat und seine Frau liebt.

Er will sich am Ende des Wochenendes verabschieden, sie reagiert mit einem Selbstmordversuch. Für Alex ist die Beziehung nicht beendet; sie will nicht ein Abenteuer für eine Nacht sein, sondern fordert ihr Recht auf Liebe und Verlängerung der Beziehung. Sie versucht mit allen Mitteln, in Kontakt mit Dan zu bleiben, ruft ständig im Büro und zu Hause an. Nach einigen Wochen teilt sie ihm mit, daß sie schwanger ist, und wünscht, daß er seinen Teil der Verantwortung trägt, das heißt unausgesprochen, seine Frau und Tochter verläßt. Da er seine Familie und die familiäre Geborgenheit nicht aufgeben will und sich gegen die Nachstellungen wehrt, beginnt sie eine Treibjagd auf ihn und seine Familie. Sie verübt ein Säureattentat auf sein Auto, spioniert neue Telefonnummer und Adresse aus, tötet das Kaninchen der Tochter usw.

Dan, inzwischen entnervt und in die Enge getrieben, gesteht die Affäre seiner Frau Beth, die zu ihm hält. Für Alex gibt es keine Grenze mehr in ihrem Verlangen nach Anerkennung und Respektierung ihrer weiblichen Würde. Sie holt Dans Tochter aus der Schule ab. Beth, die sich denken kann, wer das Kind geholt hat, sucht verzweifelt nach ihrer Tochter und hat dabei einen schweren Autounfall. Dan, völlig verzweifelt und mit dem festen Willen, seine Familie zu erhalten und zu schützen, will mit Alex reden. Statt dessen kommt es zu tätlichen Auseinandersetzungen in der Wohnung von Alex. Kurz darauf schleicht sich Alex in Dans Haus ein und bedroht die gerade aus dem Krankenhaus zurückgekehrte Beth mit einem Fleischermesser. Dan kommt seiner Frau zur Hilfe und wird dabei selbst verletzt. Beth erschießt Alex, als sich diese mit dem Messer auf Dan stürzen will.

In einer Filmbesprechung (Frankfurter Allgemeine Zeitung) heißt es: Der Film »macht durch seine psychologische Folgerichtigkeit schlagend bewußt, wie Liebe und Haß sich aus derselben aggressiven Lust nähren und daß es, dargestellt an der Figur des Mannes, vom Schulterzucken zur Panik ein ebenso kleiner Schritt nur ist wie von der Trauer zum Terror, den die an ihrem Selbstbewußtsein zweifelnde Alex vollzieht«.

Deutung:

Wenn Sie den Film »Eine verhängnisvolle Affäre« gesehen haben, haben Sie sicher auch darüber gesprochen und Ihre Gesprächspartner haben verschiedene Lösungs- und Deutungsmöglichkeiten in die Diskussion eingebracht.

Ein Symptom läßt sich aber erst dann verstehen, wenn man den Rahmen und das Beziehungsgefüge kennt, in dem es geäußert wird. Erst unter diesem Gesichtspunkt wird begreiflich, welche Bedeutung das Symptom (die Affäre mit ihren vielschichtigen Folgen) im Erleben der Partner, in den Spielregeln ihres Verhaltens und im sozialen Kontext hat. Wie in einer optischen Täuschung nehmen die Frau, der Mann, seine Geliebte, das Kind, der Freund des Mannes, Polizisten, Anwälte oder die Gesellschaft die Rolle des Sündenbocks (Schuldzuweisung) oder des Austragungsortes ein. Je nachdem, welche Perspektive wir gegenüber dem Konflikt wählen, für wen wir »Partei« ergreifen, wem gegenüber wir uns verbünden und wessen Anliegen uns als das berechtigtere erscheint, gibt es unterschiedliche Strategien von Konfliktlösungsversuchen. Im Film wird der Konflikt durch den Tod der Geliebten »gelöst«. Welche Instanzen fühlen sich berechtigt, nun die Folgen der verhängnisvollen Affäre aufzuarbeiten? Die zuständige Instanz für menschliche Konflikte ist traditionell nicht die Psychotherapie, sondern die Jurisprudenz. Die Rechtsprechung hat es ähnlich wie die Psychotherapie mit Normen zu tun. Für diese Normen wird Verbindlichkeit nach den Prinzipien von Vorbeugung und Vergeltung beansprucht. Der Psychotherapeut dagegen trägt nicht die Robe eines Richters, ihn interessiert auch nicht die Schuldfrage. Schuld ist nicht das Kriterium (Gesetzesübertretung), sondern der Gegenstand der Psychotherapie, der Konflikt. Während die Gerichtsbarkeit konventionell anerkannte und als Gesetze formulierte Normen vertritt, verzichtet die Psychotherapie auf einen absoluten Wertmaßstab und stellt nicht die losgelöste

Gruppennorm in den Vordergrund, sondern die einzigartige Situation eines Menschen, seine Symptome und deren Hintergründe. An die Stelle der Strafe, die als Selbstbestrafung, Schuldgefühle oder innere Konflikte psychologische Realität besitzt, tritt der Versuch, die konfliktträchtigen Inhalte bewußt und damit verfügbar zu machen. Damit wirkt die Psychotherapie gesellschaftlich gesehen präventiv, also vorbeugend. Auch die im Film dargestellte Situation hätte durch Bewußtmachung der inhaltlichen Komponenten gelöst werden können. Die Notwendigkeit zur Aufarbeitung des Konflikts besteht aber auch noch nach der gewaltsamen Lösung, um den Beteiligten und der Umwelt die Entwicklung transparent werden zu lassen: dies ist Aufgabe der Psychotherapie. Die Bedeutung der Psychotherapie in der Rechtsprechung und im Strafvollzug wird zunehmend anerkannt.

Der Ruf der Partnerschaft als »Fessel« beruht auf der Vorstellung, daß unabhängig von anderen Bindungsmöglichkeiten gewissermaßen gewaltsam eine dauerhafte Zweisamkeit erzwungen werden soll. Ein Beispiel dafür ist der Versuch, den Partner durch den Geschlechtsverkehr und Schwangerschaft an sich zu fesseln. »Wenn ich ein Kind von ihm habe, muß er bei mir bleiben.« Oder: »Wenn sie mit mir geschlafen hat, gehört sie mir.«

Manches spricht dafür, daß die männlichen Ängste vor festen Bindungen auch archaische Wurzeln haben: So befürchten Yurok-Indianer, in der weiblichen Vagina festgehalten zu werden, und versuchen deshalb beim Geschlechtsverkehr den Penis so schnell wie möglich zurückzuziehen (E. H. Erikson).

In Anlehnung an H. Dicks (1967) bezeichnet Willi (1975) das Zusammenspiel der Partner »aufgrund dieses gemeinsam Unbewußten als Kollusion«. Battegay (1977) meint, daß bei narzißtisch Gestörten eine Ehekrise unvermeidlich ist, wenn die narzißtische Libido des einen nicht auf den anderen ausgedehnt werden kann. Aber Konflikte müssen sich auch ergeben, wenn der Partner nur als Selbstideal, zur Fusion und als Über-Ich-Ersatz dienen soll. Der Partner müßte sich völlig aufgeben, sich, wie Willi beschreibt, das Selbst des anderen zu eigen machen und ihn auf das idealisierte Bild, das er sich von ihm macht, fixieren. Der narzißtisch Gestörte würde so zunehmend zum Gefangenen der Idealvorstellung des Partners. Willi (1975) spricht in diesem Zusammenhang von einem »Komplementärnarzißten« und von einer »narzißtischen Ehe«, wenn komplementär-narzißtisch Gestörte miteinander verheiratet sind.

Andere Kulturen:

Im Orient scheint die Angst vor der partnerschaftlichen Bindung weniger ausgeprägt zu sein. Im Gegenteil, der Wunsch nach Verbundenheit ist groß, der Wunsch nach Freiheit und Ablösung hingegen minimal.

Nach meinen transkulturellen Beobachtungen besteht ein enger Zusammenhang zwischen der Beziehung eines Menschen zu partnerschaftlichen Bindungen und den in seiner Kultur üblichen Erziehungspraktiken. Eine besondere Rolle spielt die Art des Körperkontaktes im Umgang mit Säuglingen und Kleinkindern.

Bei den Indianerstämmen in Nordamerika wird das Kind in seinen ersten drei Lebensjahren auf dem Rücken der Mutter getragen. In der Rückentrage ist es der Außenwelt zugewandt. Bei Erwachsenen dieses Stammes fällt eine gewisse Weltoffenheit auf und die Fähigkeit, Einsamkeit zu ertragen.

Die Massai in Kenia tragen ihre Kleinkinder ebenfalls auf dem Rücken, jedoch mit dem Gesicht der Mutter zugewandt. Bei diesen Menschen ist eine intensive Verbundenheit zum eigenen Stamm und gegenüber der Tradition zu beobachten.

In Indien wird das Kind bereits unmittelbar nach der Geburt so gebettet, daß ein Gesichtskontakt mit der Mutter möglich ist. Später trägt die Mutter das Kind in einem Tuch vor der Brust, auch hier das Gesicht ihr zugewendet.

In Mitteleuropa wird das Kind bereits sehr früh in ein zumeist sehr schön eingerichtetes und oft reichlich mit Übergangsobjekten wie Puppen und Teddybären ausgestattetes Zimmer gelegt. Dahinter steht die Vorstellung, eine intensive Nähe könne das Kind verwöhnen und eine zu intensive, gewissermaßen pathologische Abhängigkeit fördern. Man fürchtet, die Selbständigkeit des Kindes könne behindert werden. Auf diese Art und Weise lernt es anders als die Kinder der vorher beschriebenen Kulturen recht ambivalent und kritisch die Beziehungsqualitäten von Nähe und Verbundenheit zu erleben.

Die vorherrschende Tendenz zur Verbundenheit im Orient bringt es mit sich, daß die emotionalen Bezüge relativ weit gestreut sind. Es gibt nicht nur den Ehemann, sondern auch die Eltern, die Geschwister, die Cousins, die Cousinen, Freundinnen und Freunde. Wenn ein Ehemann wenig Zeit hat, kann seine Frau ihr Kontaktbedürfnis dadurch befriedigen, daß sie Bekannte besucht oder zu sich einlädt.

Im Kontrast dazu steht im europäischen Bereich die Konzentration auf den jeweiligen Ehepartner, der in nicht seltenen Fällen die ausschließliche Kontaktperson ist. Die anderen sozialen Bezüge treten in den Hintergrund. Ein Mann, der wenig Zeit für seine Frau hat, löst schwere Konflikte aus, denn er isoliert seine Partnerin durch seinen Rückzug nahezu vollends. Dies mag der Grund für viele Depressionen, Ängste und Scheidungen sein.

Während im Orient eine Flucht in die Geselligkeit zu beobachten ist, reagiert man in Europa, vor allem in Deutschland, durch Flucht in die Einsamkeit. Die Reaktion entsteht aus der sozialen Isolation und der geringeren gesellschaftlichen Bewertung der Verbundenheit. Man macht hier aus der Not eine Tugend und propagiert die Einsamkeit als Stärke.

Praktische Konsequenzen:

Es lohnt sich, eine Partnerschaft daraufhin zu untersuchen, welche Formen von Bindungen vorherrschen, ob eine Einengung auf eine bestimmte Bindungsqualität besteht und welche Möglichkeiten der Gemeinsamkeit sinnvoll oder wünschenswert sind.

Einseitigkeiten, die das Gefühl, »gefesselt« zu sein, hervorrufen können:

Gemeinsame berufliche Existenz: Der Ehemann ist z. B. Arzt, seine Frau übernimmt die Aufgabe der Arzthelferin. Oder man betreibt gemeinsam ein Geschäft (Leistung – Kontakt – Ordnung);

Komplementäre Verpflichtungen: Ein Partner übernimmt das Geldverdienen, der andere die Rolle des Hausmannes/oder der Hausfrau bzw. Bezugsperson für die Kinder (Leistung – Kontakt);

Gemeinsame Hobbys: Man findet Gemeinsamkeiten in Tennisspielen, Skifahren, Wandern etc. (Körper – Kontakt – Phantasie – Leistung);

Gemeinsame soziale, politische oder religiöse Interessen: Man engagiert sich in der gleichen Partei oder in der Gemeindearbeit (Kontakt – Wir – Ur-Wir);

Finanzielle Verflechtungen: Hausbau, Geschäftsübernahme, gemeinsame Schulden, Gemeinsamkeit durch Zugewinn (Leistung – Ich – Du);

Der Monopolsexualismus: Beschränkung der sexuellen Aktivitäten auf die bestehende Partnerschaft, verbunden mit sexueller Abhängigkeit; man ist auf die sexuelle Bedürfnisbefriedigung durch den Partner angewiesen (Ich – Du – Mittel der Sinne);

Gemeinsame Ziele durch gemeinsame Kinder: Kinder als biologischer Sinn einer heterosexuellen Partnerschaft; sie stellen für beide Elternteile über viele Jahre hinweg einen Grund für eine Bindung dar (Familie – Ich – Du – Wir – Kontakt);

Seelische Abhängigkeiten: Ein Partner übernimmt die Ich-Funktion des anderen, man »umsorgt« einander (Ich – Du – Körper);

Geistige Verbundenheit: Sie besteht in der Hoffnung auf eine gemeinsame Zukunft, auch nach dem Tode (Ich – Du – Wir – Ur-Wir).

Partnerschaft als Generationspflicht

»Die alten Gewohnheiten sollte man nicht auf einmal aus dem Fenster werfen, sondern wie einen netten Gast bis zur Haustür geleiten.«

Orientalische Weisheit

Die Fähigkeit, an der Tradition festzuhalten

Geschichte: »Sechs Brote für alle«

Ein Mann kaufte täglich sechs Brote. Jeden Morgen ging er, bei jedem Wetter, in den Bazar und kaufte die Brote. Eines Tages fragte ihn ein Freund: »Sag doch, was tust du mit den sechs Broten, die du Tag für Tag kaufst. Soviel kannst du doch gar nicht essen?« Der Mann antwortete: »Eine Antwort will ich dir gerne geben. Höre: Ein Brot behalte ich, eines werfe ich weg, zwei gebe ich zurück, und zwei leihe ich aus.« Bei dieser Antwort schüttelte der Freund verständnislos den Kopf und sagte: »Ich verstehe kein Wort von dem, was du sagst. Erkläre dich deutlicher.« Da antwortete der andere: »Das Brot, das ich behalte, esse ich. Das Brot, das ich wegwerfe, gebe ich meiner Schwiegermutter. Die beiden Brote, die ich zurückgebe, reiche ich meiner Mutter und meinem Vater, und die beiden, die ich ausleihe, gebe ich meinen Söhnen.«

Erklärung:

Bei einer Partnerschaft, die als »Generationspflicht« verstanden wird, kommt es zu der Vorstellung, ab einem bestimmten Alter verheiratet sein und Kinder haben zu müssen. Oft stehen die Eltern als treibende Kraft dahinter. Sie möchten, daß ihre Söhne und Töchter eine gute Partie machen, und sie wollen die Enkelkinder verwöhnen. Zu solchen Hochzeiten werden mehrere hundert Personen geladen. Die Hochzeit wird zum Lebensziel.

Generationspflicht ist nicht selten mit Geschäftsinteresse gekoppelt: Ein Schwiegersohn muß das Geschäft übernehmen, also darf die Tochter nur einen Mann aus dieser Branche heiraten, der zudem noch fleißig ist. Sie besinnt sich ihrer »Generationspflicht« und fügt sich dem Wunsch des Vaters.

Fall: »Heirat zum Vorteil der Eltern«

Eine 27jährige Chemielaborantin, Arzttochter, die unter Ängsten und Depressionen litt, fiel dadurch auf, daß sie wenig eigene Initiative zeigte, gern irrealen Wunsch- und Zukunftsvorstellungen nachhing, es aber nicht schaffte, wie sie es ausdrückte, »ihr Leben in den Griff zu bekommen«. Eines ihrer immer akuter werdenden Probleme beschrieb sie so:
»Ich glaube, daß meine Eltern es gern sehen würden, wenn ich verheiratet wäre und Kinder hätte. Den Wunsch nach Enkelkindern äußern sie in letzter Zeit öfter. Vielleicht hängt es auch damit zusammen, daß nicht nur ich älter werde, sondern auch sie. Aber nur um seinen Eltern einen Gefallen zu tun, möchte ich nicht heiraten. Meine Eltern sähen es am liebsten, ich heiratete einen Arzt, der die väterliche Praxis übernimmt, und ich zöge dann mit dem Partner ins Elternhaus. So würden sich vermutlich für meine Eltern einige Probleme lösen.«

Deutung: »Drei Reaktionen auf Tradition«

In jeder Partnerschaft kommt der Aspekt der Tradition zum Tragen. Einmal sind dies die Erwartungen, Aufgabenstellungen und Wünsche, die ich selber als Antwort auf meine Entwicklungsgeschichte und meinen Traditionsbereich mitbringe. Zum anderen sind es die meines Partners. Beide Traditionswelten mit ihren unterschiedlichen Inhalten und Zielprojektionen treffen aufeinander. Hinzu kommt die Frage, inwieweit diese Welten mit den Bedingungen der neuen Zeit übereinstimmen. So lassen sich drei Formen des Umgangs mit der Tradition beschreiben. In jedem Fall sind Kombinationsmöglichkeiten mitzubedenken, die durch das Aufeinandertreffen von Traditionskonzepten entstehen (transkultureller Aspekt).

1. *Der mumifizierte Typ:* Die Beziehung zur Tradition ist gut. Tradition ist die Leitlinie des Lebens. Man übernimmt die Normen und Regeln, die in der vorhergehenden Generation Gültigkeit hatten, hält an ihnen fest und vertritt sie auch, wenn die Bedingungen, unter denen sie einst Gültigkeit hatten, sich geändert haben. Dieser konservative Umgang mit Traditionen gibt Sicherheit in der Orientierung des Lebensplanes, bietet einen klaren Standpunkt, verhindert neue Verunsicherungen, gewährt dies aber nur um den Preis von Starrheit, Fixierung und Verabsolutierung.
Übertragen auf die Partnerschaft heißt das: Auch wenn Sexualität für den Mann ein Problem darstellt, wird er doch äußern: »Darüber spricht man nicht. Das ist etwas, was jeder Mensch mit sich selbst austragen

muß. Wir müssen uns damit abfinden.« Sexualität duldet er als notwendiges Übel. Mit der Heirat zollt er der Tradition seinen Tribut; der Beischlaf dient als Erfüllung der Fortpflanzungspflicht. Sein Motto für die Ehe lautet: »Treue bis zum Tod«. Sexuelle Betätigungen, die den offiziell zugelassenen Rahmen überschreiten, werden soweit wie möglich unterdrückt oder mit Schuldgefühlen besetzt.

Bei dem *sexuellen Erwartungstyp* verbinden sich Ängste vor der sexuellen Betätigung meist mit anschließenden Schuldgefühlen. Frigidität und Impotenz nehmen einen großen Raum ein. In der Partnerschaft finden sich Verhaltensweisen und Einstellungen, in denen die passive Erwartungshaltung vorherrscht. Neben der »Partnerschaft als Generationspflicht« gehören zu diesem Typ »Partnerschaft als Fessel«, »Partnerschaft aus Höflichkeit und Dankbarkeit«, »Partnerschaft als Ergänzung«, »Partnerschaft als Wunschtraum«, »Partnerschaft als Besitz«, »Partnerschaft als Karitativanstalt«, »Partnerschaft als religiöse Aufgabe«, »Partnerschaft als Ruhestätte« und »Partnerschaft als Treuepakt«.

2. *Der revoltierende Typ:* Er wendet sich kategorisch von den alten Überlieferungen ab und möchte am liebsten überhaupt nichts mit ihnen zu tun haben. Da er auf tradierte Bewältigungsstrategien verzichtet, hat er die Möglichkeit, neue, eigene und damit zeitentsprechende Lösungsmöglichkeiten zu entdecken. Ohne die von der Tradition gewährten Sicherheiten versucht er allein oder gemeinsam mit dem Partner die volle Verantwortung für die Partnerschaft zu tragen. Der Preis dafür ist Unsicherheit, Überforderungen, soziale Isolierungen und eine für diesen Typ charakteristische Illusion: Aus Protest gegen seine Familientradition, die seiner sozialen Klasse oder seines Kulturkreises, gerät er auf der Suche nach neuen Lösungen in den Bann anderer Traditionen. Was als Revolution gegen die Tradition gedacht war, ist mitunter nur Austausch von Traditionen.

In der Partnerschaft zeigt sich ein solcher Mensch gern als *sexueller Leistungstyp*. Die sexuelle Erfahrung wird zum Maßstab des Selbstwertes. Es werden so viele sexuelle Erfahrungen wie möglich gesammelt, ohne Rücksicht auf die Qualität (Liebe) dieser Begegnungen. Der Partner wird zum Objekt. Geliebt wird dann nicht der Mensch, der Träger von Eigenschaften, sondern die von ihm losgelösten Eigenschaften und Eigenarten.

Der Bruch mit der Tradition zeigt sich in der Offenheit und dem Wunsch, bei jeder Möglichkeit über Sexualität zu reden, nach dem Motto: »Sex macht Spaß, und alles, was Spaß macht, ist erlaubt.« Trotz der demonstrierten Freizügigkeit stellen sich auch hier typische Störungen ein: Angst vor sexuellem Versagen, Angst vor partnerschaftlichen Bindungen und seelische und körperliche Überforderungen. Neben der »Partnerschaft als Leistung« gehören zu diesem Typ die »Partnerschaft aus Geschäftsinteresse«, »Partnerschaft als Ausbildungsstätte«, »Partnerschaft als Bestrafung«, »Partnerschaft als Entspannung«, »Partnerschaft um jeden Preis«, »Partnerschaft als Selbstwertbestätigung«, »Partnerschaft als Konsequenz«, »Partnerschaft als Wissenschaft« und »Partnerschaft als Triebbefriedigung«.

3. *Der indifferente Typ:* Er möchte an den Traditionen seiner Familie festhalten, sich zugleich aber von ihnen befreien. Hinter diesen Solidaritätskonflikten steht zumeist die Konkurrenzsituation zwischen der Herkunftsfamilie und der eigenen Partnerschaft: Man möchte das Neue, will aber das Alte nicht loslassen. Mitunter gelingt die Integration, vor allem dann, wenn die neue und die alte Welt nicht so verschieden sind und der Partner kompromißbereit ist. Wenn aber der Indifferente zwischen die Traditionsgebote seiner Familie und die Forderungen seines Partners gerät und durch die Aufgabe, Unvereinbares zu vereinen, überfordert ist, beginnt das für ihn typische Leiden. Er fühlt sich hin- und hergerissen, ja sogar innerlich zerrissen, spaltet sich auf in das »brave Kind« sowohl seiner Eltern als auch seines selbständigen Partners. Er will es allen recht machen, macht es aber, wenn das Unglück es will, keinem mehr recht.

In der Partnerschaft zeigt der *sexuelle Entlastungstyp* eine Einstellung, die wir als Doppelmoral bezeichnen. Gesellschaftliche Normen werden nach außen hin anerkannt – gleichzeitig findet die Sexualität im Doppelleben oder im Bereich der Phantasie ein Ventil. Die Ehefrau, die von ihrem Mann absolute Treue verlangt und sich ihm gegenüber womöglich frigide gibt, hat einen Hausfreund. Der Mann erklärt vor anderen, Sexualität sei kein Problem, man habe den nötigen Abstand dazu. Zu Hause wird in der Phantasie herbeigesehnt, was man zuvor abgelehnt hat.

Oder man simuliert den »Offenen«, will aber lediglich eigene Hemmungen und Ängste verbergen. Man bagatellisiert sexuelle Probleme oder bauscht sie auf. Harmlose Gespräche werden vor Freundinnen zu Heiratsversprechen oder zur wilden Liebesnacht. Männer erzählen von ihren Chancen bei Frauen, die sie aber nicht wahrgenommen haben, weil sie es »nicht nötig hatten«.

Oft bestehen sexuelle Probleme, die jedoch nicht als solche wahrge-

nommen werden, sondern auf den Beruf und die Mitmenschen verschoben werden. Charakteristisch sind Entscheidungsunfähigkeit oder
-verzögerung: »Wenn ich ... habe, dann kann ich leichter eine Entscheidung treffen.«

Ist man verheiratet, wünscht man sich, doch lieber ledig geblieben zu
sein, und trauert der verlorenen Freiheit nach. Zu diesem Typ gehören
auch all die Menschen, die heiraten, feststellen, daß sie nicht zusammen
leben können, sich scheiden lassen, feststellen, daß sie nicht getrennt
leben können, und schließlich als Geschiedene wie ein Ehepaar zusammenleben. Formen der Partnerschaft, die hier einzuordnen sind: »Partnerschaft als Balanceakt«, »Partnerschaft als Doppelblindversuch«,
»Partnerschaft als Befreiung«, »Partnerschaft als Doktorspiel«, »Partnerschaft als Notlösung«, »Partnerschaft als Neugierkonsum«, »Partnerschaft als Theater« und »Partnerschaft als Zärtlichkeitsempfang«.

Andere Kulturen:

In den wellenförmig anmutenden, konservativen traditionserhaltenden
Strömungen gewinnt das »Mumifizierungsmodell« zeitweilig immer
wieder an Bedeutung. Ein Beispiel dafür mag die islamische Bewegung
der Staaten des Mittleren Ostens sein. Hier wird der vermeintlichen
Bedrohung der religiös-gesellschaftlichen Werte ein bewußter Rück-
griff auf die islamische Tradition entgegengesetzt und militant-fana-
tisch propagiert. Andere Religionen, wie die Baha'i-Religion, werden
dann offen unterdrückt und verfolgt.

Für die Partnerschaft hat diese Strömung die Wiedereinführung über-
kommener Geschlechtsrollen zur Folge, die für die Frau den Chadoor
und die Enthaltsamkeit im Kontakt mit Männern außerhalb der Großfamilie fordern, für den Mann dagegen eine Zunahme der patriarcha-
lischen Rechte bedeuten. Im westlichen Abendland haben Traditionen
eine weniger augenfällige Bedeutung. Sie machen sich jedoch als Unter-
strömungen bemerkbar, die mit erstaunlicher Kraft die Orientierung
von Menschen bestimmen. Bewußt wird eher der Typ des Revoltierenden oder des Tolerant-Indifferenten vertreten.

Praktische Konsequenzen

Zu welchem Typ man gehört, ist keine Entscheidung des freien
Willens. Mitunter merkt man erst, wie man reagiert hat, wenn man
beginnt, sich zu beobachten und die Beobachtungen zu differen-

zieren. Die meisten traditionellen Verpflichtungen, wie sie durch »Generationspflicht« weitergegeben werden, sind mit dem eigenen Selbstwertgefühl verknüpft. Man hat sich mit ihnen identifiziert und sie zum Teil des eigenen Ichs gemacht. Es kommt darauf an, den Traditionsaspekt positiv zu begreifen und ihn aus den emotionalen Verstrickungen durch Ablösungsgefühle, Schuldvorwürfe und Trennungsängste zu lösen. Hilfen im Umgang damit sind die Fragen:

Zu welchem Typ gehöre ich gerade im Umgang mit dem mich im Augenblick bewegenden Problem? Welche Position vertritt mein Partner? Welche traditionsbezogenen Inhalte sind daran beteiligt (Ordnung, Sauberkeit, Treue, Leistungsverpflichtung etc.) und was bedeuten sie für uns? Welche Möglichkeiten der sozialen Beziehungen läßt das Traditionskonzept zu, welche fordert es und welche sozialen Beziehungen werden vernachlässigt oder blokkiert? Welches Instrumentarium steht uns im Rahmen unseres Traditionskonzeptes zur Verfügung und wie können wir es sinnvoll erweitern im Sinne der Fähigkeit, uns schrittweise von der Tradition zu befreien?

Partnerschaft aus Geschäftsinteresse

> »Um der Schönheit willen heiraten ist ebensoviel, als
> um der Rose willen ein Landgut kaufen. Ja, das letzte-
> re wäre noch vernünftiger; denn die Rosenzeit
> kommt doch jährlich wieder.«
>
> *Kotzebue*

Die Fähigkeit, nicht die Katze im Sack zu kaufen

Geschichte: »Ein guter Tausch«

Eine Frau fragt ihre beste Freundin, wie es denn ihrem letzten Verehrer, einem reichen älteren Mann, gehe, und erhielt folgende Antwort: »Ich glaube, ihm geht es gut. Wir hatten ein Tauschgeschäft miteinander. Am Anfang hatte ich die Erfahrung und er das Geld. Jetzt habe ich das Geld und er die Erfahrung.«

Erklärung:

Auch wenn man gern den Versuch unternimmt, Partnerschaft und Lie-be idealisierend zu entmaterialisieren, so ist nach den Erkenntnissen des »Volksmundes« die materielle Basis sicherer als das Strohfeuer der Verliebtheit. So scheint die Geschäftsbeziehung gar nicht so weit von der Partnerbeziehung entfernt zu sein. Dies wird spätestens beim Offenbarungseid der Partnerschaft, der Scheidung, deutlich, die weniger vom emotionalen Bereich handelt als vom materiellen, von dem, was so sinnig »Vermögen« heißt. Bereits bei der Partnerwahl spielen die Vermögensverhältnisse eine Rolle, und zwar um so mehr, je geschlossener und traditionsgelenkter die Gesellschaft ist. Sprichwör-ter künden davon: »Wo Tauben sind, fliegen Tauben dazu«. »Wer nichts erheiratet oder erwirbt, bleibt ein armer Teufel bis er stirbt«. »Andere mögen Kriege führen, du, glückliches Österreich, heirate«.
Gesucht wurden früher vor allem materielle Sicherheit und gesellschaft-licher Status, für sich selbst, aber auch für die Nachkommen, denen man sich verpflichtet fühlte. So mußten in landwirtschaftlichen Bereichen persönliche Wünsche dem Erhalt des Hofes untergeordnet werden. Zu dem Wunsch, durch Heirat aufzusteigen, trat auch die Neigung, »unter sich«, das heißt auf dem gleichen gesellschaftlichen und finanziellen Niveau, zu heiraten. So finden sich unter den Motiven einer Partner-schaft auch materielle, finanzielle und statusorientierte Aspekte:

Was ist Lebensstandard? Wenn man Geld ausgibt, das man nicht hat, um Dinge zu kaufen, die man nicht braucht, damit man Leuten imponieren kann, die man nicht mag.

Fall: »Die Ehe als Interessengemeinschaft«

Eine 46jährige, mit einem Geschäftsmann verheiratete Frau, die sich offenkundig in diesem Metier auskannte, vertrat die Ansicht: »Ich bin der Meinung, daß diese Form der Liebe und Partnerfindung die am weitesten verbreitete ist. Allein in meinem Bekanntenkreis kenne ich viele Ehen, die auf dieser Basis aufgebaut sind, und meistens funktioniert eine solche Partnerschaft auch ganz gut. Das Hauptinteresse beider Partner gilt dem gemeinsamen Geschäft, der Praxis oder der finanziellen Unabhängigkeit. Dem emotionalen Bereich wird weniger Bedeutung beigemessen. Die Ehe ist in erster Linie eine Interessengemeinschaft.«

Nach dem plötzlichen Tod ihres Mannes fiel ihr die Aufgabe zu, die Finanzen zu verwalten, die sie zuvor nur genießen konnte. Dabei erfüllte sie stetes Mißtrauen gegenüber eventuellen Partnern, die es eben nur auf ihr Geld abgesehen haben könnten. Sie versagte sich dadurch soziale Kontakte und Partnerschaften und entwickelte Ängste, depressive Verstimmungszustände und Selbstmordabsichten. Im Rahmen der Psychotherapie nahm die Patientin eine andere Beziehung zum Geld und zur Sparsamkeit auf; sie lernte, mit Geld umzugehen, sich aber nicht vom Geld und der Sparsamkeitsmoral beherrschen zu lassen.

Deutung: »Hast du was, dann bist du was!«

Man heiratet eine Frau, weil man von ihr im Geschäft, in der Praxis oder in seinem Beruf Nutzen erwartet, weil sie steuerliche Vorteile bringt, weil sie durch ihr Aussehen und ihr Auftreten für den Betrieb einen Gewinn bedeutet. Eine Patientin sagte: »Für meinen Mann bin ich nur ein Aushängeschild. Er nimmt mich überall mit, und ich darf für ihn repräsentieren. Zu Hause ist er zu mir ganz anders als vor anderen.«

Nicht selten konnten wir folgende Entwicklung beobachten: Ist das Geschäft aufgebaut, das Studium beendet, die Praxis eingerichtet, verliert der Mann das Interesse an seiner Frau und sucht sich eine andere Partnerin. Im Zeichen der Emanzipation kann dies auch von der Frau ausgehen: Eine Frau verspürt nach Beendigung einer Ausbildung plötzlich das Bedürfnis nach Freiheit und will sich scheiden lassen, nachdem der Ehemann zuvor die Kosten der Ausbildung übernommen hat.

Andere Kulturen:

Eine der eindrucksvollsten Public-relation-Aktionen der »Partnerschaft als Geschäftsinteresse« ist die Hochzeit. Hier zeigt man, was man hat, und poliert sein Image auf, indem man sich an Verwandte erinnert, die längst vergessen waren, und an Freunde der Familie, zu denen die Beziehung wiederbelebt wird. Dies geschieht mitunter nach dem Motto: »Schaut her, was ich habe. Schönheit paßt zum Vermögen.«

Im Kontrast zu derartig aufwendigen Demonstrationen steht in Mitteleuropa die betonte Schlichtheit: »Bei uns kommt es nicht aufs Äußere an. Wir schließen unser Bündnis auf der Grundlage innerer Werte.«

Im Orient dagegen steht die Partnerwahl bis hin zum Höhepunkt der Hochzeit im Zeichen der Großfamilie. Das vorsichtige Abwägen, ob die Verwandtschaft des einen Partners und die des anderen überhaupt zusammenpassen, ob es nicht besser sei, beide Verwandtschaften getrennt zu lassen und auf eine Feierlichkeit ganz zu verzichten, um so unnötige Konfrontationen und Enttäuschungen zu vermeiden, spielt hier kaum eine Rolle. Diese Fragen sind bereits im Vorfeld geklärt. Entsprechend aufwendig geraten dann die Festlichkeiten, in denen sich die Familien des Mannes und der Frau in ihrer Investitionsbereitschaft am liebsten gegenseitig überbieten.

Für die »Partnerschaft aus Geschäftsinteresse« ist die Mitgift das Startkapital des gemeinsamen Unternehmens, zumindest die »Geschäftsbeteiligung« des weiblichen Partners. Meist wird von diesem Anteil in den Bereich investiert, der das spätere Tätigkeitsfeld der Frau darstellt: die Wohnung und den Haushalt. Im Orient hinterlegt die Frau gern einen Teil der Mitgift als Erziehungsgeld für ihre Kinder. Deren Ausbildung ist dann ihr Stolz, das Geld gewissermaßen materialisierte Mutterliebe, durch welche die familiären Bindungen intensiviert werden. Ein weiterer Aspekt der Mitgift ist die soziale Versicherung, die weniger von der Gesellschaft aufgrund der erbrachten Leistungen getragen wird, sondern von dem familiären Umfeld. In diesem Sinne verteilen Eltern ihr Vermögen an ihre schon verheirateten Kinder und warten nicht erst, bis diese durch den Todesfall die Erbschaft antreten können.

In Deutschland dagegen beobachten wir häufig folgende Konstellation:

In ihren jungen Jahren werden die Kinder auch von begüterten Eltern knapp gehalten und sollen »erst selbst einmal Geld verdienen«.

So müssen, auch im Zeichen der »Selbständigkeit«, am Anfang der Ehe beide arbeiten gehen und mit verhältnismäßig geringen Mitteln ihre Existenz gründen. Dann aber, wenn sie finanziell abgesichert sind, dürfen sie Haus und Vermögen ihrer Eltern erben, mit dem sie oft nichts mehr anzufangen wissen. Dabei mag von seiten der Eltern neben dem Wunsch, selber so lange wie möglich unabhängig zu bleiben und den Kindern nicht zur Last zu fallen, auch die Angst eine Rolle spielen, mit der Übergabe des Vermögens sich an die Kinder und deren Partner auszuliefern. Andererseits entstehen gerade dadurch Spannungen, daß sich die Kinder und vielleicht besonders gern die Schwiegertöchter und -söhne von den Schwiegereltern stiefmütterlich behandelt und benachteiligt fühlen und in dem vorenthaltenen Vermögen ein Stück Bosheit sehen.

Im Vergleich zur orientalischen ist die mitteleuropäische Mitgift mehr ein »Blümchen«, das im Bescheidenen blüht. Nicht etwa, daß sie kleiner wäre. Man spricht einfach nicht so gern davon. Was man der Mitgift verdankt, hat man nicht selbst geschaffen. Es stört die Illusion von Unabhängigkeit und Selbständigkeit.

Praktische Konsequenzen:

Die Wertigkeit der materiellen Basis einer Beziehung läßt sich vor dem Hintergrund folgender Fragen beantworten:
Ist die materielle Seite für die Beziehung primär oder sekundär? Was bedeutet für mich finanzielle Sicherheit, finanzieller Erfolg oder Verlust? Was würde ich machen, wenn ich keine finanziellen Probleme hätte; bliebe ich dann noch bei meinem Partner? Kann ich mit den geschäftlichen Dingen auch ohne meinen Partner umgehen, oder bin ich auf ihn angewiesen? Was könnte geschehen, wenn ich/mein Partner plötzlich nur mit dem Existenzminimum leben müßte? Wie habe ich gelernt, mit Geld, Finanzen und Vermögen umzugehen? Wozu benötige ich das Vermögen? Für mich selber? Für meine Kinder und Nachkommen? Für den Kreis von Menschen, für den ich mich verantwortlich fühle? Für die soziale und gesellschaftliche Entwicklung? (Hier lohnt sich die Frage nach der eigenen Beziehung zum Zahlen von Steuern.) Für Notleidende im eigenen Land und in Entwicklungsländern? (Umgang mit Spenden.) Habe ich mir Gedanken darüber gemacht, wie man mit mei-

nem Vermögen, dem von mir Geschaffenen, nach meinem Tod umgeht?

Es lohnt sich manchmal, sein eigenes Verhalten genauer zu betrachten, es mit dem anderer Menschen und Kulturen zu vergleichen: Was von meinem Besitz ist Teil meiner Einzigartigkeit, auf den ich entweder nicht verzichten kann oder nicht verzichten möchte, und was davon ist eine Last, die mich und meinen Partner im Kontakt mit unserer Wirklichkeit behindert? Wodurch haben wir im Verlauf unserer Entwicklung Besitz erworben, welche Bedeutung hat Besitz für mich, für meinen Partner, für andere Menschen und für mein Gewissen, und wie kann ich neue Lösungen und Kompromisse finden?

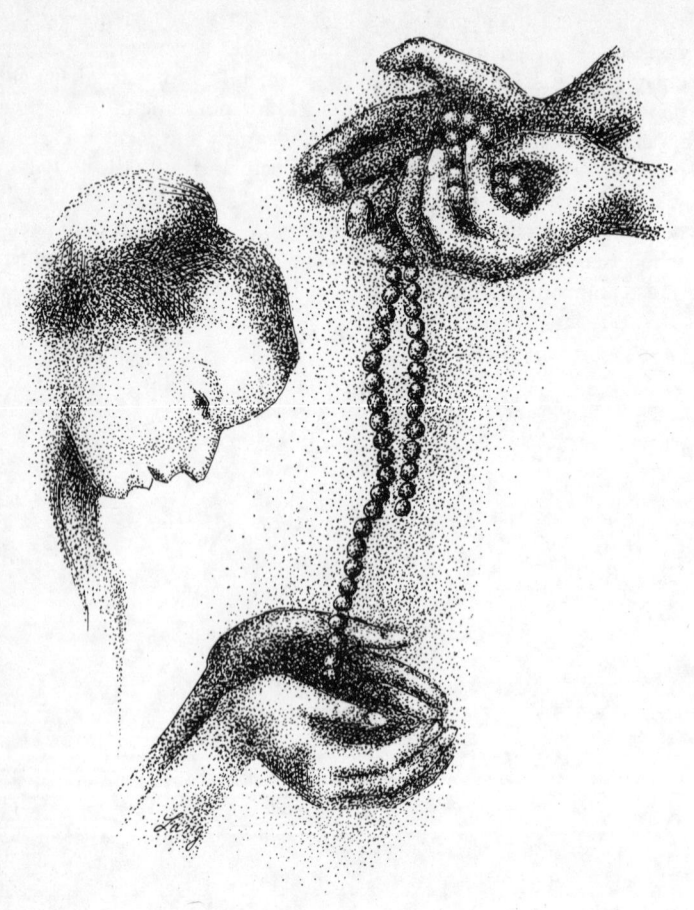

Partnerschaft aus Höflichkeit und Dankbarkeit

> »Gesegnet ist, wer geschmückt ist mit dem Mantel der
> Aufrichtigkeit und erleuchtet ist mit dem Licht der
> Höflichkeit.«
> *Aus den Bahá'i-Schriften*

Die Fähigkeit, bei sich Gefühle der Abhängigkeit zuzulassen

Geschichte: »50 Jahre Höflichkeit«

Ein älteres Ehepaar feierte nach langen Ehejahren das Fest der Goldenen Hochzeit. Beim gemeinsamen Frühstück dachte die Frau: »Seit 50 Jahren habe ich immer auf meinen Mann Rücksicht genommen und ihm immer das knusprige Oberteil des Brötchens gegeben. Heute will ich mir endlich diese Delikatesse gönnen.« Sie schmierte sich das Oberteil des Brötchens und gab das andere Teil ihrem Mann. Entgegen ihrer Erwartung war dieser hocherfreut, küßte ihre Hand und sagte: »Mein Liebling, du bereitest mir die größte Freude des Tages. Über 50 Jahre habe ich das Brötchen-Unterteil nicht mehr gegessen, das ich vom Brötchen am allerliebsten mag. Ich dachte mir immer, du solltest es haben, weil es dir so gut schmeckt.«

Erklärung:

Partnerschaft wird manchmal zur »Gegengabe«, zu der sich jemand verpflichtet fühlt; sie erhält gewissermaßen Tauschwert. Familiensituationen mit starken emotionalen Beziehungen, die auf der Familienstruktur oder dem überbeschützenden Verhalten einer Bezugsperson beruhen, können verpflichtende Wirkung ausüben. So wird aus der Partnerwahl, die an sich ein Akt der Loslösung aus dem primären Familienverband ist, ein Akt der Unterwerfung unter die Wünsche der Bezugspersonen. Die Ablösung kann nicht vollzogen werden. Trotz der Trennung vom Elternhaus bleibt man Kind in infantiler Abhängigkeit.

Konkret kann dies so aussehen, daß die Eltern oder andere Angehörige eine Partnerwahl vorwegnehmen oder Einfluß auf bereits getroffene Partnerwahlen nehmen; man fügt sich aus Höflichkeit oder Dankbarkeit in die bereits explizit oder implizit antizipierte Entscheidung.

Diesen Gehorsamsanforderungen wird mit ambivalenter Haltung

nachgekommen; Schuldgefühle aufgrund der Auflehnung dagegen werden durch betonte Unterordnung überkompensiert. Solche Gehorsamsforderungen können zum Beispiel so aussehen: »Du kannst es uns doch nicht antun, diesen Menschen zu heiraten, der es nicht einmal für nötig hält, uns auf der Straße zu grüßen, ganz abgesehen davon, wie der überhaupt rumläuft. Dafür haben wir dich nicht erzogen.«

Die Abhängigkeit kann sich gleichermaßen auf finanzielle und moralische Verpflichtungen ausdehnen. So berichtete eine Patientin, sie sei als junges Mädchen mit einem Mann ins Bett gegangen, weil er ihr eine Arbeitsstelle vermittelt habe. Eine andere Patientin hatte einen Mann geheiratet, weil dieser ihren Eltern finanziell geholfen hatte.

Fall: *»Ich darf nicht undankbar sein«*

Höflichkeit und Dankbarkeit können auch innerhalb der Partnerschaft zu tragenden Säulen werden, die Trennungswünsche wegen der Forderung »Ich darf nicht undankbar sein« verhindern.

Eine 24jährige Arzthelferin beschrieb, wie sie aus ihrer Abhängigkeit von den Eltern in eine ähnliche Abhängigkeit von ihrem Partner geriet: »Ich habe mich immer den Wünschen und Bedürfnissen des Partners unterworfen und nie meine Wünsche geäußert, zum Beispiel mit dem Gefühl und den Gedanken: ›Bist du ein liebes Mädchen, bleibt er bei dir. Ein liebes Mädchen verläßt man nicht.‹ Ich war ihm gegenüber abhängig wie ein Kind.«

Leicht wird jedoch die Hoffnung auf Harmonie, die sich auf Höflichkeit und Dankbarkeit gründet, enttäuscht. Diese Enttäuschung ist immer dann als abendländische Variante zu betrachten, wenn das Selbstbewußtsein und die Angst vor Abhängigkeit größer sind als die Bereitschaft, sich ein- und unterzuordnen.

Ein 34jähriger Beamter, der sich sehr stark in das Dankbarkeitssystem verstrickt fühlte, bereitete seinen Eltern mit der Wahl seiner Frau eine Überraschung: »Auch ich bekam von meinen Eltern (geschieden) manchmal zu hören: ›Such dir ein Mädchen, das zu uns paßt!‹ Als ich dann heiratete, war der Schock perfekt. Die ach so erwünschte brave Schwiegertochter, die sich der Schwiegermutter möglichst unterordnete, dabei noch Enkel produzierend, brav am Herd stehend, möglichst strickend vorm Fernseher hockend, entpuppte sich als selbstbewußte Frau, die meine Eltern sofort auf die gewünschte Größe zurechtstutzte. Von einer liebevollen Familienbindung kann bei uns – in Beziehung zu meinen Eltern – nicht gesprochen werden.«

Anzumerken bleibt, daß auch der Mann Schwierigkeiten mit der selbständigen Frau hatte. Nachdem sie gewissermaßen stellvertretend für ihn die Revolte gegen seine Eltern eingeleitet hatte, stellte er sich später immer mehr schützend vor sie und ließ sich schließlich von seiner Frau scheiden. Die entsprechende orientalische Szenerie zeigt folgendes Fallbeispiel:

Ein junger Mann, nach seinem Studium nach Persien zurückgekehrt, wurde von all seinen Verwandten bestürmt: Jede Tante hatte für ihn eine Braut. Seine Lieblingstante, zugleich seine Erbtante, legte ihm ein Mädchen mit warmen Worten ans Herz. ›Sie denke nur an sein Glück!‹ Sie habe sich seit Jahren so sehr um ihn gesorgt. Jetzt habe sie eine reizende Braut für ihn gefunden, die sie als anständiges, ordentliches und treues Hausmütterchen kennengelernt habe. Diese Frau und keine andere dürfe er heiraten. Aus purer Höflichkeit, und ohne seine Braut näher zu kennen, sagte er ja.

Eng verwandt mit der Liebe aus Höflichkeit ist die Liebe aus Dankbarkeit.

Deutung: »Es kommt nicht nur darauf an, was man sagt, sondern auch, wie man es sagt«

Zum positiven, das heißt zum tatsächlichen Wesen von Höflichkeit und Dankbarkeit gehören folgende Aspekte: die Fähigkeit, bei sich Gefühle der Abhängigkeit zuzulassen, Unselbständigkeit, mangelnde Offenheit bezüglich der eigenen Gefühle, Angepaßtheit und Verlust an Identität, aber auch Anteile der Kompromiß- und Verständigungsbereitschaft, um im Sinne von Kommunikation Brücken zu bauen. Dankbarkeit und Höflichkeit brauchen jedoch eine Erweiterung: Offenheit und Ehrlichkeit sich selbst und anderen gegenüber.

Das Verhältnis von Höflichkeit und Ehrlichkeit kann zum Schlüsselkonflikt auf der Straße der Verbalisierung werden. Höflichkeit bedeutet hier: Anerkennung der konventionellen Formen der zwischenmenschlichen Beziehungen;

Vernachlässigung eigener Bedürfnisse und Interessen gegenüber den Bedürfnissen und Interessen der anderen;

und schließlich sozialbezogene Aggressionshemmung: »Ich habe Angst, meine Meinung offen zu sagen, weil ich die freundlichen Blicke der anderen nicht verlieren möchte.«

Ehrlichkeit dagegen bedeutet, sich für eigene Interessen und Bedürfnisse einzusetzen, auch gegen die Interessen anderer: »Ich sage immer meine Meinung, gleichgültig, ob es anderen paßt oder nicht.«

Wir unterscheiden drei Reaktionstypen:

1. *Der Höfliche:* Er hält aus Rücksicht auf andere mit seiner Meinung hinter dem Berg: »Das kann ich doch nicht sagen.« Auf der anderen Seite hegt er die Erwartung, daß die anderen ihm seine Wünsche von den Augen ablesen: »Das können sie sich doch denken.« Die enttäuschten Erwartungen sammeln sich hinter der Maske der Höflichkeit und äußern sich darin, daß der Höfliche sich zurückzieht oder psychosomatische Beschwerden entwickelt. »Die hätten sich doch denken können, daß ich mich dafür interessiere. Statt dessen denken sie nur an sich. Mit solch egoistischen Menschen kann ich nicht zusammenleben.«

2. *Der Ehrliche:* Er sagt seine Meinung geradeheraus, sagt, was er denkt, gleichgültig, ob er seine Partner damit verletzt oder nicht: »Ich habe ihm meine Meinung gesagt. Wenn er das nicht verträgt, kann er mir gestohlen bleiben.« Er drückt seine Interessen durch und gilt daher als Egoist. Von seiner Umgebung wird seine Ehrlichkeit unter Umständen sogar geschätzt. Häufiger ist jedoch das Unverständnis der anderen, die sich durch den »Egoismus« brüskiert fühlen. Folge davon können Schuldgefühle sein.

3. *Der Wankelmütige:* Er pendelt zwischen Höflichkeit und Ehrlichkeit, zwischen Aggression und Schuldgefühlen: »Es tut mir leid, daß ich so schonungslos mit ihm umgegangen bin, ich weiß nicht, wie ich es wiedergutmachen kann.« »Lange Zeit habe ich nichts gesagt und alles hinuntergeschluckt. Jetzt ist mir aber der Geduldsfaden gerissen, und ich habe ihm Wort für Wort gesagt, was ich von ihm denke.«

Es gilt kommunikative Fähigkeiten zu entwickeln, die beispielsweise darin bestehen, daß man sich traut zu sagen, was einem gefällt oder nicht gefällt, was man möchte oder ablehnt; daß sich die anderen akzeptiert fühlen und daß sie verstehen können, was man meint.
Außerdem werden metakommunikative Fähigkeiten angesprochen, die darin bestehen, daß man in der Lage ist, Kommunikationsstörungen zu erkennen; ihre Bedingungen und Ursachen zu erfassen; die beteiligten Mißverständnisse und Konzepte wahrzunehmen; und mögliche Störungen zu beheben.

Andere Kulturen:

Im Abendland beobachten wir die Tendenz, die Offenheit besonders hervorzuheben, was zuweilen mit einer Vernachlässigung der Höflichkeit gegenüber dem Partner einhergeht. Anpassung und Dankbarkeit werden mitunter als Unterdrückung der eigenen Wünsche und Bedürfnisse, ja sogar der ganzen Persönlichkeit interpretiert. Sie werden losgelöst von der jeweiligen Situation betrachtet und führen daher zu Mißverständnissen.

Im Orient besteht dagegen die Neigung, die Höflichkeit, die sich am Kontakt orientiert, zu betonen, wobei die Offenheit vernachlässigt werden mag. Die mangelnde Offenheit wird jedoch nicht wie im Abendland als Beeinträchtigung der Persönlichkeit erlebt.

Beim Zusammentreffen von Menschen, die unterschiedlichen Kultur- und Erziehungskreisen entstammen, entwickeln sich leicht Spannungen. Sie sind in der Regel darauf zurückzuführen, daß unterschiedliche Verhaltensmuster und verschiedene Erwartungen aufeinanderstoßen. Man stelle sich vor, ein Partner habe gelernt, besonders auf Höflichkeit zu achten. Er wird versuchen, gegenüber dem Partner Aggressionen zu vermeiden, jedoch zugleich eine recht geringe Toleranzschwelle gegenüber dessen Unhöflichkeit entwickeln. Umgekehrt kann der Partner diese Haltung als heuchlerisch und unehrlich empfinden, da er es gelernt hat, geradeheraus seine Meinung zu sagen. Allein dieses Wechselspiel zwischen den Partnern wird unter Umständen genug Zündstoff liefern, um die Partnerschaft auseinanderfallen zu lassen.

Es kommt also darauf an, zwischen dem »Entweder-oder« von Höflichkeit oder Ehrlichkeit eine Integration zu finden, Orient und Okzident miteinander zu vereinen.

Praktische Konsequenzen:

Die Aktualfähigkeit »Höflichkeit« ist die Fähigkeit, die zwischenmenschlichen Beziehungen zu gestalten. Ihre Erscheinungsformen sind Verhaltensweisen, mit denen gesellschaftliche Verhaltensregeln anerkannt werden, Rücksicht, Achtung vor dem Partner und sich selbst sowie Bescheidenheit. Höflichkeit als Hintanstellung der eigenen Interessen und Bedürfnisse ist eine sozial begründete Aggressionshemmung. Für den Erwerb von Höflichkeit spielen das Lernen am Modell (zumeist am Modell der Eltern) und das Lernen am Erfolg (der eigenen Verhaltensweisen) eine Rolle. Die

Reaktion der Eltern auf scheinbar unhöfliches Verhalten der Kinder wiegt schwer. Die Art der zu erlernenden Höflichkeit wird zu einem wesentlichen Teil von der Kultur und den Normen der sozialen Schicht bestimmt.

Wie fragt man danach:
Wer von Ihnen legt mehr Wert auf Höflichkeit (Rücksicht, gutes Benehmen)? Sind Sie mehr höflich oder ehrlich? Achten Sie sehr darauf, was die anderen über Sie sagen? Schlucken Sie lieber den Ärger runter, als gute Beziehungen aufs Spiel zu setzen? Wer von Ihren Eltern legte mehr Wert auf gutes Benehmen?

Verhaltensregulative:
Höflichkeit formt nicht selten die Möglichkeit des Kontaktes. Statt »Los, gib her« besser: »Würdest du bitte…?« Was würden Sie sagen, wenn Ihr Partner Sie in gleicher Weise behandeln würde, wie Sie es mit ihm tun? In bezug auf welche Aktualfähigkeit (Sparsamkeit, Treue, Sexualität, Ordnung etc.) und wem gegenüber sind Sie besonders höflich? Es lohnt sich, sich auf seine Höflichkeitslücken hin zu kontrollieren!
Die Aktualfähigkeit »Ehrlichkeit/Offenheit« ist die Fähigkeit, offen seine Meinung zu äußern, seine Bedürfnisse oder Interessen mitzuteilen und Informationen zu geben. Wahrhaftigkeit und Redlichkeit zählen zur Ehrlichkeit. Ehrlichkeit in einer partnerschaftlichen Beziehung gilt als Treue, in der sozialen Kommunikation als Offenheit und Aufrichtigkeit. In dem Alter, in dem das Kind zu sprechen beginnt, kann es noch nicht klar zwischen Vorstellung und Wirklichkeit unterscheiden. Versteht der Erwachsene die Erlebnislogik des Kindes nicht und bestraft sie als Lüge, kann das eine Erziehung zur Unehrlichkeit begründen.

Wie fragt man danach:
Wer von Ihnen kann seine Meinung offener sagen? Haben oder hatten Sie Probleme mit sich oder Ihrem Partner wegen Unehrlichkeit (Situationen)? Wie reagieren Sie, wenn jemand Sie belügt (nennen Sie Situationen)? Sind Sie mit der Wahrheit großzügig oder eher übergenau, gebrauchen Sie ab und zu Notlügen? Erzählen Sie den anderen viel oder wenig von sich selber (Offenheit)?

Verhaltensregulative:
Das sagen, was man für richtig hält, aber es so sagen, daß es den Partner

nicht verletzt. Manche Menschen, die Ihnen jetzt Ihre Offenheit übelnehmen, werden Ihnen später dafür dankbar sein. Auch wenn es Ihnen vielleicht nicht schwerfällt, in der Partnerschaft ehrlich zu sein, ist es Ihnen im Beruf, wenn es um Geld geht, nicht mehr so leicht. Man wendet zumeist nicht in allen Lebensbereichen die gleichen Maßstäbe für Ehrlichkeit an. Motto: Beobachten Sie, bei welchen Aktualfähigkeiten und in welchen Situationen und wem gegenüber Ihnen Ehrlichkeit schwerfällt.

Kommunikationsschwierigkeiten werden meist dadurch begünstigt, daß der Betreffende nur seinen Konflikt und nichts anderes sieht. Die Reaktion auf seinen Konflikt hat für ihn den Charakter eines Schicksals. Er hat das Gefühl, er könne nicht anders, als sich über seinen Partner zu ärgern, sich zurückzuziehen oder Zuflucht in der Krankheit zu finden. Ziel ist es nun, für den Partner alternative Einstellungen und Verhaltensweisen zu entwickeln, die dieser speziellen Partnerschaft angemessen sind.

Hier bietet sich als Methode der Selbstkontrolle die »Ist-Wert/Soll-Wert«-Technik an:

In der ersten Spalte (Situation) wird eine aufgetretene Konfliktsituation kurz dargestellt: Worüber man sich wann, wo, wem gegenüber und unter welchen Bedingungen ärgerte, freute oder unwohl fühlte.

In der zweiten Spalte (Ist-Wert) wird beschrieben, wie man in der beschriebenen Situation reagierte: Wie hat man sich gefühlt, wie gehandelt, was hat man gesagt, was gedacht? In dieser Spalte wird auch versucht, die Frage zu beantworten: Warum reagiere ich in dieser Situation gerade so und nicht anders? Wer von meinen Bezugspersonen (Eltern, Geschwister, Lehrer, Chef) hätte ähnlich gehandelt? Schließlich stellt sich die Frage: Welche Konsequenzen hat meine Reaktion für mich und für die anderen?

In der dritten Spalte (Soll-Wert) wird dargestellt, wie man seiner Ansicht nach hätte besser reagieren können. Auch soll hier versucht werden, zu spezifizieren: Wozu würde diese alternative Handlungsweise führen?

Durch diese Situationskontrolle können beide Partner lernen, im Sinne von Höflichkeit und Ehrlichkeit besser über problematische Punkte zu sprechen und herauszufinden, welche Inhalte und Konzepte (Aktualfähigkeiten) an den Konflikten beteiligt sind. Auf diese Weise muß keiner der Partner aus Höflichkeit und Dankbarkeit Situationen ertragen, die ihn belasten oder krank machen.

Der Ist-Wert und der Soll-Wert

Situation	Ist-Wert	Soll-Wert
Worüber habe ich mich wann, wo, wem gegenüber und unter welchen Bedingungen geärgert oder gefreut?	Wie habe ich mich gefühlt, wie gehandelt, was habe ich gesagt, was gedacht? Warum reagiere ich in dieser Situation gerade so und nicht anders? Wer von meinen Bezugspersonen hätte ähnlich gehandelt? Welche Konsequenzen hat meine Reaktion für mich und für die anderen?	Wie hätte ich anders/besser reagieren können? Wozu würde diese andere Reaktion führen?

Beispiel für die »Ist-Wert/Soll-Wert«-Technik

Situation	Ist-Wert	Soll-Wert
Herr B. hat eine verantwortungsvolle Position. Abends kommt er sehr spät nach Hause. Seine Kinder sehen ihn fast nur noch am Sonntag. Zeit zum Spielen hat er so gut wie nie, da er am Wochenende private Korrespondenz erledigt.	Ehefrau: »Lebst du für deinen Beruf oder für mich und die Kinder? Du kannst dich jetzt entscheiden.«	Ehefrau: »Ich weiß, wie anstrengend dein Beruf ist, und wir wissen deine Leistungen auch zu schätzen. Können wir dir irgendwie helfen, daß du auch einmal Zeit für die Kinder und mich hast? Wir wollen versuchen, die Durststrecke gemeinsam zu überwinden.«

Partnerschaft als Karitativanstalt

»Sei nicht rachsüchtig, und trage den Söhnen deines
Volkes nichts nach, sondern liebe deinen Nächsten
wie dich selbst: Ich bin der Herr!«

3.Buch Mose, Kap.19, Vers 18

Die Fähigkeit, immer behilflich zu sein

Geschichte: »Willst du das Land in Ordnung bringen . . .«

Willst du das Land in Ordnung bringen,
mußt du erst die Provinzen in Ordnung bringen.
Willst du die Provinzen in Ordnung bringen,
mußt du die Städte in Ordnung bringen.
Willst du die Städte in Ordnung bringen,
mußt du die Familien in Ordnung bringen.
Willst du die Familien in Ordnung bringen,
mußt du die eigene Familie in Ordnung bringen.
Willst du die eigene Familie in Ordnung bringen,
mußt du dich in Ordnung bringen.

Erklärung:

»Liebe Deinen Nächsten wie Dich selbst!« Dieser Leitsatz aus der Bibel
stellt eine hohe moralische Anforderung an die Menschen allgemein,
vor allem aber an den Menschen, der sich für einen helfenden Beruf
entschieden hat. Oft liegt die Betonung auf dem »Nächsten«, und das
»Wie Dich selbst« wird vergessen. In der Partnerschaft beobachten wir
oft, daß die eigenen Wünsche und Forderungen, die im Sinne der Höflichkeit verleugnet werden, sich als subtile Bedürfnis- und Erwartungshaltung gegenüber dem Partner äußern. Der Partner gerät somit schnell
in eine Beziehungsfalle, da er erraten muß, welchen Wunsch der andere
gerade äußert.
Wenn wir die Situation ein wenig schärfer betrachten, sehen wir ein
paradoxes Vorgehen des karitativen Menschen: Er schenkt Liebe, die er
eigentlich auch sich selbst gern zuwenden würde, nur seinen Mitmenschen, seinem Partner und seiner Familie. Kommt es, psychologisch
gesehen, zu einer Verleugnung oder Verdrängung der Erfüllung der
eigenen Wünsche, so kann die geleistete Hilfeleistung als der versteckte

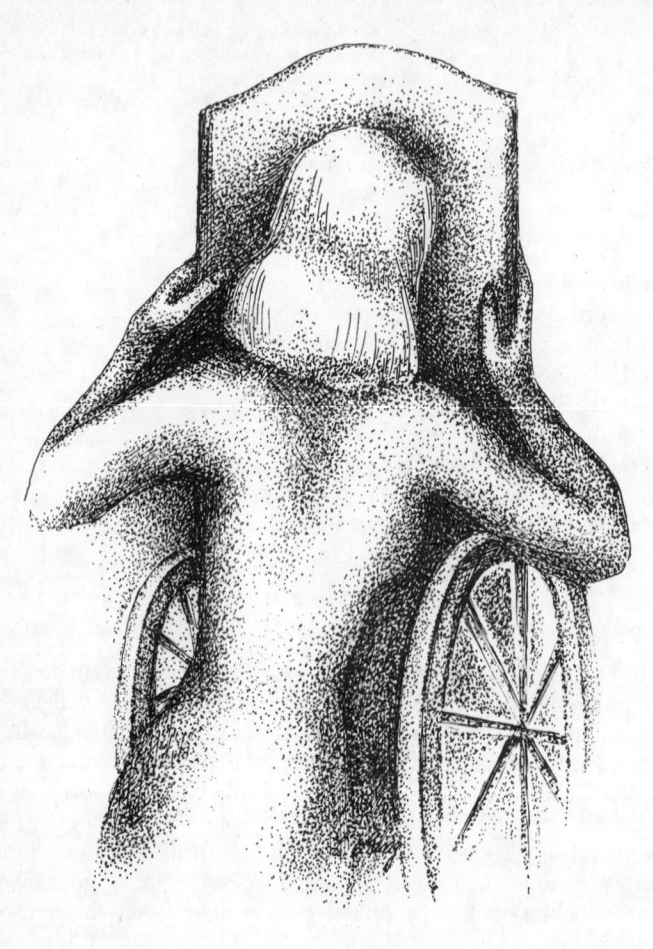

Ruf interpretiert werden, selbst Hilfe zu erhalten. Der solcherart »hilf-lose Helfer« (Schmidbauer) leidet darunter, daß er alles verschenkt, sich aufopfert und die dafür gewünschte »Belohnung« – Zuwendung usw. – nach seiner Vorstellung nicht adäquat zurückbekommt; dies wiederum darf er sich aber nicht eingestehen.

Bildhaft ausgedrückt ist der karitative Mensch wie eine Batterie, die nur Strom abgibt und nicht wieder aufgeladen wird. Die Lebensdauer wird folglich nicht sehr lange sein. Die Batterie wird schneller leer sein als eine schwache Batterie, die aber immer wieder aufgeladen wird.

Fall: »Du brauchst mich nicht mehr«

Was nach außen hin als Liebe imponiert, entpuppt sich bei näherem Hinsehen mitunter als Mitleid. Die Angst, ein Partner könnte sich et-was antun, und die Vorstellung, daß er einsam ist, daß man ihn unge-recht behandelt hat, daß man einem armen Menschen ein großes Glück schenken kann, führen dazu, daß man sich selbst in einer großzügigen Gebärde schenkt. Zu dieser »sozialen Fürsorge« neigen vor allem Men-schen, die ohnehin von Berufs wegen als Therapeut, Psychologe, So-zialarbeiter etc. der zwischenmenschlichen Hilfe verpflichtet sind.

Ein 38jähriger Beamter, der seit seiner Pubertät an einer zunehmenden Wirbel-säulenverkrümmung litt, heiratete eine acht Jahre jüngere Frau, die in liebevol-ler Weise mit ihm umging und es sich allen Warnungen ihrer Umgebung zum Trotz zur Lebensaufgabe gemacht hatte, für ihren behinderten Mann zu sorgen, der häufig unter unerträglichen Schmerzen litt.

Nach zwölf Jahren wurde von orthopädischer Seite die Operationsindikation gestellt. Im Rahmen der Operationsvorbereitung und -nachsorge kam der Pa-tient in psychotherapeutische Betreuung. Die Operation verlief glücklich, der Patient war postoperativ zehn Zentimeter größer, hatte eine einigermaßen gera-de Körperhaltung, und vor allem war er weit weniger von Schmerzen geplagt als früher. Er erlebte sich als selbständiger und freier Mann, bis nach drei Monaten die Ehefrau auszog und die Scheidung einreichte: Sie hatte mit der Gesundung ihres Mannes offenbar ihre Aufgabe in der Partnerschaft verloren. Sie nahm nunmehr die Beziehung zu einem Lehrer auf, der von seiner Frau getrennt lebte und unter dieser Trennung erheblich litt.

Andere Varianten:

Eine 25jährige verheiratete Sozialarbeiterin berichtete: »Ich habe seit sechs Wochen einen Mann, mit dem ich mich sexuell sehr gut verstehe. Von Zeit zu Zeit besuche ich aber meinen Mann und schlafe auch mit ihm. Die Vorstellung, daß er noch keine Freundin hat, beunruhigt mich.«

Eine 28jährige Frau schlief mit ihrem körperbehinderten Bruder, »damit er auch etwas vom Leben hat«.

Das Pendant zur karitativen Liebe ist der hysterische Typ, der seine Probleme, Konflikte und Schwächen mit mehr oder weniger offenen sexuellen Signalen zur Schau trägt und so den Wunsch zur Hilfe provoziert, auch wenn es sich nur um eine Rationalisierung handelt.

Eine 32jährige Patientin: »Als bei mir nichts mehr geholfen hat, hatte ich sexuellen Kontakt mit meinem Hausarzt. Er war sehr lieb zu mir, kümmerte sich um mich, besonders deshalb, weil er wußte, daß ich mit meinem Mann starke sexuelle Schwierigkeiten hatte.«

Deutung: »Gleichgültig, was er macht, ich liebe ihn doch«

Beherrscht das Prinzip der Gerechtigkeit die Partnerschaftssituation, werden Konflikte aktiv ausgetragen: Man kritisiert. Im extremsten Fall führt das Prinzip der Gerechtigkeit dazu, daß Kinder geschlagen und Jugendliche von ihren Eltern verstoßen werden, Freundschaften auseinandergehen und Ehen geschieden werden. Man will einfach von dem Kind, dem Partner nichts mehr wissen, weil es/er nicht erfüllt hat, was man von ihm erwartete: »Du willst dich nicht fügen, also hast du bei mir nichts mehr zu suchen.«

Dominiert das Prinzip der Liebe, droht die Gefahr eines gegenteiligen Effektes. Konflikte schwelen hinter der Maske von Geduld und Höflichkeit, ohne daß die Möglichkeit besteht, von Zeit zu Zeit etwas Dampf abzulassen. Da die Konflikte nicht schrittweise verarbeitet werden, kommt es manchmal zu explosionsartigen Ausbrüchen. Solche Menschen »stecken alles ein«; oft sind sie ergebener Diener des Partners. Irgendwann aber genügt ein geringer Anlaß, um etwas geschehen zu lassen, das alles Erwartete übersteigt. Sie können ihre Energie nicht dosieren. Es gilt der Grundsatz des Alles oder Nichts.

Eine sonst friedfertige Mutter bekommt einen unerwarteten Tobsuchtsanfall und mißhandelt ihre Kinder bei einem unerheblichen Verstoß. Ein bescheidener und harmlos wirkender Vater erschlägt sein sechsjähriges Kind, weil es eine Speise nicht essen wollte; dieser Vater hat sein Kind bisher noch nie geschlagen. Eine Ehefrau verläßt die Familie, nachdem ihr Mann den Hochzeitstag vergessen hatte.

Auf Gerechtigkeit und Liebe baut das menschliche Zusammenleben auf. Beide Prinzipien aber können zu seelischen und sozialen Konflikten führen, wenn eines von ihnen verabsolutiert, das andere aber unterbewertet wird, oder wenn beide nicht im Zusammenhang mit der Zeitdimension gesehen werden.

Andere Kulturen:

Faridee war eine 28jährige, seit zehn Jahren verheiratete Frau eines wohlhabenden persischen Kaufmannes. Sie führte eine glückliche Ehe. Das Glück wäre vollkommen gewesen, wenn sich Nachwuchs eingestellt hätte. Trotz ärztlicher Untersuchungen und Behandlungen kam es nicht zur Schwangerschaft. Faridee, »die Auserwählte«, litt sehr unter ihrem Versagen, aber noch mehr litt ihre Umgebung. Die ganze Familie des Mannes nahm an dem Problem Anteil: Alle zerbrachen sich den Kopf darüber, wie dem Übel abgeholfen werden könne. Man nahm Kontakte zu Freunden auf, die wiederum ihre Freunde und Bekannte, auch im Ausland, mobilisierten. Man fand auch Fachleute der Sterilitätsbehandlung, und da die Familie wohlhabend und genügend kontaktfreudig war, wurde das Problem von Faridee schließlich auf allen fünf Kontinenten mit Mitgefühl und Engagement verhandelt. Es begann eine Weltreise, während der verschiedene Fachleute und Behandlungsmethoden, aber auch gute Ratschläge aller Mitbeteiligten zur Geltung kamen. Was schließlich den Erfolg bewirkte, ist unklar: Faridee gebar jedenfalls ein Zwillingspärchen. Das karitative Moment erzeugte ein Netz von Helfern und Helfershelfern, die sich alle mit gutem Recht als Paten der Kinder hätten fühlen können.

Partnerschaft als »Karitativanstalt« ist nach dem orientalischen Modell nicht so sehr Privatsache eines Einzelnen, der sich heldenhaft aufopfert, aber letztlich mit seiner Aufgabe allein bleibt: Verantwortlichkeit verteilt sich auf viele, die sich auch tatsächlich verantwortlich fühlen, aber mitunter nicht selbst helfen, sondern über die Dimensionen des Kontakts weitere Hilfskontingente organisieren. Da sich jeder Angesprochene irgendwie mitverantwortlich fühlt, ergibt sich die Gefahr einer organisatorischen Seifenblase: Es wird viel Mitgefühl mobilisiert, konkrete sachliche Hilfe mitunter jedoch vernachlässigt. So, als sagten die Helfer: »Wozu brauchst du noch einen Fachmann, halfen wir dir nicht genug?« Die Kehrseite dieser sozialen, familiären Absicherung sind die nachfolgenden gegenseitigen Verpflichtungen: Kontakte aufrechtzuerhalten, Dankbriefe zu schreiben, Geschenke zu verteilen und schließlich selbst wieder als Helfer mit einbezogen zu werden, wenn ein anderer ein ähnlich bewegendes Problem hat.

Praktische Konsequenzen:

Der karitative Aspekt von Partnerschaft muß, für sich genommen, nicht nachteilig sein. Der Wunsch zu helfen ist eine wichtige soziale Fähigkeit, die in jedem Menschen angelegt ist. Sie ermöglicht es aber auch, sich hinter dem Karitativen zu verstecken und so insgeheim die Nähe zu erleben, die man offen zu fordern sich nicht traut. Eine Hilfe zu mehr Offenheit sind folgende Fragen:

Was nützt mir mein Verhalten? Was bringt es für meinen Partner? Wie signalisiert mein Partner seinen Wunsch, Hilfe zu erhalten? Möchte er überhaupt eine Hilfe? Wie stellt er sich diese Hilfe konkret vor? Welche Unterstützung hat er bisher in Anspruch genommen? Was könnte er selbst tun? Welche Leistungen kann besser die Gemeinschaft übernehmen? Was von dem, was geschieht, steht noch in meiner Macht? Oder gehört es zum »bestimmten Schicksal«, das ich ertragen lernen muß? Auf welche Inhalte bezieht sich die Höflichkeits-Offenheitsproblematik? Welche Aktualfähigkeiten sind in der Beziehung noch relativ stabil (DAI)? Welche Aktualfähigkeiten sind konflikthaft besetzt (Treue, Sparsamkeit, Ordnung, Pünktlichkeit, Gerechtigkeit, Zeit, usw.)? Was würde ich mit mir und meinem Partner machen, wenn wir keine Probleme dieser Art mehr miteinander hätten?

Die Berücksichtigung dieser Sinnfragen hilft dem Helfenden, seine Bedürfnisse besser zu akzeptieren; für die tatsächlichen Bedürfnisse des Partners sensibel zu werden; sich nicht zu überfordern, sondern auf die Hilfsmöglichkeiten seiner Umgebung und die Mitarbeit seines Partners zurückzugreifen; zwischen Aufgabe und Schicksal zu unterscheiden.

Partnerschaft als Konsequenz

Die Fähigkeit, schnell zum Ziel zu kommen

Geschichte: »Einen solchen Dummkopf heirate ich nicht!«

Schmachtend lag der Verehrer zu Füßen seiner Angebeteten. »Du mußt mich heiraten, ohne dich kann ich nicht leben.« Sie betrachtete ihn lächelnd und meinte: »Nun, ich möchte vorher aber einige Bedingungen klären, ehe ich dir mein Wort gebe. Ich werde meinen Namen nicht aufgeben, sondern du mußt meinen Namen annehmen.« »Ja, das verstehe ich voll und ganz, Liebling«, hauchte der Verliebte. »Außerdem kann ich in deiner engen Wohnung nicht leben. Wir brauchen auch unbedingt ein großes Haus, weil nämlich meine Mutter dann bei uns einziehen wird«, lautete die nächste Bedingung. Der junge Mann gab seine Zustimmung mit den Worten: »Du weißt, wie ich mich darauf freue.« »Du weißt doch, daß ich meine Selbständigkeit gewöhnt bin, und da ist es klar, daß ich abends ausgehen kann, wann ich möchte. Kontrolle muß ich mir von vornherein verbitten.« »Selbstverständlich brauchst du deine Freiheit, ich werde deinen Wunsch gerne akzeptieren«, sagte der junge Mann. »Außer meiner Freiheit brauche ich aber auch genügend Geld, um mir meine Wünsche erfüllen zu können...« Der junge Mann ließ sie nicht ausreden, er antwortete mit bebender Stimme: »Darum will ich mich ein Leben lang bemühen!« Und voller Erwartung fuhr er fort: »Und was sagst du jetzt?« Mit einem mitleidigen Lächeln antwortete die Angebetete: »Einen solchen Dummkopf heirate ich nicht!«

Erklärung:

Beispiel für »konsequente Partnerschaft« ist ein Paar, das miteinander Zärtlichkeiten austauscht. Obwohl das Bedürfnis nach Geschlechtsverkehr nicht im Vordergrund steht, wird auf den Geschlechtsakt hingearbeitet, weil beide meinen, diese Entwicklung müsse eben so sein. Was würde der Partner von einem denken, wenn man sich vor dem scheinbar notwendigen Ende drücken wollte?

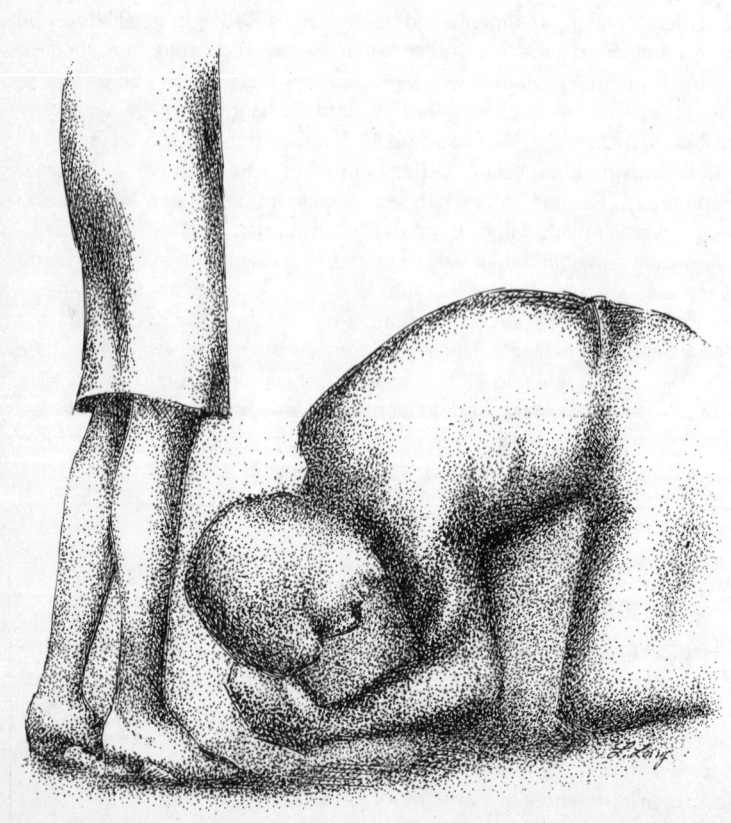

Ähnlich ist es, wenn man einen Flirt angefangen hat und meint, der andere erwarte, daß dieser Flirt am Ende zum Geschlechtsverkehr führen müsse. Ohne Geschlechtsverkehr gelten partnerschaftliche Zuneigung, Zärtlichkeiten usw. wenig. Eine Frau beklagte sich: »Immer wenn mein Mann nett und zärtlich zu mir ist oder wenn ich zärtlich zu ihm bin, wenn ich mich auf seinen Schoß setze, erwartet er, daß ich mit ihm schlafe. Ich habe jetzt sogar Angst, ihn überhaupt anzufassen und nett zu ihm zu sein.«

Fall: »So sicher wie das Amen in der Kirche!«

»Obwohl ich genau wußte, daß es nicht gut geht, habe ich meinen Mann geheiratet.« Warum eigentlich? Die jetzt 26jährige Frau hatte mit 18 Jahren, kurz nach Beginn des Studiums, ihren späteren Mann kennengelernt. Beide hatten im Studentenwohnheim auf dem gleichen Stockwerk gewohnt, und beide hatten sich in der fremden Umgebung recht allein gefühlt. Man ging miteinander aus, traf sich dann im Zimmer, wollte die Nacht nicht allein verbringen, gewöhnte sich aneinander, blieb bis zum Ende des Studiums zusammen, wagte es kaum mehr an Trennung zu denken, und heiratete schließlich, obwohl manches die beiden hätte aufmerksam machen können: Schon bei ihrer ersten Begegnung habe sie sich darüber geärgert, daß er nur für sein eigenes Getränk sorgte und sich um ihr Getränk nicht kümmerte. Später belastete sie, daß er sie alles bezahlen ließ und dies als selbstverständlich hinnahm. Dann merkte sie recht bald, daß er kaum sportliche Interessen hatte und nicht einmal eine Badehose besaß, weil er nicht schwimmen wollte. Dies alles konnte die automatische Entwicklung der Partnerschaft bis hin zur Ehe nicht bremsen. Die Ehe kam, wie sie später meinte, so sicher und so schicksalhaft »wie das Amen in der Kirche«.

Für das schicksalhafte Ausgeliefertsein, das Unvermögen, steuernd in den Verlauf der partnerschaftlichen Entwicklung einzugreifen, fand sie mehrere Bedingungen: Sie hatte schon während des Kommunionunterrichtes gelernt, daß man nur den Mann küssen durfte, den man später auch heiraten wolle. Sie hatte unter dem Gefühl der Einsamkeit gelitten und war hungrig nach Kontakt und zwischenmenschlicher Wärme. Auch konnte sie für ihren Partner sorgen, was ihr ein karitatives Alibi für die sonst »sündige« Beziehung gab. Letztlich sah sie sich durch Gewohnheit gebunden, frei nach dem Motto von Wilhelm Busch: »Die Jahre binden, auch wenn man es nicht will.« Sie selbst als begeisterte Skifahrerin verglich ihre Partnerschaft mit einer Lawine: »Ohne viel über die Folgen nachzudenken, habe ich ein Schneebrett losgetreten, und dann ging's bergab, bis unsere Partnerschaft wie eine Lawine mit all ihrem Geröll im Tal zum Stillstand kam. Gott sei Dank bin ich in dieser Lawine nicht erstickt, sondern konnte mich noch im letzten Augenblick freischwimmen.«

Deutung: »Drei Stufen der Partnerschaft«

Nun wäre es falsch, das Kind mit dem Bade auszuschütten und jede »Partnerschaft als Konsequenz« für einen Fehler zu halten. In ihr ist die Fähigkeit enthalten, nicht in einem Stadium der Beziehung steckenzubleiben, sondern sie weiterzuentwickeln.

Die Partnerin, die sich aus Angst vor den Folgen nicht mehr auf Zärtlichkeiten einlassen möchte, begibt sich in eine passive Rolle und überläßt dem Partner Initiative und Aktivität. Sie verliert dadurch die Möglichkeit, das Geschehen zu steuern und provoziert den Partner, ihren Anteil an Aktivität mitzuübernehmen.

Die Therapie ist paradox: Die Frau lernt nicht etwa, noch mehr oder bessere »Sicherheitsmaßnahmen« gegenüber ihrem Mann einzusetzen: sie lernt vielmehr, ihre eigenen Bedürfnisse deutlicher zu empfinden und zum Ausdruck zu bringen, dem Partner Zärtlichkeiten zu geben, ihm Avancen zu machen, mit ihm zu flirten – vielleicht zunächst in Gesellschaft, im Schutz der anderen Anwesenden –, ihn zu reizen, zu erregen (Verbundenheit), ihm aber auch die von ihr gewünschte Reihenfolge nahezulegen (Unterscheidung) und ohne Schuldgefühle und mit innerer Überzeugung vertreten zu können, was sie will oder nicht will (Ablösung).

Andere Kulturen:

Nach meiner Beobachtung sind viele Menschen im westlichen Kulturkreis recht sparsam mit Zärtlichkeiten. Gerade noch das Kleinkind und später der Partner scheinen ein Anrecht darauf zu besitzen. In der späteren Kindheit und in der Pubertät empfindet man Zärtlichkeit, Umarmen, Küssen und Körperkontakt als suspekt. Dadurch kann sich ein Defizit entwickeln, das die Reihenfolge der Triade Liebe-Sexualität-Sex durcheinanderbringt.

Im Orient gewinnt Zärtlichkeit dadurch an Freiheitsgraden, daß sie nicht notwendig als Vorstufe zur Sexualität angesehen wird; auch ist sie nicht allein den Partnern vorbehalten. Sie wird daher im Alltag auch unter den Mitgliedern der Großfamilie ausgetauscht und toleriert. Auch Frauen und Männer untereinander streicheln, küssen und umarmen sich, ohne daß ihnen sexuelle Absichten unterstellt werden. Diese

Zärtlichkeiten werden tagtäglich praktiziert. Sie entlasten den eigenen Partner, dem allerdings der genital-erotische Kontakt vorbehalten bleibt, und verteilen die emotionale Zuwendung auf die gesamte Gruppe der Großfamilie.

Praktische Konsequenzen:

Zur Vermeidung des Mißverständnisses, jede partnerschaftliche Beziehung müsse »logische Konsequenzen« haben, lohnen sich einige Überlegungen:

Was möchte ich eigentlich selber (Beobachtung)? Was erwarte ich von meinem Partner, was kann er mir tatsächlich bieten (Unterscheidung)? Welche Konsequenzen bin ich bereit, einzugehen (Integration)? Wie ist die Reihenfolge meiner Bedürfnisse? Sehe ich Sex, Sexualität oder Liebe als primär an, wie sieht es mein Partner? Dem Partner, der dem Sex die größere Bedeutung beimißt, muß nicht die Fähigkeit zur Liebe fehlen. Für ihn gilt lediglich eine andere Reihenfolge.

Koitusverbot und Treuekonvention:

Bei Sexualstörungen bzw. bei hartnäckigen Ehekonflikten hat sich ein drei Wochen dauerndes »Koitusverbot« (Geschlechtsverkehr soll während dieser Zeit nicht durchgeführt werden; vgl. Masters und Johnson, 1974) bewährt. Voraussetzung ist das Einverständnis der Partner. Die Maßnahme soll Distanz zu eingeschliffenen Sexualgewohnheiten schaffen. Zärtlichkeiten dagegen, also Zuwendungen, die beim Partner angenehme Gefühle wecken (anfassen, streicheln, umarmen, küssen, freundlich miteinander sprechen usw.), wird größerer Raum zugemessen. Um partnerschaftliche Probleme nicht zusätzlich zu komplizieren und Fluchtreaktionen und Schuldgefühle zu vermeiden, kommen die Partner überein, während der Therapie bzw. der Selbsthilfe keine außerpartnerschaftlichen sexuellen Beziehungen einzugehen.

Die Fähigkeit, zu lieben und geliebt zu werden, erfordert eine fortwährende Rückbeziehung auf die körperlichen und Verhaltensmerkmale. Wie der Führerschein nicht von der Verpflichtung entbindet, beim Autofahren ständig auf den Verkehr zu achten, enthebt das Eheversprechen oder das Gefühl, vom Partner geliebt zu werden, nicht von der Notwendigkeit, sich, sein körperliches Erscheinungsbild und seine Verhaltensformen gerade in bezug zum

Partner ständig zu kontrollieren und gegebenenfalls bereit zu sein, Korrekturen und Ergänzungen durchzuführen.

Die Liebe erweist sich als abhängig von der Dimension der Zeit. Wenn wir von Liebe sprechen und sie als abhängig von der Zeit sehen, werden vor allem folgende vier Situationen bedeutsam: Wir können glücklich sein, wir können glücklich scheinen, wir können glücklich werden, wir können glücklich bleiben.

Glücklich sein

Gerade jetzt sind wir zufrieden: Wir haben vielleicht einen Partner, der uns körperlich und von seinen Eigenschaften her gefällt. Wird er uns aber auch noch morgen gefallen? Noch unverheiratet ist es leicht, glücklich zu sein. Wochenend- und Ferienpartnerschaften begegnen nur geringen Konflikten. Wer weiß, ob aus dem glücklich erlebten Wochenende auch glücklich verlebte Jahre werden können?

Glücklich scheinen

Obwohl man genügend Probleme hat, gibt man sich nach außen unbekümmert. Ein Kuß vor allen vermittelt die Illusion, alles sei in bester Ordnung.

Glücklich werden

Man versucht, bestehende Probleme zusammen durchzuarbeiten, z.B. indem man sie offen bespricht. Das geschieht in der Hoffnung auf eine bessere Zukunft. Man kann aber auch erwarten, daß sich die Probleme von selbst lösen, während man den Kopf in den Sand steckt.

Glücklich bleiben

Auch wenn man glücklich ist und auf Glück hofft, ist dies keine Garantie dafür, auch tatsächlich glücklich zu bleiben. Denn glücklich bleiben heißt nicht, die Gegenwart festzuhalten. Vielmehr stellt es uns vor die Aufgabe, unseren Partner und uns selbst immer wieder neu kennenzulernen und immer wieder neue Entscheidungen in der Partnerschaft zu treffen. Der Wunsch, in einer Partnerschaft glücklich zu bleiben, schließt die Bereitschaft ein, die Partnerin, die man abends in großer Garderobe gesehen hat, am nächsten Tag mit Lockenwicklern und ungeschminkt zu sehen; und das nicht nur einmal, sondern vielleicht 40 Jahre lang. Es bedeutet ebenso die Bereitschaft, seinen Partner, zu dem man tagsüber aufschauen konnte, auch am Abend in langen Unterhosen, mit Stoppelbart und kleinen Wehwehchen zu akzeptieren. Auch, wenn es sein darf, 40 Jahre lang.

Einen Partner, den wir kennenlernen, kennen wir meist nur aufgrund weniger typischer Eigenschaften: der körperlichen Proportionen, des Ausdrucks des Gesichts und einiger angenehmer oder unangenehmer Verhaltensweisen. Als Verliebte neigen wir dazu, nur die Eigenschaften zu sehen, die wir schätzen; für andere Eigenschaften sind wir unempfindlich. Aus dieser Haltung resultiert nur zu leicht die Enttäuschung: *»Wie konnte ich nur...?«* Partnerschaften, in denen zunächst nur der Sex aktuell war, werden später Probleme mit der Sexualität haben. Partnerschaften dagegen, die sich aufgrund hervorstechender Persönlichkeitseigenschaften gebildet haben, können am Problem Sex zerbrechen.

Partnerschaft als Leistung

> »Innerhalb von fünfzig Jahren haben die Menschen aus dem sexuellen Fortschritt eine Ruderregatta gemacht: Wer kann am besten, am längsten, am schnellsten? Ist das nicht absurd? Aus dem sexuellen Fortschritt wird sofort wieder Zwang.«
>
> *Alexander Mitscherlich*

Die Fähigkeit, Partnerschaft zum Leistungssport zu machen

Geschichte: »Der Hirsch und sein Jäger«

Ein mächtiger Hirsch betrachtete sich im klaren Wasser einer Quelle: Was für häßliche Läufe ich habe. Aber dafür ist mein Geweih um so prächtiger. Es ist das schönste Geweih, das ein Hirsch in unserem Wald je hatte. Es ist stark, ausladend und hat viele kräftige Sprossen und Enden.
Während er sich betrachtete, hörte er ein leises Knacken im nahen Unterholz. Erschreckt drehte er sich um und sah einen Jäger, der ihn zu Pferd mit einem Spieß bedrohte. Sofort ergriff er die Flucht in den Wald. Die Bäume wurden dichter und dichter, so daß schließlich der Hirsch mit seinem Geweih in den Ästen der Bäume hängenblieb und hilflos das Nahen des Jägers erwarten mußte. Keuchend sprach er vor sich hin: »Das, was ich für häßlich und unwesentlich hielt, hätte mich retten können.«

Erklärung:

Das Leistungsstreben der Gesellschaft glaubt man auf Sex und Sexualität übertragen zu müssen. Der Geschlechtsverkehr wird zum Leistungssport: »Wenn der Mann oder die Frau keinen Orgasmus haben, ist die ganze Sache nichts wert.« »Wenn ich nur drei- oder viermal den Höhepunkt erreicht habe, habe ich eine schlechte Kondition.« »Wenn ich soviel Erfolg im Beruf habe, warum soll ich dann nicht auch beim Sex Erfolg haben?«

Partnerschaft als Rivalität und Machtkampf

Hier steht nicht primär die Leistungssituation im Vordergrund. Typisch für diese Form der Partnerschaft ist, daß der Partner in seiner Einzigartigkeit verkannt wird. Es wird der Versuch unternommen, ihn zu vergleichen oder gegen jemand anderen auszutauschen: »Wenn ich nicht gleich mit ihm ins Bett gegangen wäre, hätte er sich bestimmt eine andere Freundin gesucht.« Sexualität ist eng an das Selbstwertgefühl gekoppelt. Soziale Anerkennung rangiert vor der partnerschaftlichen Beziehung. »Bloß weil ich nicht ausstehen konnte, daß mein Freund bei dieser Frau Erfolg hatte, habe ich ihr einen Heiratsantrag gemacht.«

Die Überbetonung einzelner sozialer Normen

Die Überbetonung einzelner sozialer Normen wie Ordnung, Sauberkeit, Pünktlichkeit, Sparsamkeit, Gerechtigkeit, Höflichkeit usw., die als sekundäre Fähigkeiten im Leistungsbereich angesiedelt sind, demonstriert der folgende Fall:

Fall: »Arbeitstag eines Abteilungsleiters«

Ein 38jähriger leitender Angestellter kam in die Psychotherapie. Er hatte starke psychosomatische Beschwerden, innere Unruhe, Schweißausbrüche, Schwindelanfälle, Angstzustände und depressive Verstimmungen. Zum Erstgespräch hatte er seine Frau mitgebracht. Nach der Begrüßung sagte ich: »Wie schön, daß Sie Ihre Frau mitgebracht haben.« Die Ehefrau reagierte spontan: »Da bin ich aber ganz überrascht, daß Sie das sagen. Mein Mann hat bereits eine Therapie versucht. Da war ich bei dem ersten Gespräch auch dabei. Der Therapeut hat mich überhaupt nicht beachtet und auch nicht in das Gespräch einbezogen. Zum Schluß der Sitzung sagte er zu meinem Mann: ›Haben Sie Ihre Mutter mitgebracht? Das nächste Mal kommen Sie besser allein!‹ Mich hat das getroffen und sehr verunsichert. Ich will meinem Mann doch helfen und zur Seite stehen. Ich suchte dann den Therapeuten nochmals allein auf und schilderte ihm meine Situation und meine Gefühle der Hilflosigkeit, wenn bei meinem Mann die Angstanfälle kommen. Er meinte daraufhin, wenn dies mein Problem sei, könne er *mir* mit einer Therapie helfen, aber er könne nicht beide zusammen behandeln.«

Im Verlauf des Erstinterviews zeigte sich, daß die Aktualfähigkeiten Zeit, Ordnung, Zuverlässigkeit problematisch waren. Der Patient bekam die Aufgabe, einen durchschnittlichen Arbeitstag zu beschreiben, während die Ehefrau ihn im privaten Bereich beobachten sollte. Beide brachten zur nächsten Sitzung folgende Notizen mit:

»Arbeitsbeginn: 7.45 Uhr, Aufräumen des Schreibtisches. Blick auf Terminkalender und in Terminmappe. FAZ, Handelsblatt und Börsenzeitung liegen bereit. Ich rufe über mein Terminal einige Kurse ab.
7.55 Uhr der erste Anruf. Ein Kunde beschwert sich, daß er mich gestern nachmittag nicht erreichen konnte, da angeblich mein Telefon ständig besetzt war. Er erteilt eine Kauforder für Madrid, Annahmeschluß: 8.30 Uhr. Für diesen

Auftrag brauche ich die sog. Wertpapierkennnummer, die ich bei der Zentrale erfragen muß. Dortiger Arbeitsbeginn: 8.15 Uhr. Ich nehme mir die erste Zeitung.

8.02 Uhr kommt der nächste Anruf. Der Kunde möchte wissen, wie seine gestrigen Aufträge ausgeführt wurden. Ich frage meine Mitarbeiterin, warum noch keine Abrechnungen vorliegen. Sie sagt, daß heute morgen noch keine Post aus Frankfurt gekommen ist. Ich verspreche dem Kunden zurückzurufen, sobald die Abrechnungen vorliegen. Ich lese weiter.

Der Chef kommt: »Guten Morgen, mir ist da vorhin auf der Herfahrt eingefallen ... stellen Sie mir das mal zusammen!«

Ich will weiterlesen, aber das Telefon klingelt. Ich notiere diverse Aufträge, die ich später weiterbearbeiten möchte. Erst mal Zeitung weiterlesen, informiert sein. Ich lege auf, wieder klingelt es. Ein Kunde fragt mich, ob ich den Artikel über MAN gelesen habe. Ich muß leider nein sagen, ich hatte noch keine Zeit.

Es ist 8.18 Uhr, ich muß jetzt wegen der spanischen Aktie anrufen. Ich bekomme zwar die Kennnummer, kann aber meinen Auftrag nicht weitergeben, da der nächste Anruf eingeht. Es ist eine Nervensäge, die jeden Morgen anruft.

Mittlerweile 8.25 Uhr: Wo ist die Kollegin, die den Auftrag ins Terminal eingibt? Sie kommt gerade die Treppe hoch. Die Eingabe erfolgt um 8.28 Uhr, ich kontrolliere um 8.29 Uhr. Annahmeschluß, wie gesagt, 8.30 Uhr. Um 8.35 Uhr kommt der erste Kunde. Ich lege frustriert meine Zeitung weg.

Ich verweise ihn an eine Kollegin, da ich zur morgendlichen Besprechung der Ressortleiter muß. U. a. sprechen wir über die nächste geplante Kundenveranstaltung. Der Chef erwartet morgen Vorschläge. Um 9.10 Uhr kehre ich an meinen Platz zurück. Es wartet bereits ein Kunde, der nur von mir beraten werden möchte. Während des Gesprächs ruft der Personalchef an, der möglichst vorgestern Angaben braucht. Ende des Kundengesprächs: 9.22 Uhr.

Ich möchte jetzt schnell frühstücken gehen, doch bis 9.40 Uhr gehen noch drei Telefonate ein. Ich gehe auf die Toilette. Danach esse ich im Stehen in der Küche mein Brot, mein Tee ist noch viel zu heiß.

Als ich fast fertig bin, kommt eine Mitarbeiterin, die mir sagt, daß draußen ungeduldig ein Kunde wartet. Auf meinem Schreibtisch hat sich eine Menge Post angesammelt. Bis der Kunde geht, ist es 10.05 Uhr. Ich greife sofort zum Telefon. Um 10.00 Uhr pünktlich wartet ein Großkunde auf die vorbörslichen Kurse. Danach muß ich Abrechnungen kontrollieren und unterschreiben. Bis ich durch bin, werde ich viermal unterbrochen.

Um 10.30 Uhr rufe ich den Kunden an, der morgens nach den Abrechnungen gefragt hatte. Mit einer ist er nicht einverstanden, er glaubt, der Kurs stimme nicht. Ich rufe mit meinem zweiten Apparat den Börsenhändler an, der beteuert, daß der Kurs korrekt sei. Ich erkläre dem Kunden den Sachverhalt. Danach diktiere ich einem Auszubildenden zwei Briefe. Ich muß mich in Geduld üben, denn er ist nicht der Schnellste. Zwischendurch mehrere Unterbrechungen. Hier eine Unterschrift, da eine Auskunft. Während vieler Arbeiten schaue ich automatisch etwa alle zehn Minuten auf einen meiner beiden Monitore, wo ständig Nachrichten aus Wirtschaft und Politik eingespielt werden.

Einen Teil meiner Post verteile ich, das meiste lasse ich mir aber nach verrichteter Arbeit noch einmal vorlegen, um sicher zu gehen, daß alles in Ordnung ist. Jetzt gehen etliche Aufträge ein, die unverzüglich weitergegeben werden müssen. Je nach Art des Auftrages sind die Annahmezeiten an den Börsen zwischen 11 und 13.00 Uhr.
Um 11.10 ruft meine Frau an, ich habe für sie keine Zeit, was mir sehr leid tut. Ich müßte auf die Toilette, doch da kommt der nächste Kunde. Eigentlich habe ich gar keine Zeit für ihn, denn um 11.30 Uhr beginnt die Börse.
Ich versuche, das Gespräch so kurz wie möglich zu halten. Ich merke, wie mir einige Aufträge zum Kontrollieren auf den Tisch gelegt werden. Ich kann die Kontrolle jedoch nicht durchführen, da ich mich mit dem Kunden unterhalten muß. Ich sitze auf heißen Kohlen. Mir ist ein Fall von einem Kollegen aus Stuttgart bekannt, in dem ein falsch weitergegebener Auftrag die Bank 45 000 Mark gekostet hat!
Schließlich ist es nach etlichen Telefonaten 1.00 Uhr geworden. Ich gehe mit einem Kollegen zum Mittagessen. Hier wird Gott sei Dank nur selten gefachsimpelt. Nach dem Mittagessen rufe ich noch einige Kunden an und unterbreite ihnen Anlagevorschläge. Außerdem überlege ich mir Vorschläge für die anstehende Kundenveranstaltung. Der Chef fragt morgen früh bestimmt danach.
Die Aufstellung für den Personalchef ist liegengeblieben. Die muß ich am nächsten Morgen irgendwie in meinen Tagesablauf einbauen. Bis 16.30 Uhr habe ich an diesem Tag 78 Telefonate und 13 persönliche Gespräche geführt.
Zu Hause kann ich mich meist sehr schnell erholen, doch oft denke ich im stillen fünf Minuten darüber nach, welche Sonderaktionen ich am nächsten Tag durchführen möchte.«

Lernen und Umweltbewältigung setzten die Fähigkeit zur Verallgemeinerung voraus; ohne sie würden die einzelnen Wahrnehmungen und Erlebnisse in eine Unzahl von zusammenhanglosen Ereignissen zerfallen. Doch eben diese Fähigkeit kann als der Grundtyp von Mißverständnissen gelten. Der Rückschluß von einer Situation auf andere kann zu einer falschen Einschätzung führen. Die Ehefrau des Abteilungsleiters schildert die Übertragung einzelner Aktualfähigkeiten (wie Ordnung, Pünktlichkeit, Höflichkeit und Zeit), die für ihn im Beruf eine wichtige Rolle spielen, auf die Familiensituation:

Typische Verhaltensweisen meines Mannes: Pünktliches Essen.

Als ich meinen Mann vor acht Jahren kennenlernte, fielen mir gleich seine Essensgewohnheiten auf. Gegen Mittag beispielsweise sagte er nicht: »Langsam bekomme ich Hunger, ich will etwas essen«, sondern er fragte: »Wieviel Uhr ist es? Was, schon 12.00 Uhr, dann habe ich aber Hunger und muß gleich etwas essen!« Diese Gewohnheit hat mein Mann fast ganz abgelegt, manchmal erinnern wir uns daran und lachen. Andere Verhaltensweisen sind geblieben.

Das Baden. In den Jahren, in denen wir zusammen sind, habe ich es noch nie oder vielleicht nur ein- bis zweimal erlebt, daß mein Mann an einem anderen Tag als samstags badete. Das heißt nicht, daß mein Mann die Körperpflege auf das Wochenende beschränkt, gewaschen und geduscht wird die ganze Woche über. Es ist auch nicht so, daß vielleicht der Genuß eines Bades am Samstag aus zeitlichen Gründen größer wäre als beispielsweise am Freitag, nein: Baden tut man nur samstags! Und das nicht etwa um 17 Uhr oder 18 Uhr oder 20 bis 21 Uhr, auch wenn man dann Zeit hätte, nein, es muß um 19 Uhr sein! Dann beginnt auch das Wochenende und die Freizeit. Ich bade, wenn ich Lust auf ein Bad habe, ob Montag, Dienstag oder Sonntag. Mich stört die Gewohnheit meines Mannes nicht, nur finde ich sie irgendwie albern.

Die Toilette. Mein Mann geht morgens nach dem Aufstehen – wie wohl jeder – zur Toilette. Er bleibt jedoch im Gegensatz zu mir, wenn es zeitlich irgendwie geht, so lange sitzen, bis sich der Stuhlgang einstellt. Es geht ihm gar nicht darum, ob er muß oder nicht, sondern das hat einfach so zu sein. Mittlerweile ist der Körper auch wirklich schon dahingehend trainiert bzw. abgerichtet, daß dieses »Spiel« funktioniert. Ist dennoch einmal Fehlanzeige, so ist der Frust groß, und der Tag fängt für meinen Mann schlecht an. Ich gehe nur nach Bedarf auf die Toilette und habe damit keine Probleme.

Alles an seinem Platz. Es gibt Dinge, die haben ihren Platz. Zum Beispiel, das Bett ist im Schlafzimmer und nicht in der Küche. Für meinen Mann gilt diese Regel jedoch bis ins Detail einer Wohnung. Zum Beispiel: Auf unserem Couchtisch stehen in der Regel eine Glasschale mit Süßigkeiten und ein Deckelset für Gläseruntersetzer. Wenn ich diese Gegenstände benutze, stelle ich sie nach Gebrauch wieder etwa in die Mitte des Tisches. Falls mein Mann dazu kommt oder auch wenn er dies später sieht, stellt er die Sachen korrekt in die Mitte des Tisches; auch die Sachen zueinander haben einen ganz bestimmten Abstand.

Weiteres Beispiel: Ich telefoniere und lege anschließend den Hörer auf. Mein Mann legt, sobald er an dem Telefon vorbeikommt, die Schnur »gerade«.

Beispiel 3: Auf unserer Couch liegen drei kleine Kissen. Ich lege die Kissen oft ohne System auf die Couch, mal zwei in eine Ecke, mal eins in der andern, mal auf der Lehne, mal auf die Sitzfläche. Mein Mann ordnet die Kissen dann regelmäßig um, und zwar wie sich das gehört: Ein Kissen jeweils in die linke und rechte Ecke und das dritte Kissen in die Mitte.

Kontrolle des eigenen Handelns und das von anderen. Es gibt Handgriffe, bei denen mein Mann sich nie sicher ist, ob er sie vorgenommen hat oder nicht. Er muß sich durch mehrmalige Kontrolle von dem Handeln und dessen Wirkung überzeugen. Beispiele: Er schließt vor dem Zubettgehen die Wohnungstür ab. Geht er nicht sofort ins Schlafzimmer ins Bett, kontrolliert er nochmals, ob die Tür auch wirklich abgeschlossen ist. (Andere vergleichbare Beispiele: Abdrehen der Heizung, Auto abschließen, Abschalten der Herdplatte, Abdrehen des Wasserhahns an der Waschmaschine usw.)

Auch wenn ich vergleichbare Handgriffe tätige, kontrolliert er durch Nach-
fragen. »Hast du die Autotür zu?« »Ja.« »Wirklich?« »Ja, mein Gott!« »Auch
hinten?«
Nach fünf Therapiesitzungen berichtet der Mann: »Ich bin spontaner geworden
und kann kurzfristig von meinem Programm abweichen. Neulich sind wir
kurzentschlossen an einem Samstag ins Grüne gefahren, anstatt wie geplant die
Wohnung zu putzen. Wir verbrachten einen wunderschönen Tag, das Wetter
war herrlich, und wir putzten abends in bester Laune die Wohnung gemeinsam.
Sonntag regnete es...
Letzte Woche freute ich mich nach einem anstrengenden Arbeitstag auf einen
ruhigen Abend. Plötzlich klingelte es, und es stand unvorhergesehener Besuch
vor der Tür. Früher hätte ich mich geärgert, jetzt versuchte ich das Beste aus der
Situation zu machen und stellte hinterher fest, daß es ein schöner Abend war.
Was die Ordnung und den Perfektionismus angeht, läßt mir mein Beruf wenig
Spielraum. Im privaten Bereich versuche ich großzügiger zu sein, dennoch
möchte ich meinen Ordnungssinn nicht aufgeben, da ich mich in Unordnung
nicht wohlfühle.
Die spürbarste Veränderung ist wohl, wieviel Lebensmut und Kraft mir die
Therapie in so kurzer Zeit gegeben hat. Ich habe wieder Hoffnung und traue
mich auch wieder an Dinge heran, die ich vorher gemieden habe. Ich spüre zwar
noch leichtes Unbehagen in diesen Situationen, aber nach so kurzer Zeit kann
man bei so negativen Erfahrungen keine Beschwerdefreiheit erzielen. Mein
körperliches Befinden hat sich gebessert, die innere Unruhe, Schweißausbrüche
und Schwindelgefühle haben stark nachgelassen.«

Deutung:

Fleiß und Leistung sind Voraussetzungen dafür, daß es uns gutgeht.
Wie kann man überhaupt davon sprechen, daß man fleißig ist? Es
kommt dabei weniger auf das Zuviel an Fleiß an als auf das Zuwenig an
anderen Aktualfähigkeiten.
Die Ehefrau eines arbeitswütigen Mannes leidet nicht so sehr unter dem
Fleiß des Ehemannes, sondern vielmehr unter seinem Mangel an Zeit,
Geduld und Kontakt ihr gegenüber.
Aus den beiden Berichten erfahren wir mehr als ein karikierendes Ex-
empel einseitiger Erziehung: Leistungsorientierung gilt im Menschenbild unserer heutigen Gesellschaft als Maßstab, dem sich jedes Individuum zu unterwerfen hat. Übertragung von Leistungsnormen auf den
privaten Bereich geschieht in vielen Familien auch hinsichtlich der anderen sekundären Fähigkeiten, wie zum Beispiel Ordnung, Sauberkeit,
Pünktlichkeit, Höflichkeit. Alle diese sekundären Fähigkeiten wurden
erlernt. Die sekundären Aktualfähigkeiten sind im Zusammenleben

mit anderen wichtig, aber es kommt auch hier, wie überall im Leben, auf das richtige Maß an.

Liebe zu sich selbst und zu einem Partner kann jedoch nicht in gleichem Umfang gelernt werden. Sie ist das Ergebnis einer Entwicklung seit der frühesten Kindheit und wird in der Auseinandersetzung mit den Bezugspersonen geprägt. Ist das Lernen von Wissensinhalten und sozialen Normen ein Ergebnis der *Ausbildung*, so beruht das Erfahren emotionaler Beziehungen auf *Bildung* bzw. Charakterbildung. Obwohl die Frage des Erziehungszieles bewußt gestellt werden kann, wird sie in den meisten Fällen unbewußt entschieden. Man erzieht das Kind entsprechend der eigenen Lebenserfahrung, ohne sich darüber Rechenschaft abzulegen, ob sie den Fähigkeiten des Kindes, der Zeit oder der Notwendigkeit seiner Entwicklung entspricht.

Andere Kulturen:

In vielen orientalischen Kulturen ist die geschlechtliche Liebe keineswegs ein Leistungssport. Erst recht kommt niemand auf den Gedanken, sein Selbstwertgefühl aus der Häufigkeit der erreichten Orgasmen zu beziehen. Im Gegenteil, im asiatischen Tantrismus und Taoismus zum Beispiel wird es als ein Wesensmerkmal gelungener Sexualität angesehen, mit dem Partner möglichst intensiv, lange und oft intim zusammenzusein, ohne daß es zum Erreichen des »Höhepunktes« kommt. Der Genuß besteht geradezu im Hinauszögern des Orgasmus. Allerdings kann auch das zum »Leistungssport« ausarten.

Im Abendland beobachten wir die Tendenz, die sekundären Fähigkeiten, zum Beispiel die Leistungsfähigkeit, besonders hervorzuheben, was zuweilen mit einer Vernachlässigung primärer Fähigkeiten, zum Beispiel des Kontaktes, einhergeht. Im Orient besteht dagegen die Neigung, die primären Fähigkeiten zu betonen, wobei verschiedene sekundäre Fähigkeiten offensichtlich vernachlässigt werden.

Ein Beispiel für transkulturelle Unterschiede ist der Umgang mit den Aktualfähigkeiten *Zeit, Pünktlichkeit, Geduld,* die wiederum Einfluß auf die Partnerschaft haben. Jeder Mensch verfügt über die Fähigkeit, seine Zeit einzuteilen. Wie jedoch diese Einteilung bewertet wird, hängt wesentlich von dem jeweiligen kulturellen Bezugsfeld ab. Eine hochtechnisierte Industriegesellschaft ist auf die Pünktlichkeit ihrer Mitglieder angewiesen. In bäuerlichen Gesellschaften, in denen sich die Zeiteinteilung am Rhythmus der Natur orientiert, wird Geduld höher bewertet als Pünktlichkeit.

Keine dieser Auffassungen von Zeiteinteilung ist von vornherein die bessere. Jede hat ihre eigenen Konfliktanfälligkeiten: Betonung der Pünktlichkeit im Zusammenhang mit den Streßphänomenen der Industriegesellschaft und großzügige Zeiteinteilung im Zusammenhang mit dem Fatalismus orientalischer Bevölkerungsgruppen.

Spannend wird es, wenn unterschiedliche Bezugssysteme – nicht nur in transkulturellen Partnerschaften, sondern auch in anderen Lebensbereichen – aufeinandertreffen. Entwicklungshilfe, Industrialisierung in der dritten Welt und – in entgegengesetzter Richtung – Stadtflucht, Folklore und Alternativbewegungen sind Beispiele für die Konfrontation derart unterschiedlicher Lebensweisen.

Praktische Konsequenzen:

Die dargestellten Einstellungen wirken sich nicht nur auf das berufliche Leben aus, genausowenig wie die Privatsphäre unabhängig vom Beruf ist. Beide Bereiche durchdringen sich gegenseitig und stehen in Wechselwirkung. Treten nun Schwierigkeiten in der Sphäre der Partnerschaft auf, sind zwei Fragen zu stellen:

1. Ist die Partnerschaft bzw. sind die augenblicklichen Bedingungen der Partnerschaft die Ursache (Überforderung, Unterforderung, Unzufriedenheit mit dem Partner)?
2. Oder liegt vielmehr eine Störung der gesamten Persönlichkeitsökonomie im Sinne einer neurotischen Einschränkung des Wertgesichtsfeldes vor, wobei die Ursachen außerhalb der Partnerschaft liegen?

Ich konnte beobachten, daß alle Menschen – trotz der sozialen und kulturellen Unterschiede – auf vier Formen der Konfliktverarbeitung zurückgreifen. Dieses »Vierergespann« ähnelt einer Waage, die immer ein ausgewogenes Verhältnis von je etwa 25 Prozent haben muß, um ein seelisches Gleichgewicht zu garantieren. Die Bestrebungen aller Menschen sind letztlich auf Glück und Selbstverwirklichung ausgerichtet. Die Mittel auf dem Weg dorthin werden aber oft einseitig gewählt. Ausschlaggebend für ein ausgewogenes Seelenleben ist die Fähigkeit, positiv und kreativ zu denken, eine Eigenschaft, die dem westlichen Menschen nahezu abhanden gekommen, aber durchaus wieder erlernbar ist.

Wenn diese »Waage« in der Lebenspraxis durch Flucht in die Krankheit (Körper), Flucht in die Arbeit (Leistung), Flucht in die Geselligkeit oder auch Einsamkeit (Kontakt), aber auch durch

Flucht in Träume (Phantasie) aus dem Gleichgewicht gerät, reagiert der Mensch mit physischen oder psychischen Erkrankungen. Man fragt daher nach den Beziehungen eines Menschen zu den folgenden vier Kategorien:

Wie ist das Verhältnis eines Menschen zu sich selbst? Nimmt er sich Zeit für seine körperlichen Bedürfnisse wie Schlaf, Nahrung, Ästhetik, Bewegung und Sport, Sexualität, Körperkontakt, Zärtlichkeit und Gesundheit?

Wie ist das Verhältnis zum Beruf: Habe ich den Beruf freiwillig gewählt oder wurde ich in diesen Beruf gezwungen? War nichts anderes da, was ich werden konnte? Interessieren mich die Aufgaben, die mir gestellt werden? Arbeite ich nur, um Geld zu verdienen und mir etwas anderes leisten zu können, oder ist der Beruf für mich Sinnerfüllung und inneres Bedürfnis geworden? Habe ich Konflikte in meinem Beruf? Werde ich überfordert oder unterfordert? Gefällt mir zwar der Beruf, aber komme ich mit den Kollegen nicht aus? Wieweit kann ich einen Beitrag zur gesellschaftlichen Entwicklung leisten? Inwieweit beziehe ich ethische und moralische Fragen in meinen Beruf ein?

Wie ist das Verhältnis zum Partner und zur sozialen Umgebung? Habe ich einen guten Kontakt zu meiner Frau/meinem Mann, zu den Kindern? Nehme ich mir Zeit für meine Familie? Habe ich Vertrauen zu ihnen? Nehme ich Rücksicht auf meine Familie? Fordere ich nur Gehorsam und Höflichkeit oder lege ich Wert auf einen offenen Meinungsaustausch?

Wie ist das Verhältnis zu Verwandten, Freunden, Kollegen? Wie ist mein Verhältnis zu meinen Landsleuten und anderen Menschen überhaupt?

Bin ich kontaktbereit, gesellig? Habe ich Vorurteile, Ängste oder Aggressionen gegenüber einzelnen Personen oder Gruppen?

Wie ist das Verhältnis zur Zukunft: Bin ich mit der Gegenwart zufrieden oder unzufrieden? Sehe ich Entwicklungsmöglichkeiten oder Stillstand? Welche Ziele habe ich und welches sind die Ursachen meines Orientierungssystems? Welche Bedeutung hat für mich überhaupt das Leben? Wie verarbeite ich Schwierigkeiten, die in den anderen Bereichen auftreten? Bin ich bereit, offen meine Meinung zu sagen, auch auf die Gefahr hin, die freundlichen Blicke der anderen zu verlieren? Welche Beziehung habe ich zum musischen Bereich: Kunst, Malerei, Musik und Literatur? Wie stelle ich mir das Leben nach dem Tode vor?

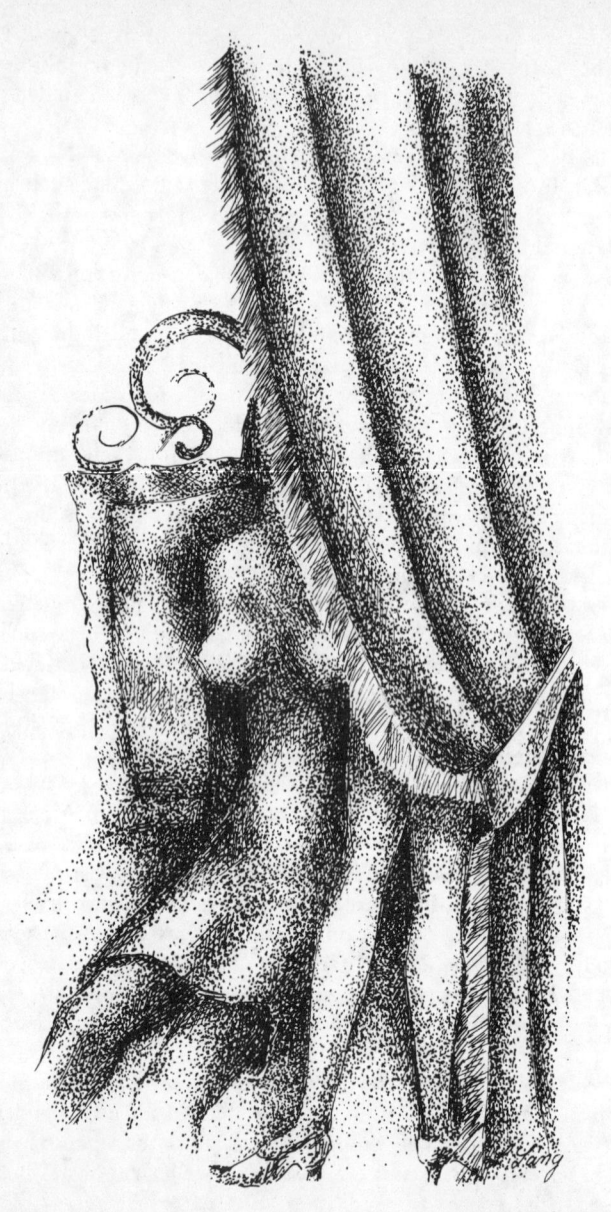

Partnerschaft als Mentorenhilfe

»Jede Frau, die einen Liebhaber nimmt, denkt mehr
darüber nach, wie andere Frauen diesen Mann sehen,
als wie er ihr selbst erscheint.«

Chamfort

Die Fähigkeit, Lust durch andere zu gewinnen

Geschichte: »Zwei Freunde und vier Frauen«

»Wie schön ist es, zwei Frauen zu haben«, schwärmte ein Mann vor seinem
Freund, als beide bei einer Wasserpfeife in einem Kaffeehaus saßen. Mit
den blumenreichsten Worten pries er die Abwechslung. Die Augen des an-
deren wurden immer größer. »Wie im Paradies«, dachte er, »muß es meinem Freund ergehen. Warum soll ich nicht von dem Honig zweier Frauen
kosten wie mein Freund?« So heiratete er eine zweite Frau. Als er in der
Hochzeitsnacht das Bett mit ihr teilen wollte, wies sie ihn zornig zurück:
»Laß mich schlafen, geh doch zu deiner ersten Frau. Das dritte Rad am
Wagen will ich nicht spielen. Entweder ich oder deine andere Frau.« Um
Trost zu suchen, ging er zu seiner anderen Frau. Als er zu ihr ins Bett
schlüpfen wollte, schimpfte auch sie: »Mit mir nicht. Wenn du eine zweite
Frau geheiratet hast und ich dir nicht gut genug bin, gehe doch zu ihr.« Es
blieb ihm nichts anderes übrig, als sein Haus zu verlassen und in die nahe
gelegene Moschee zu gehen, um dort eine Ruhestatt zu finden. Als er versuchte, in Gebetshaltung einzuschlafen, hörte er hinter sich ein Räuspern.
Erstaunt drehte er sich um, denn der Ankömmling war niemand anders als
sein guter Freund, der ihm von den Freuden, zwei Frauen zu haben, vorgeschwärmt hatte. »Warum bist du denn hierhergekommen?« fragte er ihn
verwundert. – »Meine Frauen haben mich nicht zu sich gelassen. Das geht
schon Wochen so.« – »Aber warum hast du mir denn erzählt, wie schön es
ist, mit zwei Frauen zusammenzuleben?« Verschämt antwortete der Freund:
»Ich fühlte mich so einsam in dieser Moschee und wünschte mir, einen
Freund bei mir zu haben.«

Erklärung:

Die Zweier-Situation in der Partnerschaft wirkt mitunter beängsti-
gend, vornehmlich für extravertierte Menschen, die an das Urteil und
die Bestätigung durch eine Gruppe gebunden sind. So werden oft kol-

lektive sexuelle Praktiken gesucht oder zumindest Praktiken, die das Gefühl erwecken, sie seien von anderen anerkannt. Von der Rolle des Zuschauers stimuliert, versetzt man sich plötzlich in die Rolle des Spielers. »Wenn ich mit meiner Freundin allein bin, klappt's nicht. Nur wenn ich einen Sexfilm besucht habe, tritt bei mir eine Erektion ein. Am besten klappt es aber, wenn wir es mit mehreren Paaren zusammen machen. Irgendwie kommt man dann schon in Erregung.« Oder: »Wenn ich mich selbst befriedige, rufe ich mir sexuelle Paarbilder vor das innere Auge, das stimuliert mich. Oder ich stelle mir vor, wie mein Partner mit einer anderen schläft. Dann lasse ich meiner Phantasie freien Lauf.«

Nahe bei der »Partnerschaft als Mentorenhilfe« finden wir »Partnerschaft als Konformität«: Man meint, man müsse genauso handeln wie die anderen und übernimmt so die Gruppennormen, paßt sich an, ohne die eigenen Bedürfnisse und Möglichkeiten zu berücksichtigen. »Wenn ich es nicht mache, werde ich von den anderen nicht anerkannt.«

Fall: »Partnertausch – Gruppensex«

»Es begann eigentlich mit den Hippies, die mein Mann kennenlernte. Vor etwa fünf Jahren war jeder in meinem Alter mehr oder minder neugierig, Haschisch zu probieren. Als ich fünf Tage mit meiner Mutter und meinem Sohn Urlaub machte, suchte mein Mann, ohne mein Wissen, die Bekanntschaft von Hippies. Kurz darauf kam er mit diesen zwei jungen Männern in unsere Wohnung. Natürlich wurde Hasch geraucht, doch mir bedeutete das nichts. Die Hippies kamen nun oft, und wann sie wollten. Ihre Einstellung zu sexuellen Dingen ist ja bekannt! Jeder wie er will und wann er will! Ihre Art, so natürlich über sexuelle Wünsche zu sprechen, mag Anlaß gewesen sein, uns freier auszuleben. Ein uns bekanntes Ehepaar hatte offenbar den Wunsch, Versäumtes nachzuholen. So kam es, daß Michaela, 28 Jahre, und ihr Mann Jürgen, 31 Jahre, unserer Einladung zum Abendessen Folge leisteten. Außer meinem Mann glaubte niemand ernstlich daran, daß wir so weit gehen könnten. Doch da der eine die andere gern sah, kam es doch zum »Bäumchen wechsle dich«. Dennoch war es nicht nur Sex, was unsere Freundschaft aufrechterhielt. Wir hatten zusammen viele nette Stunden mit Tanzen und gutem Essen verbracht. Das Verhältnis kühlte dadurch ab, daß Jürgen sich in ein junges Mädchen verliebte und Frau und Kind verlassen wollte. Ich mag dabei eine gewisse Rolle gespielt haben, denn Jürgen hatte wohl vor mir nur seine Frau, die in sexuellen Dingen etwas prüde war. So zog er Vergleiche. Nach dieser Episode ließ mein Mann ein Inserat in eine Zeitung setzen, in dem ein großzügiges Ehepaar gesucht wurde. Mit gemischten Gefühlen fuhren wir zu der ersten Einladung. Ich war sehr überrascht, ein so nettes Ehepaar anzutreffen. Wir sprachen darüber, welche Vorstellungen ein jeder von unserer Beziehung hat und einigten uns auf Freundschaft und je nach Bedarf auch Partnertausch. Nach der dritten Begegnung kam es dazu. Es fiel mir jedoch wie immer etwas schwer, so daß ich mir erst einen kleinen Schwips antrank. Bis zu unserem Urlaub hatten wir viele Begegnungen.

In unserem Urlaub in Südfrankreich lernten wir ein sehr nettes Ehepaar aus K. kennen. Da es ein FKK-Urlaub war, zeigte man sich auch sonst nicht prüde. Jedoch entscheidend war es die Initiative von Helga. Peter, ihr Mann, und ich hatten nichts miteinander, da es ein wenig mehr war, was uns verband, vielleicht schon ein bißchen Liebe, wobei man nicht gerne dritte und vierte hat.

Nach Urlaubsende trafen wir uns sowohl in M. als auch in K. Dabei kam es zwischen Peter und mir nun auch zu sexuellen Erlebnissen. Mein Mann jedoch merkte an meinem Verhalten, daß es bei mir mehr war als Sex, und somit gab es zunächst zwischen uns vier kein Treffen mehr. Durch Zufall lernte ich im September vergangenen Jahres einen netten jungen Mann kennen. Wir unterhielten uns viel, da ich beim Winzerfest Wein ausschenkte und er mein Kunde war. Er kam täglich und hatte wohl bei mir das Gefühl, sein Herz ausschütten zu können. Er berichtete mir, wie sehr er unter seiner Scheidung gelitten hatte. Ich versuchte ihn auf verständnisvolle Weise zu trösten. Auch erzählte ich ihm, wie freizügig wir lebten. Aufgrund seines Verständnisses für meine Sehnsucht nach echter Liebe wurde ich mehr und mehr zu ihm hingezogen.

Wieder zu Hause in M., schwärmte ich meinem Mann von meiner Eroberung vor. Mein Mann sagte daraufhin wörtlich: »Diese Schwärmerei hat bestimmt ein Ende, wenn Du mit ihm geschlafen hast.« Ich sollte nun Alfred zu uns einladen, und unter irgendeinem Vorwand wollte mein Mann verschwinden.

Von nun an war es um mich geschehen. Ich glaubte nur noch auf dieser Welt zu sein, um den Herren der Schöpfung Freude zu bereiten. Ich hatte in Alfred einen wirklichen Freund, der verstand, daß ich so nicht leben kann. Ich sagte meinem Mann, wie sehr ich verliebt sei, und rief alle meine Bekannten an, mit denen wir sexuelle Beziehungen hatten, daß mit mir nicht mehr zu rechnen sei. Sie hatten alle Verständnis und respektierten meine Meinung, und bis zum heutigen Tag hatten wir keinen Wortwechsel.

Doch mein sexuelles Verhalten meinem Mann gegenüber ist seit diesem Zeitpunkt sehr gestört. Ich habe all die Zeit hindurch wahrscheinlich Sex mit Liebe verwechselt, und nun bin ich so weit, daß nichts, aber auch gar nichts mehr mich aus meiner nihilistischen Stimmung befreien könnte außer einem Leben in echter Partnerschaft, an das ich nicht mehr so richtig glaube!«

Die Patientin suchte wegen Depressionen, innerer Unruhe und Sexualstörungen die Praxis auf: »Mein Problem, oder besser gesagt die Frage, ob mein Verhalten richtig oder falsch ist, bewegt und beschäftigt mich seit einem Jahr sehr. Ich frage mich oft, ob mein Mann und ich überhaupt zusammenpassen.«

Um Gemeinsamkeit und Unterschiede zwischen den beiden Partnern herauszufinden, führten wir das Differenzierungsanalytische Inventar (DAI) durch. Die Patientin beschrieb ihren Mann, ihre Mutter und sich selbst. Wir geben Auszüge wieder:

Sparsamkeit: »Mein Mann ist nicht im allgemeinüblichen Sinne sparsam, sondern eher berechnend, wenn nicht sogar geizig. Für Vergnügen, wie zum Beispiel rauchen, trinken, Sex-Heftchen oder Sex-Filme, gibt er unbesorgt Geld aus, doch wenn es darum geht, etwas anzuschaffen, was nicht dem Vergnügen dient, so wird von früh bis spät geklagt, daß nichts von seinem Verdienst übrig bleibt. Beispiel mag die Tatsache sein, daß ich in den letzten fünf Jahren nicht ein einziges Kleidungsstück von meinem Mann bekam, sondern mir alles selbst von meinen 40 Mark Taschengeld (monatlich) kaufte.

Meine *Mutter* hingegen ist sehr großzügig. Sie hat uns all die Jahre immer unterstützt. Sei es bei Anschaffungen im Haushalt, beim Kauf des Wohnwagens oder der Kleidung meines Sohnes. Dennoch ist sie auf ihre Art sparsam. Sie teilt ihr Geld gut ein und ist gewohnt, für alles die Verantwortung zu tragen und käme daher nie in Versuchung, sich finanziell zu übernehmen.

Meine Beziehung zur Sparsamkeit ist etwas leger. Es ist nun das erste Mal in meinem 31jährigen Leben, daß ich über eigenes Geld verfüge, und zwar seit vier Monaten, seit ich bei Frau Dr. M. als Arzthelferin anfing. Ich kaufe gerne spontan Dinge, von denen ich glaube, daß sie Freude bereiten oder nützlich sind. Von Sonderangeboten mache ich gerne Gebrauch. Ich bin jedoch nicht so uneigennützig, um mir nicht selbst einmal eine Freude zu machen. So habe ich mir von meinem eigenen ersten Verdienst sehr günstig ein Kostüm gekauft. Alles in allem teile ich mein Geld ein, doch glaube ich immer, jedem Familienmitglied am Anfang eines Monats eine Freude bereiten zu müssen, und kaufe immer etwas.«

Genauigkeit: »Mein *Mann* ist in dienstlichen Dingen sehr genau und pünktlich, doch wenn ich ihn bitte, mir etwas aus der Stadt zu besorgen, so muß ich ihm diese Bitte mehrmals sagen, bis er sie erfüllt.

Meine *Mutter* hingegen ist sehr genau. Ich könnte kein einziges Beispiel nennen, das ihre Genauigkeit in Frage stellte. *Ich* selbst bin nicht minder genau, sowohl beruflich als auch privat. Bittet mich jemand um eine Gefälligkeit, so wird es prompt erledigt. Im Beruf, zum Beispiel Laborarbeiten, kommt es sehr auf Genauigkeit an, und sollte mir einmal etwas daneben gehen, so mache ich die gleiche Arbeit lieber noch einmal, als das Gefühl zu haben, es könnte nicht stimmen. Ähnlich ist es im Haushalt. Ich bin zwar nicht bestrebt, daß man auf dem Fußboden essen kann, doch bin ich in einer gewissen Regelmäßigkeit dahinter her, daß Familie und Wohnung im gutbürgerlichen Sinne ›ihre Ordnung‹ haben.«

Sauberkeit: »Über meinen *Mann* kann ich ein eindeutiges Urteil fällen: In meinen Augen ist er schlampig und unsauber. Wenn er einmal abends nichts mit mir vorhaben sollte, so findet er es völlig unnötig, sich zu waschen. Auch macht es ihm nichts aus, einmal mit einem Fleck auf der Hose in den Dienst zu gehen. Um ihn zu bewegen, sich umzuziehen, bedarf es jedesmal einer großen Überredungskunst.

Ich hingegen wasche und pflege mich eher zuviel als zuwenig. Ebenso ist es im Beruf. Ich bin immer bemüht, daß alles, was ich tue, möglichst keine Spuren hinterläßt. Im Haushalt kann ich bis zu einem gewissen Grad ein wenig lässiger sein. Zu meiner Zeit als ›Nur-Hausfrau‹ habe ich jeden Tag abgestaubt, gebügelt, doch ich sehe darin keine Notwendigkeit mehr, weil mein Mann all diesen Tätigkeiten keine Beachtung schenkt, und mich mein Beruf, in dem ich auch geistig tätig bin, mehr ausfüllt, als die manuelle, stupide Tätigkeit zu Hause, die niemand würdigt.«

Ordnung: »Bei meinem *Mann* wird, was das Private angeht, Ordnung sehr kleingeschrieben. Ich könnte unzählige Beispiele aufführen, doch ich begnüge mich mit ein paar Einzelheiten: Er sucht jeden Morgen aufs Neue seine Wohnungs- und Büroschlüssel, seine Geldbörse und Brieftasche. Trägt er ein Paar Socken, so wirft er sie entweder in den Kleiderschrank oder unters Bett, zwar nicht immer, aber auffallend häufig. Mit seinen 48 Jahren ist er nicht einmal in der Lage, einen Pullover richtig zusammenzulegen oder irgendein sonstiges Kleidungsstück. Dies waren nur kleine Beispiele, doch wie gesagt, könnte ich unzählige aufführen.

Meine *Mutter* hingegen schreibt für meine Begriffe ›Ordnung‹ zu groß. Es grenzt schon fast an Ungemütlichkeit. Bei ihr muß alles bis in die kleinste Fuge hundertprozentig sauber sein. Sitzt man gemütlich beieinander, und ein Aschenbecher ist voll von Kippen, so springt sie auf, um ihn zu leeren. Für mein Dafürhalten ist sie zu gründlich. *Ich* dagegen bin von Mutter und Ehemann der goldene Mittelweg.«

Nach Aufarbeitung dieser als »Mikrotraumen« wirkenden unterschiedlichen psychosozialen Normen ließ sich die Therapie nach 15 Sitzungen abschließen. Nach einem Jahr berichten Patientin und Ehemann übereinstimmend, daß keine sexuellen Störungen mehr bestünden. Auftretende Schwankungen könnten sie selber steuern und kontrollieren. Der Lebensstil habe sich insofern gewandelt, als beide Ehepartner neue gemeinsame Interessen entwickelt hätten und besser Kontakt zur Außenwelt bekämen. Die Sexualität sei, wie der Ehemann formulierte, für sie »nicht mehr das einzige und ausschließliche Lebensziel und die einzige Kontaktmöglichkeit«.

Deutung:

Jeder hat die Fähigkeit, andere nachzuahmen oder selbst ein Modell für Nachahmungen zu bieten. Nachgeahmt werden nicht nur offene Verhaltensweisen des Vorbildes, sondern auch Haltungen, Einstellungen und Gefühlsqualitäten, die vom Vorbild als Privatsache betrachtet werden. Nachahmung ist eine der wesentlichsten Lernfunktionen. In der Partnerbeziehung dient das Verhalten der Eltern untereinander als Modell. Durch die Einstellungen und das Verhalten der Eltern zur außerfamiliären Umgebung werden die Gefühlsbeziehungen des Kindes vorgeprägt. Ob ein Partner nach dem Sinn seines Handelns fragt oder sich unkritisch mit den Personen, Gruppen und deren Normen identifiziert, hängt vom Vorbild seiner frühesten Umgebung, seinem jetzigen Bekanntenkreis und von seinen Zielvorstellungen ab. Immer wirkt das konkret beobachtbare und erwartete Verhalten (sekundäre und primäre Fähigkeiten) der Bezugspersonen als Modell. Dabei treten folgende Prozesse in Erscheinung:

Man ahmt jemanden nach, weil man die Nachahmung als solche als belohnend empfindet: »Obwohl ich von Gruppensex nicht viel halte, mache ich doch mit, denn dann fühle ich mich von den anderen akzeptiert« (Vertrauen, Kontakt, Sexualität).

Die Nachahmung erfolgt, weil man positive Konsequenzen (»Belohnung«) erwartet: »Ich mache das, was mein Partner will; vielleicht wird er dann großzügiger und ordentlicher« (Sparsamkeit, Ordnung).

Die Nachahmung erfolgt oder unterbleibt, weil man direkt oder indirekt (in Filmen, Büchern, in Schlagern etc.) beobachtet hat, daß dieses Verhalten bei anderen positive oder negative Konsequenzen hatte: »Mein Therapeut hat auch eine Freundin neben seiner Frau. Er meint, daß das gut ist«.

Einseitige Nachahmungstendenzen können zu folgenden Störungen und Konflikten führen: Einschränkung der eigenen Urteilsfähigkeit; affektive Ablehnung des Vorbilds; überbetonte Selbständigkeit; ambivalente Haltung zum Vorbild; Schwankung zwischen Liebe und Haß; Hemmungen bei einem erdrückenden Vorbild; Riesenerwartungen gegenüber sich und dem Vorbild; Ungeduld.

Andere Kulturen:

Verbundenheit und Gruppenzugehörigkeit bestehen im Orient durch das ganze Leben. Man wird in eine Großfamilie hineingeboren, organisiert Unternehmungen kollektiv, wird von der Gruppe in der Partnerwahl intensiv beraten, verbringt seine Verlobungszeit im Schoß der Familie der Braut und des Bräutigams, feiert im Beisein aller nur erreichbaren Verwandten und Bekannten, öffnet sein Haus für Gäste, plant seine Unternehmungen und seinen Urlaub mit anderen – eine Urlaubsfahrt gleicht daher eher einem Familien- oder Betriebsausflug.

Selbst der Tod wird von der Bezugsgruppe noch zum Anlaß genommen, den Zusammenhalt zu demonstrieren: Beim gemeinsamen Leichenschmaus erzählt man sich über die schönen Zeiten mit dem Verblichenen und verpflichtet damit dessen Kinder noch intensiver dem Familienkollektiv.

Manche Orientalen, die es sich leisten können, und die in mancher Hinsicht europäisiert sind, fahren mit Vorliebe ins westliche Ausland, nach Deutschland, in die Schweiz oder nach Frankreich, und dies weniger, um der strengen Sexualmoral der Heimat zu entfliehen. Im Vordergrund steht vielmehr der Wunsch, einmal etwas alleine zu tun, ohne daß die Großfamilie bis in die intimsten Winkel spürbar ist.

Praktische Konsequenzen:

Um die emotionalen und inhaltlichen Anteile des eigenen Verhaltens zu inventarisieren, fragen wir nach unseren Tendenzen, Vorbilder und Modelle nachzuahmen: Wer von Ihnen, Sie oder Ihr Partner, zeigt mehr Nachahmungstendenzen? Auf welche Aktualfähigkeiten (Ordnung, Pünktlichkeit usw.) beziehen sie sich? Welche Person, Figur, welcher Autor, welches Motto ist Ihr Leitbild? Möchten Sie gerne wie die anderen sein? Wer von Ihren Eltern war Ihr Vorbild? Finden Sie bei sich (Ihrem Partner) Eigenschaften und Verhaltensweisen, die Sie an eine frühere Bezugsperson erinnern?

Verhaltensregulative:

Unser Handeln, auch unsere Gedanken können ein Vorbild für andere sein: Verhalten Sie sich in dem Bewußtsein, daß Sie Vorbild sind. Auch das, was wir vom besten Vorbild übernommen haben, bedarf der Nachprüfung: Mit eigenen Augen sehen, mit eigenen Ohren hören, mit der eigenen Vernunft urteilen.

Partnerschaft als Neugierkonsum

> »Liebe besteht zu drei Viertel aus Neugier.«
> *Casanova*

Die Fähigkeit, die bekannten Grenzen zu überschreiten

Geschichte: »Kostbarer Schmuck«

Voller Stolz und Begeisterung präsentierte ein Mann seinem Freund eine wunderschöne Halskette, die er gerade für seine Frau erstanden hatte. Der Freund war sprachlos über so viel Glanz und Kostbarkeit und sagte schließlich: »Ich an deiner Stelle hätte meiner Frau keine Kette, sondern ein Auto gekauft.« »Das hätte ich auch getan«, erwiderte der Mann, »aber ein unechtes Auto gibt es noch nicht.«

Erklärung: »Liebe als Neugierkonsum«

Neugier ist für die Entwicklung eines Menschen äußerst wichtig. Was man als Kreativität bezeichnet, geht zu einem großen Teil auf Neugier zurück – auch in der Liebe. Wird eine Partnerschaft nur aus Neugier eingegangen, gerät sie leicht zur technischen Versuchsanstalt oder wird, weil man in Abwechslungen nicht erfindungsreich genug ist, bald eintönig. Man sucht die Abwechslung dann gerne anderswo.

Fall: »Jede Blume riecht anders.«

Meine erste Ehe habe ich 1966 geschlossen. Meine damalige Frau hatte ich in der Arbeitsstätte kennengelernt, sie hatte dort als Werkstudentin Büroarbeiten erledigt und viel für mich schreiben müssen. Es war wohl die Einsamkeit (im privaten Bereich, beruflich war ich zu dieser Zeit voll ausgelastet und recht zufrieden), die mich in eine so frühe Bindung trieb – ich wollte einfach nicht ständig allein sein. Sehr bald wurde der erste Sohn geboren (1967), beruflich ging es gut voran, trotz des abgebrochenen Studiums wurde ich anerkannt und war bald Gruppenleiter, dann auch Abteilungsleiter für kommerzielle Programmierung. Die Karriere hatte einen Nachteil, der aber berufstypisch ist: Ich mußte sehr viel reisen und war nur wenig zu Hause. Für eine junge Ehe unter jungen Leuten stellte die ständige Reiserei ein großes Problem dar. 1968 wurde der zweite Sohn geboren. 1969 veränderte ich mich beruflich und zog wegen der Probezeit erst mal allein um. Nach einem halben Jahr kam die Familie nach – aber sie war schon keine mehr. Die berufliche Belastung war sehr stark, ich bekam Probleme mit dem Alkohol. Meine Frau reichte die Scheidung ein – ich war sehr gekränkt und ließ im Grunde alles geschehen, leistete nur Scheinwiderstand. Die Ehe wurde noch 1969 geschieden.

Meine zweite und dritte Ehe entstanden aus einem Verhältnis mit einer Mitarbeiterin, die ebenfalls geschieden war und eine Tochter hatte, die nur wenig jünger war als mein ältester Sohn. Im Grunde hatte ich aus der ersten Scheidung nichts gelernt. Diesmal war es Neugier und die Unfähigkeit, allein zu leben, die mich in eine neue Verbindung trieb. Ein wenig hat auch das Mitleid mit meiner Stieftochter mitgespielt, zu der ich bis heute ein gutes Verhältnis bewahrt habe. Die Beziehung zu meiner zweiten Frau war in körperlicher Hinsicht sehr intensiv. Beruflich gab es in dieser Zeit große Turbulenzen. 1971 machte ich mich selbständig, da mir meine bisherige Stelle (obwohl ich dort mittlerweile Prokurist geworden war) nach organisatorischen und personellen Veränderungen nicht mehr gefiel.

Diese Ehe konnte kaum Bestand haben. Meine Frau war sehr extrovertiert, unternehmungslustig, gern unter Leuten (und, wie sich später herausstellte, nicht eben treu). Dennoch bestand sie Jahre; 1973 wurde die gemeinsame Tochter geboren, die heute noch bei mir lebt. Die erste Scheidung von meiner zweiten Frau nahm ich nicht recht ernst, wir heirateten dann ja auch abermals (welch ein Unfug!), um uns dann 1978 endgültig zu trennen. Es war nie strittig, daß das Sorgerecht für die Tochter bei mir liegen sollte. Aus heutiger Sicht bezweifle ich, ob das für das Kind richtig war, ob es nicht bei der Mutter besser aufgehoben gewesen wäre (seit Jahren läßt diese aber erkennen, daß sie die Tochter gar nicht ständig bei sich haben will!).

Meine vierte Ehe, von der ich sicher annehme, daß sie die letzte ist, wurde vor vier Jahren geschlossen. Davor habe ich jedoch schon sechs Jahre mit meiner Frau zusammengelebt, eigentlich von dem Zeitpunkt an, als das Zerbrechen der zweiten/dritten Ehe feststand. Seitdem lebe ich in W. Meine Tochter kommt mit meiner Frau nie klar.

In den letzten fünf Jahren bin ich aus einer nicht sehr großen Wohnung in ein kleines Haus außerhalb der Stadt gezogen; habe ich meine Lebensgefährtin geheiratet; habe ich mich 1986 mit einem Kollegen, mit dem ich schon seit vielen Jahren zusammengearbeitet habe, zur gemeinsamen Berufsausübung zusammengetan; haben meine beiden Söhne Abitur gemacht, Wehr- bzw. Zivildienst abgeleistet und beide ein Studium aufgenommen, was mit erheblichen Kosten verbunden ist; hatte ich drei kleine bzw. mittlere chirurgische Eingriffe zu ertragen.

Jetzige Beschwerden: »Konzentrationsstörungen, nicht nur bei der Arbeit, sondern auch beim Lesen von Büchern. Kopfschmerzen, in der Regel morgens und abends nach der Arbeit, seltener bei der Arbeit. Schlafstörungen – wenn ich nachts erwache, wird mir bewußt, was alles an unerledigter Arbeit vor mir liegt. Ich neige dazu, notwendige Arbeiten in die Zukunft zu verschieben, besonders wenn mir die Arbeiten unangenehm sind. Sexuelles Desinteresse; ich habe kein Bedürfnis nach geschlechtlichen Begegnungen. Sorgen macht mir das Verhältnis zwischen meiner Tochter und meiner Frau – die beiden haben sich von Anfang an nicht verstanden; meine Tochter hat nie eine Stiefmutter akzeptieren wollen. Zu meinen Söhnen habe ich praktisch kein Verhältnis, wie man es – auch in geschiedenen Ehen – zwischen Vater und Kindern erwarten sollte.«

Der Patient war beruflich darauf angewiesen, möglichst viele Informationen zu bekommen und mit wechselnden Geschäftspartnern zu arbeiten. Kontakte blieben weitgehend auf die Familie und deren Probleme beschränkt. Sofern sie den Rahmen der Familie überschritten, waren sie Geschäftskontakte. Andere Kontaktformen waren »dummes Zeug« oder wurden aus Angst vor einer möglichen Rivalität umgangen. Sein Beruf machte ihm Spaß: »Immer wieder etwas Neues, es wird nie langweilig.« Unbewußt hatte er seine beruflichen Neigungen auf seine Partnerbeziehungen übertragen.

Die Neigung des Patienten, die Schwierigkeiten in erster Linie als Mangel seiner Partnerinnen zu verstehen und seinen eigenen Konfliktanteil zu leugnen, ist ein seelischer Widerstand, dem wir in vielfältiger Form begegnen. Es handelt sich um Projektionen von Konfliktinhalten, die nicht im Innern, sondern draußen bei den anderen gesehen werden, um Generalisierung von Konflikten mit dem Ziel, das eigene Ich zu schonen.

Man versucht, seinen Konflikten zu entfliehen, trägt sie aber, wie ein Esel seine Last, mit sich herum, findet sie an jedem anderen Ort und mit jedem anderen Partner wieder. Wilhelm Busch sagte dazu: »Der Ort ist gut, die Zeit ist neu. Der alte Lump ist wieder da.«

Deutung: »Neugierkonsum«

Neugier ist der Wunsch, die bekannten Grenzen zu überschreiten, um etwas Neues zu erfahren. Als Hauptmotivation drängt die Phantasie in den Vordergrund und stimuliert zu der Handlung. Gäbe es keine Neugier der Phantasie, gäbe es keinen Zweifel und keine Angst; ohne Zweifel und Angst jedoch gäbe es keine Entwicklung und keinen Fortschritt, aber auch keine Selbstfindung des Menschen.

Die Fähigkeit der Phantasie entwickelt sich schon früh, zu einer Zeit, in der das Kind noch nicht zwischen Wirklichkeit und Vorstellung unterscheiden und klare Kausalbeziehungen herstellen kann. Sie entfaltet sich im Spiel. Der Verlauf dieser Entwicklung wird davon beeinflußt, in welcher Weise familiäre Konzepte die Bereitschaft fördern, auf die Phantasie und ihre Inhalte einzugehen.

Wenn wir von *Neugier* sprechen, meinen wir die Fähigkeit und Bereitschaft, uns anderen Menschen, den Eltern, den Partnern, den Berufskollegen und sozialen Gruppen, aber auch den Tieren, Pflanzen und Dingen zuzuwenden. Diese Zuwendung ist jedoch bei manchen Menschen eng verknüpft mit Angst und Aggression. Schließlich ist sozialer Kontakt nicht nur eine Bestätigung, sondern stellt darüber hinaus eine gewisse Bedrohung dar: Durch die Konfrontation mit dem anderen wird die eigene Wertvorstellung in Zweifel gezogen. Für einige ist dies Anlaß genug, nur dort Kontakte zu suchen, wo sie mit Zustimmung rechnen können, wo die gleichen Muster an Aktualfähigkeiten vorherrschen. Bekanntlich neigen wir dazu, solche Menschen als Freunde zu gewinnen, die in ähnlicher Weise denken wie wir, die gleichen Ansichten über bestimmte Dinge haben und sich bezüglich ihrer Geschmacksrichtung und Interessen nicht so sehr von uns unterscheiden. Ist eine Gruppe unter diesen Gesichtspunkten zusammengesetzt, so bildet sich ein festes Repertoire von Antworten und somit ein gemeinsamer Grundstock von Selbstverständlichkeiten. Man hat sich nach einiger Zeit nichts Neues mehr zu sagen und gefällt sich darin, das Gleiche zu hören und zu wiederholen, weil es bequem ist. Damit ist jegliches Neugierverhalten blockiert.

Andere Kulturen:

Neugier bezieht sich im Orient auf *den* Ehepartner, den man einmal heiraten wird. Daneben ist man traditionsgemäß neugierig im oben beschriebenen Sinne, daß heißt man hat die Fähigkeit und die Bereitschaft durch Lernen am Modell erworben, mit anderen Menschen und Gruppen Kontakte aufzunehmen.

Im Westen trifft man sich häufig in kleinen Gruppen, und nicht bei allen Einladungen wird den Gästen Essen angeboten. Man lädt zu »einem Glas Wein/Bier«. Der Kontakt beschränkt sich dabei auf das Gespräch (Mittel des Verstandes).

Wenn im Osten gefeiert wird, dann nur mit vielen Gästen. Nur eine oder zwei Personen lädt man selten ein. Im Mittelpunkt steht das gute und ausführliche Essen (Mittel der Sinne).

Praktische Konsequenzen:

»Neugier« ist in einer Partnerschaft legitim. Zur Stabilisierung einer Partnerschaft sind jedoch emotionale Wärme und beziehungserhaltende Qualitäten wie Kontaktfähigkeit nötig. Unter *Kontakt* verstehen wir die Fähigkeit, soziale Beziehungen aufzunehmen und zu pflegen. Der soziale Kontakt ist eine Erscheinungsform der Kontaktfähigkeit, die sich auch auf Tiere, Pflanzen und Dinge richten kann. Als Auswahlkriterien für den Kontakt fungieren die anderen Aktualfähigkeiten: Man erwartet von einem anderen Höflichkeit, Pünktlichkeit und Ordnung, Beschäftigung mit bestimmten Interessengebieten etc. und sucht sich Partner, die diesen Kriterien entsprechen.

Wie fragt man danach:
Wer von Ihnen ist kontaktfreudiger? Wer von Ihnen möchte lieber Gäste im Haus haben? Wie fühlen Sie sich, wenn Sie in einer Gesellschaft unter vielen Menschen sind? Fällt es Ihnen schwer, zu anderen Menschen Kontakt aufzunehmen? Wie fühlen Sie sich, wenn Sie viele Gäste haben? Wer von Ihren Eltern war kontaktfreudiger? Hatten Sie als Kind viele Freunde oder waren Sie eher isoliert? Wenn Ihre Eltern Gäste hatten, durften Sie dabeisein und mitsprechen?

Verhaltensregulative:
Es reicht nicht, das intensivste Kontaktbedürfnis zu haben, wenn Sie nichts in Richtung Kontakt, Besuch, Gäste, Briefe schreiben, Telefonieren, Ausgehen etc. unternehmen. Kontakt knüpfen und soziale Beziehungen pflegen kann gelernt werden. Kontakttraining allein nutzt wenig, wenn die Kontaktstörung auf andere Aktualfähigkeiten zurückgeht: Einschränkungen des Kontaktes können aus Gründen der Sparsamkeit, der Ordnung, der Sauberkeit, der Höflichkeit, der Pünktlichkeit etc. geschehen.

Partnerschaft als Notlösung

Die Fähigkeit, im Hier und Jetzt zu leben

Geschichte: »Der Spatz und die Ameisen«

Einst lebte eine große Vielfalt von Tieren in einem wunderschönen Wald, der von vielen bunten Wiesen umgeben war. Da war auch ein Spatz, der sein Nest in den Zweigen eines großen alten Baumes baute. Zu seinen Füßen, in den Wurzeln des Baumes, lebte ein Ameisenvolk. Von seiner luftigen Höhe aus betrachtete der Spatz das geschäftige Treiben des emsigen Volkes. Eines Tages fragte er die Ameisen, was sie eigentlich pausenlos arbeiteten. Die Ameisen antworteten: »Wir erfüllen mit unserer Arbeit nicht nur unsere Aufgabe hier im Wald, wir denken auch an die Zeit, die nach dem Sommer kommt.« »Ach was«, antwortete der Spatz, »was soll das!« Der Sommer und der Herbst gingen dahin. Eine dicke Schneedecke bedeckte die Erde. Der Spatz saß einsam auf einem kahlen Zweig. Er fand kaum mehr etwas zum Fressen, und sein Nest in den kahlen Zweigen bot keinen Schutz mehr. Plötzlich erinnerte er sich an die emsigen Ameisen in ihrem Bau in der warmen Erde. Er flog hinunter, kratzte ein wenig im Schnee und fand den Ameisenbau. Hilfesuchend wandte er sich an die Ameisen. Die Ameisenkönigin antwortete ihm auf sein Rufen: »Im Sommer, als du nur deinem Vergnügen nachgegangen bist, hast du über uns gelacht. Was immer du tust, tue es klug und bedenke das Ende.«

Erklärung:

Zwischen Wunsch und Erfüllung besteht auch in der Partnerwahl eine Kluft. Wie man in der Selbsterfahrung auf die eigene Insuffizienz stößt, trifft man hier auch auf die Schwächen des Partners. Sie bestehen in der Regel darin, daß er nicht so ist wie das Wunschbild, das man sich von ihm gemacht hat. Auch wenn man sich letztlich mit dem »Spatz in der Hand« zufriedengegeben hat, bleiben Ressentiments, die sich meist auf den Prestigewert des Partners beziehen. Die Unerreichbarkeit des Ideals wird zur Quelle innerer Unruhe. So soll die Freundin oder der

Freund nebenher bestätigen, daß man eigentlich gut genug für einen besseren Partner wäre; nicht zuletzt erleichtert die Entfernung vom Liebesobjekt seine Idealisierung und eine imaginäre Annäherung an den Wunschtraum.

Dieser Vorgehensweise, die zunächst eine emotionale Entlastung bedeutet und keine Entscheidung erfordert, droht die Gefahr, Möglichkeiten und Chancen in der Zukunft zu verpassen.

So heiratet man nach mehrjährigem Zusammenleben den Partner, obwohl man noch nie ganz mit ihm zufrieden war, um den Risiken einer neuen Bekanntschaft und Partnerschaft aus dem Weg zu gehen. Man trennt sich nicht von einem Mitarbeiter, der nicht zur vollen Zufriedenheit arbeitet, aus Angst vor dem, was danach kommt. Die Beispiele lassen sich beliebig fortsetzen: Man erweitert nicht seinen Bekanntenkreis, fährt immer an den gleichen Urlaubsort, ist nicht bereit umzuziehen, fremde Länder und andere Kulturen mit ihren neuen Eigenarten zu besuchen oder andere politische Richtungen bzw. weltanschauliche Systeme kennenzulernen.

Fall: »Der Partner als Sprungbrett«

»Ich dachte immer daran, meine Freundin abzuschieben, weil sie nicht das erfüllt, was ich von einer Frau erwarte. Dann habe ich sie aber doch geheiratet. Wahrscheinlich war ich nicht in der Lage, eine attraktivere Frau zu fesseln.«
»Bei meinem Freund finde ich all das, was ich bei meinem Mann vermisse.«
»Ich habe das starke Gefühl, daß ich mir bei meiner jetzigen gesellschaftlichen Position eine andere Frau leisten kann.«

Partnerschaft als »Notlösung« erscheint als Komplementärform der Partnerschaft als Karitativanstalt. Der Partner, dessen man sich aufgrund seiner Hilflosigkeit angenommen hat und dessen Attraktivität in seiner Schwäche besteht, vermag kaum positive narzißtische Vorteile zu verschaffen. Man kann sich zwar um ihn kümmern, sorgen und nach außen hin die eigene Stärke und Hilfsbereitschaft dokumentieren. Zum Vorzeigen oder für Gefühle des Stolzes eignet er sich weniger.

Andererseits kann die Partnerschaft der »Notlösung« ein Entwicklungsschritt im Rahmen einer Ablösung sein. Bei der Ablösung von einem Partner und der Hinwendung zu einem anderen beobachten wir eine subjektive Umwertung persönlicher Qualitäten beider, wie ich sie in den Aktualfähigkeiten beschrieben habe. Die positiven Bindungsanteile des früheren Partners werden nicht mehr wahrgenommen. Sein Leistungsvermögen erscheint als Desinteresse an einem selbst, sein

Wunsch, den Kontakt aufrechtzuerhalten, als bedrängendes Anklammern. Er, der vielleicht früher um jeden Preis erobert wurde, erscheint plötzlich als »Notlösung«. Erst diese Umwertung bietet die Möglichkeit für die nachfolgende Ablösung.

Ein Beispiel für Partnerschaft als »Notlösung« ist die folgende Geschichte, die vor einiger Zeit in der »Quick« zu lesen war: Ein 36jähriger Lehrer, verheiratet, Vater von zwei Kindern, floh – anstatt wie geplant mit der Familie in den Sommerurlaub zu fahren – mit einer seiner Schülerinnen (16 Jahre alt) nach Brasilien. Wochen später wurden sie von einem Reporter in Brasilien aufgespürt.

Vom gesparten Geld, das für den Familienurlaub vorgesehen war, kaufte der Lehrer Flugtickets. Das Mädchen schwindelte den Eltern vor, mit einer Freundin in ein Zeltlager zu fahren. Dann saßen beide in Brasilien, nur mit einem Touristenvisum, wenig Geld, einem kleinen möblierten Zimmer und welchen Zukunftsaussichten? Wie sahen die beiden die Situation?

Das Mädchen: »Ich kenne eine Menge Mädchen aus meiner Klasse, die für ihn geschwärmt haben – und wie! Aber ich habe ihn bekommen. Ich liebe ihn einfach.«

Der Lehrer: »Ich hätte nie geglaubt, daß mir so etwas passieren könnte. Aber eines Tages konnte ich ihr nicht mehr in die Augen sehen. Ich fürchtete, meine Blicke könnten mich verraten ... Nach und nach bekam ich so heftige Gewissenskonflikte, daß ich zu Hause ausgezogen bin. Ich habe mir eine kleine Wohnung gemietet. Ich habe nicht gewagt, mit meiner Frau über mein Problem zu sprechen. Sie war überzeugt, ich stecke in einer Art Midlife-crisis.«

Der Reporter: »Die Atmosphäre in ihrem tropischen Liebesnest schwankt zwischen siebtem Himmel und Melancholie. Noch spricht er nicht über Scheidung. Er verrät keine Silbe darüber, ob er das süße Geschöpf, für das er Haus und Hof verließ, heiraten will. Da leben zwei ihren verbotenen Traum – und haben Bammel vor dem Erwachen.«

Deutung: »Chancen und Gefahren idealisierter Berufe«

Mit einer besonderen Form der »Notlösung« haben wir es in den meisten der Helferberufe zu tun. Krankenschwestern, Ärzte, Psychologen, Theologen, Sozialarbeiter, Lehrer, Masseure, Apotheker oder Rechtsanwälte, aber auch Menschen, die Freizeit gestalten wie Skilehrer, Tennislehrer, Animateure, werden gern von Patienten, Klienten,

Schülern oder Teilnehmern angehimmelt und als Partner begehrt. Dies
hat oft jedoch weniger mit der Person des Begehrten zu tun als damit,
daß er sich in besonderen Lebenssituationen als Hilfs-Ich zur Verfügung stellt und damit – meist ungewollt – Erwartungen der Klienten
weckt und Bedürfnisse auf sich zieht.

Die mütterlich umsorgende Krankenschwester mag tatsächlich auf den
in einem regressiven Zustand befindlichen Patienten als Idealpartnerin,
als Engel wirken. Hier bietet sich der Helfer insofern als Notlösung an,
als er seinem Klienten/Patienten in der Not Halt und Stütze, Hoffnung
und Erleichterung bietet und es dem Patienten/Klienten nicht zu ver-
denken ist, daß er diese Hilfe für sich bewahren möchte.

Partnerschaft in diesem Sinne lebt von der Idealisierung, der Verabsolutierung einzelner erwünschter Verhaltensweisen. Dieser idealisierende
Anspruch wird zumeist als recht angenehm, mitunter aber auch als
Überforderung erlebt. Für manche ist die Idealisierung sogar ein Stück
Selbsterfahrung, in der sie positive Eigenschaften bei sich wahrnehmen, die sie sich – ohne diese Überzeichnung – zu registrieren kaum
getraut hätten.

In die Realität versetzt, scheitert der Idealisierte in aller Regel. Er wird
es kaum schaffen, dauerhaft dem Anspruch gerecht zu werden, und
wird seinen Partner bald enttäuschen, das heißt von seiner Selbsttäu-
schung befreien: daß er ein Wunschbild gesucht hat, ein »Stück« von
einer früheren Bezugsperson, nicht aber den konkreten Menschen, wie
er mit seinen Stärken und Schwächen vor ihm steht. So traurig diese
Enttäuschung zunächst ist, so wird sie zur Voraussetzung dafür, daß
der Betroffene bereit ist, eine realistischere Partnerschaft einzugehen.
In diesem Sinne ist »Ent-Täuschung« besser als Täuschung.

Andere Kulturen:

Durch die besondere Bedeutung der Ehe werden Trennung und Scheidung in orientalischen Kulturen erschwert. Man muß eben mit seiner
»Notlösung« leben. Andererseits bieten Familie und Großfamilie, in
der die Partnerschaft eingebettet ist, vielfache Kompensationsmöglich-
keiten. Wohl die größte Bedeutung erhalten die eigenen Kinder, deren
Existenz traditionell selbst mit dem ungeliebtesten Partner versöhnt.
Sie und die anderen Mitglieder der Großfamilie sind zuständig für die
Entlastung, für die im Abendland die Helferberufe sorgen. Rückhalt
findet man gerade bei jenen Familienmitgliedern, die aktiv am Zustan-
dekommen der Partnerschaft beteiligt waren.

Die Trennung selber ereignet sich viel zäher, meist über eine längere Zeit hinweg, in der Trauerarbeit möglich ist. Sofern keine schwerwiegenden Verstöße gegen die öffentliche Moral vorliegen, übernehmen die früheren Heiratsvermittler auch bei einer zweiten Ehe wieder die Vermittlerrolle.

Praktische Konsequenzen:

Bei einer »Partnerschaft als Notlösung« spielt, wie Erfahrungen und auch die obigen Fälle zeigen, außer dem Schlüsselkonflikt »Höflichkeit – Ehrlichkeit« der Faktor »Zeit« eine wesentliche Rolle. Das trifft auch für berufliche »Partnerschaften« zu: Nehme ich mir Zeit, einen geeigneten Mitarbeiter zu finden? Nehme ich mir Zeit, bestehende Probleme anzusprechen und aufzuarbeiten? Nehme ich mir Zeit, nach meiner Trennung (Ablösung) die Zusammenhänge zu erkennen (Unterscheidung), bevor ich eine neue Partnerschaft eingehe (Verbundenheit)?

Die Aktualfähigkeit »Zeit« ist die Fähigkeit, den Zeitablauf zu gestalten und Beziehung zur Vergangenheit, Gegenwart und Zukunft aufzunehmen. Dies kann passiv geschehen, indem Zeiteinteilungen und Zeitgestaltungen übernommen werden, und aktiv durch die Gliederung der Zeit nach einem persönlichen Konzept. Bereits von früher Kindheit an lernt das Kind, ob es selber etwas mit der Zeit anfangen, wie es sie gestalten kann oder ob es passiv allem Geschehen ausgesetzt ist.

Man fragt danach:

Wer von Ihnen hat für sich und den Partner mehr Zeit? Wie fühlen Sie sich, wenn Ihr Partner für Sie wenig Zeit hat (Situation)? Kommen Sie mit Ihrer Zeit aus oder empfinden Sie Langeweile oder Hetze? Haben Sie genug Zeit für sich selbst, und können Sie mit dieser Zeit etwas anfangen? Was würden Sie tun, wenn Sie eine Woche lang freie Zeit für sich zur Verfügung hätten? Haben Sie (Ihr Partner) eine geregelte Arbeitszeit? Welche Zukunftspläne haben Sie? Denken Sie oft darüber nach, was Sie in der Vergangenheit richtig oder falsch gemacht haben? Wer von Ihren Eltern hatte mehr Zeit für Sie?

Verhaltensregulative:

Sich vorher überlegen, was man mit seiner Zeit anfangen möchte; mit dem Partner oder der Familie darüber sprechen; durch Planung kann man Störungen vermindern; lernen, mit trotzdem auftretenden Überraschungen fertig zu werden; feststellen, was dringlich und weniger dringlich ist, Dinge nacheinander aufarbeiten.

Wofür soll man sich Zeit nehmen? Für sich; für den Partner, die Familie; für soziale Kontakte, den Beruf; für gesellschaftliche und soziale Aufgaben, Weltanschauung/Religion.

Kontrollieren Sie Ihre Zeiteinteilung durch Aufschreiben Ihres Tagesablaufes. Die Einteilung der Zeit in einem Tagesplan hat sich als günstig erwiesen, das eigene Verhältnis zur Zeit zu gestalten. Indem man seine Aufgaben rechtzeitig erfüllt, erfährt man eine gewisse Bestätigung.

Partnerschaft um jeden Preis

»Eine Frau, die einen Mann unbedingt verführen will,
erreicht fast immer ihr Ziel. Umgekehrt sind die Er-
folgsaussichten weit geringer.«

Lebensweisheit

Die Fähigkeit, ein Ziel ohne Rücksicht auf Verluste zu erreichen

Geschichte: »Man kriegt das, was man verdient hat!«

Ein Mullah schrie fürchterlich. Erschreckt kamen seine Nachbarn angelau-
fen: »Oh, Mullah, was ist dir?« »Meine Freunde, ich habe Schmerzen.«
»Warum hast du Schmerzen?« Der Mullah heulte: »Weil es so weh tut!«
»Und warum tut es dir so weh?« fragten die Freunde. »Oh, wie dumm ihr
seid, es tut mir weh, weil ich mir mit dieser großen Nadel durch die Hand
gestochen habe!« Die Nachbarn schüttelten den Kopf. »Warum stichst du
dir denn mit der Nadel in die Hand, wenn du weißt, daß es so weh tut?«
»Weil ich sonst nicht schreien und jammern könnte«, antwortete der Mullah
und wimmerte in den höchsten Tönen.

Erklärung:

Die Torschlußpanik: Einen Partner zu haben und verheiratet zu sein,
gehört zum guten Ton. Es ist gewissermaßen das Klassenziel, das eine
junge Frau oder ein junger Mann erreichen muß. Sonst heißt es: »Die ist
wohl sitzengeblieben.« Oder: »Bei seiner Unordnung findet er ja doch
keine Dumme.« Dahinter steht die Vorstellung, daß der Mensch nur
zweispännig etwas wert sei, als einzelner tauge er nichts. Zum anderen
bleibe ihm ohne Lebenspartner das Glück der Erde verschlossen.
Manche Menschen reagieren in dieser Situation mit Panik. Ähnlich wie
der Mullah in unserer Geschichte um jeden Preis sein Schreien braucht,
bindet man sich bedingungslos immer wieder an den nächstbesten Partner, gleichgültig, ob beide zueinander passen oder was sie füreinander
empfinden. Stellt sich heraus, daß man sich gegenseitig auf die Nerven
geht und miteinander nicht leben kann, zieht man nicht selten folgende
Konsequenzen: »Lieber überhaupt auf einen Partner verzichten, als
noch einmal eine solche Enttäuschung erleben.«

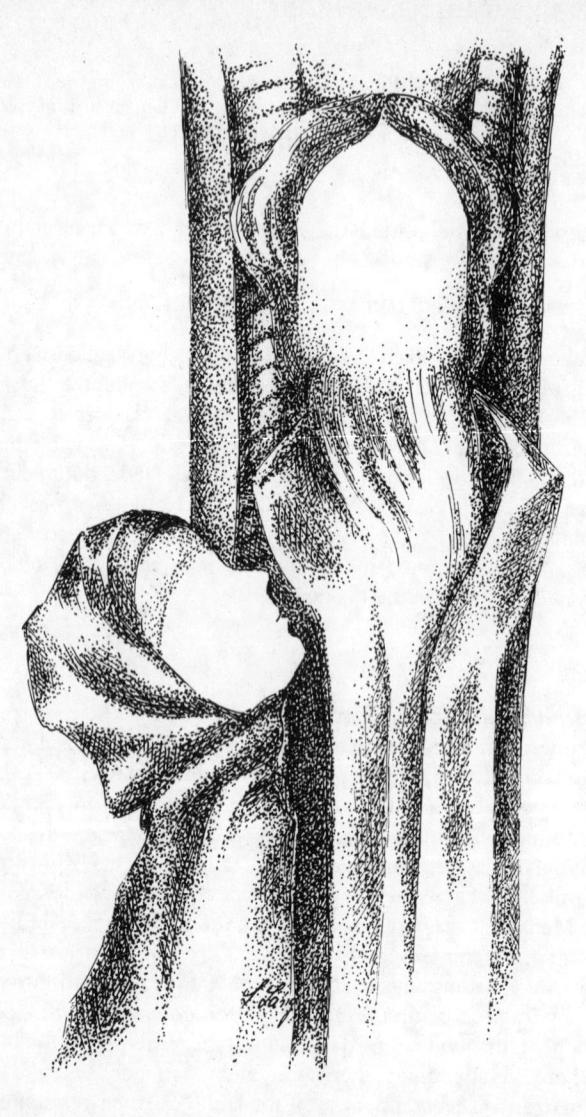

Fall: »Ohne Rücksicht auf Verluste«

Der Wunsch nach Partnerschaft ist für viele Grund genug, mit dem Kopf durch die Wand zu gehen. Weder Vorsicht noch Rücksicht gilt. Militärisch handelt es sich um eine »Strategie der verbrannten Erde«, gemäß dem Motto: »Nach mir die Sintflut.« Hat man sich aus Gründen, die wiederum ihre Ursachen in den beschriebenen Formen der Partnerschaft haben können, einen bestimmten Partner in den Kopf gesetzt, wird man versuchen, diesen Partner um jeden Preis, wenn es sein muß auch mit Gewalt, zu erringen: »Ich liebe ihn um jeden Preis!«

Eine Sekretärin, die sich in ihren Chef, einen verheirateten Arzt mit vier Kindern, verliebt hatte, sagte mit großer Emphase: »Ich liebe ihn um jeden Preis. Alles andere ist mir egal. Kann ich an seine Frau und seine Kinder denken, wenn ich ihn liebe?«

Zu den Mitteln können auch Erpressung und/oder Androhung eines Suizids zählen: »Wenn ich dich verliere, wenn du nicht bei mir bleibst, tue ich mir etwas an.« Nach der Devise »Alles oder nichts« können diese Partner ihre Energie nicht mehr angemessen dosieren und reagieren gewalttätig.

»Da du mich nicht liebst, gehe ich in den Tod.«

Eine 46jährige Frau wurde in einem Waldgrundstück gefunden. Sie war schon über längere Zeit bewußtlos. Neben ihr lagen eine Flasche Kognak und mehrere Röhrchen Schlaftabletten. Die Frau konnte ärztlich wiederbelebt und behandelt werden. Im ersten Gespräch äußerte sie, daß sie in den Tod gehen wollte, weil ihr Freund sie verlassen habe. Das Leben hätte für sie doch keinen Sinn mehr, und der Freund sollte sich ewig Gewissensbisse machen.

Deutung: »Muß Liebe blind machen?«

Die Kompromißlosigkeit, mit der um einen Partner gerungen wird, weckt ambivalente Gefühle: als Projektionsschirm von Erwartungen mißbraucht zu werden, zum Objekt der Phantasie zu werden, ja sogar das Werben als Belästigung und Eingriff in die persönlichen Angelegenheiten zu empfinden; aber auch, sich geschmeichelt zu fühlen, die Idealisierung und den Kampf um sich zu genießen und narzißtische Befriedigung daraus zu ziehen.

C. Battegay (1977) sagt u. a. von diesen Persönlichkeiten: »Wenn im Volksmund gesagt wird, daß ›Liebe blind macht‹, so dürfte dieser Umstand darauf zurückzuführen sein, daß das dominierende Grandiositätsgefühl und die starke narzißtische Besetzung des Partners mit Fusionsvorstellung und Tendenz zur Spiegelbeziehung eine Kritik durch das Ich nicht mehr zuläßt. Es dürfte also die Objektivität bei der Liebe dadurch verlorengehen, daß bei der liebenden Hingabe an die Partnerin, den Partner, die bis zur Selbstaufgabe oder -aufopferung gehen kann, eine physiologische Selbst-Schwäche – mit den entsprechenden Kompensationsmechanismen – entsteht.«

Dieser Sachverhalt mag verschiedene Gründe haben: Für den Menschen, der »um jeden Preis« eine Beziehung eingeht, steht der Wunsch nach Verbundenheit im Vordergrund. Die beiden anderen Stadien »Unterscheidung« und »Ablösung« sind entwicklungsbedürftig. Die starke Verbundenheit beruht auf früheren Erfahrungen, auf mangelnder Wahrnehmung der Gegenwart oder auf zu eingeengten Zukunftsperspektiven. Der Verlust bzw. schon die Vorstellung eines Verlustes des Partners hat für einen solchen Menschen insofern eine besondere Bedeutung, als die partnerschaftliche Beziehung (Ich-Du-Beziehung) auf Kosten anderer Bereiche wie Gesundheit, berufliche Interessen, Kontakte zu anderen Menschen und Gruppen und Sinnfragen geht. Erlebter oder befürchteter Verlust des Partners führt zu Hoffnungslosigkeit, Angst vor der Zukunft, Unsicherheit in der ökonomischen Situation und wird als Bedrohung des Selbstwertes erlebt. Der Tod der Bezugsperson wird als eigener erlebt.

Andere Kulturen:

Im Orient beschränkt sich »Partnerschaft um jeden Preis« vorwiegend auf Ledige. Auf sie wird, sofern sie begehrenswert erscheinen, »Jagd« gemacht. Ist die Wahl auf einen potentiellen Partner gefallen, treten die Mitglieder der Großfamilie, Eltern, Geschwister, Tanten, Onkel, Cousinen, Cousins, Freunde der Familie und deren Helfershelfer in Aktion. Sie sprechen positiv über den erwünschten Partner, beschreiben ihn in den leuchtendsten Farben, umschmeicheln ihn, geben ihm zu verstehen, wie günstig ein Anschluß an die neue Familie wäre und vor allem, wie günstig sich dies für seine Herkunftsfamilie auswirken könnte. Andererseits wird jede Konkurrenz mit Nachdruck bekämpft. Anderen Bewerbern/Bewerberinnen wird Übles nachgesagt, ihr guter Leumund bezweifelt, die Ehrenhaftigkeit der Familie in Frage gestellt. Der Konkurrentin oder deren Familie werden besonders gern drei Eigenschaften nachgesagt: »Sie ist unkeusch«, »Die sind unehrlich« und – vor allem – »Die sind ungläubig«.

Mit der Verheiratung ist etwas Endgültiges geschehen. Vor allem die verheiratete Frau kommt als potentielle (Ehe-)Partnerin nicht mehr in Frage: Sie gehört einem anderen. Die Großfamilie übt zudem eine intensive soziale Kontrolle aus (Wir-Gefühl und Ehrenhaftigkeit). Dies, gemeinsam mit religiös begründeten Vorstellungen über den Wert einer Ehe, schützt einen verheirateten Partner bzw. macht ihn uninteressanter, als dies für einen anderen, ebenfalls verheirateten Partner in westlichen Kulturen üblich ist.

Die auf die Großfamilie erweiterte libidinöse Besetzung erlaubt es, seinerseits wieder »auf Jagd« zu gehen, jedoch nicht für sich selbst, sondern für ein anderes Familienmitglied, einen Bruder, eine Schwester, eine Cousine oder einen Cousin. Dessen Erfolg wiederum gilt zu einem Teil als eigener. Aufgrund derartiger Projektionen und Identifikationen entwickelt sich in der Großfamilie eine Spezialdisziplin: »Experten für Kuppelei und Partnersuche«.

Praktische Konsequenzen:

Mag die Situation auch ausweglos erscheinen, sie muß es nicht sein. Die Frau, die, wie geschildert, einen Selbstmordversuch unternommen hatte, konnte nach einiger Zeit nicht mehr begreifen, warum sie überhaupt zu Tabletten gegriffen hatte. So sollte man bei jeder augenblicklichen Ausweglosigkeit fragen, ob diese Situation von einem anderen Standpunkt her und zu einer anderen Zeit nicht eine gänzlich andere Bedeutung haben könnte. Hoffnungslosigkeit bedeutet, daß die Dimension der Zeit auf einen einzigen Punkt zusammengeschmolzen ist.

Fragen zur Erweiterung der Zukunftsperspektive:
Womit beschäftigen Sie sich in Ihren Phantasien: mit dem Körper (Sexualität, Schlaf, Sport), dem Beruf (Erfolge, Mißerfolge), dem Kontakt mit anderen Menschen, der Zukunft (Wunschvorstellungen, Utopien, Weltanschauung, Religion)? Hängen Sie gern der Vergangenheit nach? Denken Sie manchmal daran, wie das Leben mit einem anderen Partner wäre, wie es wäre, einen anderen Beruf zu haben usw.? Welche Eigenschaften Ihres Partners haben in Ihren Phantasien die größte Bedeutung? Befassen Sie sich gern mit der Zukunft? Lesen Sie gern utopische Literatur? Haben Sie schon einmal mit dem Gedanken, Selbstmord zu begehen, gespielt? Wenn Sie eine Woche mit jemandem den Platz tauschen könnten, mit wem würden Sie tauschen? Warum? Wenn Sie einen Tag lang unsichtbar wären, wie würden Sie diese Zeit nutzen? Welche Menschen würden Sie zu Ihrem Vorbild wählen? Können Sie sich noch an Phantasien erinnern, die Sie in Ihrer Kindheit hatten? Wer von

Ihren Angehörigen hatte mehr Verständnis für Phantasien und Träumereien? Mit wem können (konnten) Sie am besten Ihre Träume ausspinnen? Welche Beziehung haben Sie zur Kunst (Malerei, Musik, Literatur)? Malen Sie selber? Was drücken Ihre Bilder aus? Wie stellen Sie sich das Leben nach dem Tod vor? Welche Situationen fallen Ihnen zu den gestellten Fragen ein?

Partnerschaft als Ruhestätte

»Unter Diskussionen verstehen Männer die Kunst, den Partner zum Schweigen zu bringen. Frauen verstehen darunter die Kunst, den Partner nicht zum Reden kommen zu lassen.«

Fritz Eckhardt

Die Fähigkeit, die Partnerschaft als Tankstelle zu benutzen

Gedicht: »Gewisse Ehepaare«

»Ob sie nun gehen, sitzen oder liegen,
sie sind zu zweit.
Man spricht sich aus. Man hat sich ausgeschwiegen.
Es ist soweit …

Nachts liegen sie gefangen in den Betten
und stöhnen sacht,
während ihr Traum aus Bett und Kissen Ketten
und Särge macht.

Sie mögen gehen, sitzen oder liegen,
sie sind zu zweit.
Man sprach sich aus. Man hat sich ausgeschwiegen.
Nun ist es Zeit …«

Erich Kästner

Erklärung: Generationsprobleme

Die Familie als Ort der emotionalen Sicherheit ist für viele heute Gegenstand höhnischen Lächelns. Die Familie scheint ihnen eher als der Ort der Unterdrückung, der Mißverständnisse, der Beengung, der Gefühlskälte und Isolierung: »Ich bin froh, wenn ich von zu Hause weg bin, meine Alten nicht mehr sehen muß und meine Zeit selbst einteilen kann.« Scharmann (1958) spricht in diesem Zusammenhang von Defunktionalisierung, die am sinnfälligsten in der schwindenden Bedeutung der Wohnung für das familiäre Leben zum Ausdruck komme. Durch die natürliche Aufspaltung der Familien in Generationen sind Konflikte geradezu angelegt. Die Mitglieder der jüngeren Generation kommen mit ihren Eltern in Schwierigkeiten und umgekehrt. Doch selbst wenn die Familie abgelehnt wird, stellt sich das Gefühl ein, daß

Wesentliches fehlt, und es entsteht Bedürfnis nach Ersatz: »Ich habe mit meiner Familie nichts mehr zu tun, aber ich habe Freunde, bei denen ich mich gut aufgehoben fühle« (19jährige Oberschülerin, die wegen Depressionen in die Therapie kam und Mitglieder ihrer Wohngemeinschaft als »Familienersatz« zum therapeutischen Gespräch mitbrachte).

Generationskonflikte vollziehen sich nicht abstrakt, sondern im konkreten Leben der Beteiligten. In sie fließen die Vorstellungen, Wünsche und Erwartungen der Beteiligten ein und ergeben so eine einzigartige und individuell zu behandelnde Situation. Dennoch lassen sich neben der Besonderheit des Einzelfalles allgemeine Überlegungen anstellen, die die Orientierung erleichtern.

Mehr noch als die Symptome und Klagen geben uns die Beziehungen in der Familie, die Außenkontakte und die Orientierung an gesellschaftlichen Werthaltungen Einblick in die Problematik: Auf welche Weise fügt sich der Sohn in das familiäre System ein? Wie gehen die Eltern mit ihm um? Welches Verhältnis haben die Eltern zueinander? Welche Wechselwirkungen bestehen gegenüber den Großeltern? Wie wirken sie sich auf den bestehenden Konflikt aus? An welchen Leitvorstellungen orientiert sich die Familie?

Fall: »Unerwartete Fragestellungen«

»Im September 1984 haben wir unser Haus verkauft und, da wir uns so langsam zurückziehen wollten, eine Eigentumswohnung erworben. Zum gleichen Zeitpunkt habe ich mich aus der aktiven Betätigung in einem gastronomischen Betrieb zurückgezogen. Gleichzeitig habe ich auch meine Ehrenämter in den verschiedensten Organisationen niedergelegt (Stadtrat, Verkehrsverein, sonstige Vereine). Seitdem bin ich dabei, auch meinen anderen Betrieb an einen Nachfolger zu übergeben. In dieser Phase beschäftigen mich vermehrt Gedanken und Sorgen, wie alles weitergehen soll. Ist mein Ruhestand auch finanziell genügend abgesichert? Werden mich nicht gesundheitliche Schwierigkeiten aus dem Gleis werfen oder wird mich vielleicht ein langes Siechtum erwarten?« (67jähriger Geschäftsmann mit psychosomatischen Beschwerden).

Deutung: Der Umgang mit der älteren Generation

Wenn wir von der älteren Generation sprechen, so ist dies nicht im geringsten negativ gemeint. Der Mensch altert von der Empfängnis bis zum natürlichen Tod. Hatten die »alten« Römer noch eine durchschnittliche Lebenserwartung von 22 Jahren und belief sich die durch-

schnittliche Lebenserwartung eines Engländers vor 140 Jahren auf 40 Jahre, so kann der deutsche Mann heute ein durchschnittliches Lebensalter von 71 Jahren und die deutsche Frau von 78 Jahren erwarten.
In Nordrhein-Westfalen wurde anläßlich einer Untersuchung festgestellt, daß nur sechs Prozent der Männer und zwei Prozent der Frauen von ihren Angehörigen regelmäßig besucht werden. Um 55 Prozent der Männer und 43 Prozent der Frauen kümmerte sich niemand mehr. 1987 gab es in der Bundesrepublik Deutschland 9,6 Millionen Menschen über 60 Jahre und 3,5 Millionen alleinstehende Menschen. Im Jahr 2025 werden mehr als 40 Prozent der Menschheit im westlichen Kulturkreis über 60 Jahre alt sein, wie die nachfolgende, von den Vereinten Nationen herausgegebene Statistik zeigt:

Prozentsätze älterer Menschen an der Gesamtbevölkerung

Kontinent	Prozentsatz 1975	Prozentsatz 2025
Europa	17,4	24,7
Nordamerika	14,6	22,3
Sowjetunion	13,4	20,1
Ozeanien	11,1	17,8
Ostasien	8,2	19,6
Südasien	5,0	10,9
Lateinamerika	6,3	10,8
Afrika	4,9	6,6

Die transkulturelle Sichtweise konfrontiert uns mit der Frage, ob die unterschiedlichen Entwicklungen nur mit äußeren Faktoren wie Nahrung und medizinische Versorgung in Beziehung stehen, oder ob nicht auch die seelischen Änderungen zu psychischen Störungen führen, und zwar je nach Kultur unterschiedlich. Wenn ja, welches sind diese seelischen Faktoren?
Als Argument gegen alte Menschen in der Familie hören wir oft: »Die Wohnung ist zu klein ... Wir haben verschiedene Vorstellungen von Ordnung ... Die älteren sind so starr; sie machen soviel Arbeit ... Sie schränken die eigene Freiheit ein ... Sie erfordern finanzielle Aufwendungen ... Es schadet dem Image, wenn wir einen alten oder kranken Menschen in der Wohnung haben ...«
Umgekehrt gibt es aber auch Argumente für die Integration der Älteren in die Familie: »Sie unterstützen mit ihrer Rente die Familie ... Sie machen sich im Haushalt nützlich ... Sie übernehmen bei der Berufs-

tätigkeit beider Eltern eine wichtige Aufgabe für die Erziehung der Enkelkinder ... Sie werden zu lebendigen Trägern der Familientradition...«

In allen diesen Argumenten für und wider die Eingliederung alter Menschen in der Familie spielen die Aktualfähigkeiten als lebensgeschichtlich gewachsene, subjektive Werthaltungen eine entscheidende Rolle. Sie modellieren die Beziehung zwischen der jüngeren und der älteren Generation. Oft beobachten wir ein zwanghaft anmutendes Festhalten an einer starren Regelmäßigkeit täglicher Gepflogenheiten, wie es in dem Gedicht »Gewisse Ehepaare« anklingt.

In unseren Breiten wird – anders als zum Beispiel in einigen orientalischen Kulturen – das Altern als eher negativ empfunden. Die Aufgabe beruflicher Tätigkeiten geht nicht selten mit dem Rückzug aus anderen Kontakten einher und führt zu bangen Fragen nach der gesundheitlichen Zukunft.

Viele alte Menschen leben isoliert von ihren Kindern und Verwandten und suchen einen Lebensinhalt. Sie finden ihn mit auffälliger Regelmäßigkeit in zwei Bereichen: Erstens im eigenen Körper, dessen altersbedingte oder krankhafte Veränderungen nicht nur Stoff für jahrelange Grübeleien, sondern auch für ungezählte Konsultationen bei verschiedenen Ärzten geben. Die beklagten Störungen werden zum Vorwand, Kontakt und Aufgaben beizubehalten, die sie brauchen.

Der zweite Bereich läßt sich als »Gerechtigkeitsproblematik« beschreiben. Ihr Leben bietet ihnen genügend Anlaß, sich ungerecht behandelt zu fühlen. Zwanzig oder mehr Jahre haben sie sich für ihre Kinder aufgeopfert. Was sie dafür bekommen, ist das Gefühl, nicht mehr gebraucht zu werden, überflüssig zu sein. Vierzig Jahre oder mehr haben sie ihre Arbeit verrichtet. Dafür wurde ihnen, als sie die Altersgrenze erreicht hatten, der Arbeitsplatz weggenommen und Jüngeren übergeben. Ein ganzes Leben lang haben sie sich bemüht, Ansehen zu erwerben und durch ihre Aktivität Bestätigung zu erhalten. Und jetzt sollen sie nur altes Eisen sein. Die Medizin hält ihnen ständig den Verschleiß von Gelenken und Knochen oder Arterienverkalkung vor Augen und hat kaum etwas anderes zu bieten als den Rat, sich mit dem Unvermeidlichen abzufinden. Hier verknüpft sich die Gerechtigkeitsproblematik mit dem Konfliktbereich Körper.

Die Lebenssituation der älteren Generation ist durch eine spezifische Ausprägung der vier Bereiche charakterisiert:

1. *Körper/Sinne:* Gesundheitszustand, altersbedingte oder unerwartete Krankheiten;

2. *Leistung:* Aufgabe des Berufes, fehlende Anerkennung der Leistungsfähigkeit, vor allem durch die Umwelt;
3. *Kontakt:* Soziale Isolierung, Generationskonflikt, Ablösung der Kinder, Schwiegerelternproblematik, Scheidungen, Verlust des Partners oder ausschließliche Fixierung auf Heim und Partner (Ruhestätte);
4. *Zukunftsaspekte:* Hemmung der Phantasietätigkeit, Fixierung auf die Vergangenheit, Angst vor der Zukunft, mangelnde Antwort auf Sinnfragen, Fragen zu Sterben und Tod.

Andere Kulturen:

In unserer Kultur spielen Generationskonflikte im Leben älterer Menschen eine bedeutende Rolle. Mehr als im Orient, wo es wünschenswert ist, Kind seiner Eltern zu bleiben, versucht man hier eine möglichst große Distanz zwischen sich und den Eltern zu erreichen, sich aus den vorgegebenen familiären Ordnungen zu lösen und die Übermacht der Eltern abzuschütteln. Dieser Prozeß dient der Abgrenzung des eigenen Ichs und wird von daher von den meisten europäischen psychotherapeutischen Richtungen als Therapieziel favorisiert. Die Ablösung von den Eltern, die Aufarbeitung dieser Trennungsproblematik wird gleichgesetzt mit dem Erreichen von Ich-Stärke und Ich-Integrität. Alte und pflegebedürftige Familienmitglieder werden nicht nur räumlich von der Familie getrennt, sondern auch sozial und psychologisch aus der Familiengemeinschaft herausgelöst.

Im Orient verfügt die Familie über einen Zusammenhalt, wie man ihn in Industriestaaten kaum mehr findet. Dort gehören nicht nur die Eltern und Kinder, sondern zugleich auch die Großeltern, Urgroßeltern, Onkel und Tanten, Cousins und Cousinen verschiedenen Verwandtschaftsgrades zu den Familien. Diese erweiterten Familien stellen ein Beziehungsnetz dar, das auf der einen Seite Rücksichtnahme, Integration und Kontaktbereitschaft fordert, zum andern aber Sicherheit, emotionale Wärme und Geborgenheit gewährt. Sie erfüllen damit Aufgaben, die in den Industriestaaten mit moderner Sozialgesetzgebung die Einrichtungen des Sozialwesens erfüllen.

Im Westen bedeutet der Lebensabschnitt der »Wechseljahre« oft Selbstbesinnung auf die eigene Person. Zugunsten der Familie zurückgestellte Ziele werden aufgegriffen; die Frau sucht neue Selbstbestätigung im Beruf. Es werden eigene Interessen entwickelt und neue Kontakte geknüpft. Auch die Rolle der Großmutter ist eine neue und wesentliche

Aufgabe für die Frau. Die europäische Großmutter erhält eine mehr funktionale Aufgabe – sie versorgt die Enkel, wenn die Mutter berufstätig oder geschieden ist.

Frauen in östlichen Kulturkreisen reagieren auf die Wechseljahre oft mit einer überschießenden Mütterlichkeit, um die Abhängigkeit der Kinder zu betonen. Jede Schwierigkeit der Kinder wird ängstlich registriert; Erfolge der Kinder werden als eigene Erfolge gefeiert. Um den Bruch, den die Wechseljahre doch bedeuten, erträglicher zu machen, erstreben viele Frauen in diesem Alter noch eine Schwangerschaft. Mit dem Nesthäkchen erhalten sie sich jung und beweisen, daß sie noch eine vollwertige Frau sind. Die Frau vermag so ihrem Leben weiterhin einen Sinn zu geben und Verantwortung zu tragen. Im Rahmen der Großfamilie ist die Frau als Großmutter der natürliche Anziehungspunkt der Enkel.

Der Konflikt mit den Schwiegereltern ist im Orient anders als im Westen. Die Eltern treffen hier ja, oft sogar vor den unmittelbar Beteiligten, die Partnerwahl für ihre Kinder. Sie können sich somit die Schwiegertochter oder den Schwiegersohn wählen, die ihren Erwartungen am ehesten entsprechen. Die Konflikte entstehen hier, sieht man von Fällen der »Fehlkalkulation« ab, gerade aus der engen Verbundenheit, in der verheiratete Kinder auch nach der Eheschließung zu ihren Eltern stehen. Während in Deutschland die zu starke Einbeziehung der Schwiegereltern leicht offenes Mißtrauen oder Eifersucht hervorruft, bleiben diese Regungen im Orient meist hinter den traditionsgemäß vorgeschriebenen positiven Beziehungen zu den Schwiegereltern verborgen. Auch wenn eine solche Eifersucht besteht, weiß doch die orientalische Frau, daß sie ohne eine Allianz mit der Schwiegermutter, und sei sie auch nur aus der Not geboren, verloren ist.

Im Orient beobachten wir Trauerrituale, die zu exzessiven Gefühlsausbrüchen führen. Der Trauernde schlägt sich mit den Fäusten, rauft sich die Haare, klagt Gott und die Menschen an oder jammert am Totenbett des Verstorbenen, unterstützt von Klageweibern.

Praktische Konsequenzen:

Von folgenden Fragen können zukunftsorientierte ältere Partner Gebrauch machen:
Zum Bereich *Körper/Sinne:* Legen Sie Wert auf Körperpflege, auf Ihre Kleidung, Ihre Frisur? Halten Sie sich durch Gymnastik, Wandern, Schwimmen oder eine andere Sportart fit? Atmen Sie öf-

ters einmal tief durch? Können Sie sich durch autogenes Training, Yoga oder andere Übungen lockern und entspannen? Achten Sie auf die Art und Menge Ihrer Ernährung? Ist das Essen für Sie eine Gelegenheit, Kontakte zu pflegen oder anzuknüpfen? Halten Sie sich an Ihre Diätvorschriften? Wie ist Ihre Verdauung? Haben Sie einen bestimmten Rhythmus bezüglich des Schlafens (Zeit des Zubettgehens, Aufstehens)? Legen Sie Wert auf Körperkontakt und Zärtlichkeiten? Mit wem haben Sie diese Art von Kontakten? Haben Sie noch sexuelle Kontakte, oder haben Sie keine Gelegenheit oder keine Neigung mehr dazu? Was tun Sie, wenn Sie Schmerzen haben? Nehmen Sie Medikamente? Entspannen Sie sich? Verhalten Sie sich eher aktiv oder passiv, geduldig oder aggressiv?

Zum Bereich: *Leistung/Beruf:* Womit beschäftigen Sie sich in Ihrer Freizeit? Haben Sie ein Hobby? Fühlen Sie sich noch in der Lage, »nützliche« Tätigkeiten auszuüben? Haben Sie Lust, etwas Neues anzufangen (zum Beispiel eine neue Sprache zu erlernen, eine handwerkliche Kunst zu erlernen? Können Sie anderen bei ihren schulischen oder beruflichen Problemen aufgrund Ihrer Erfahrung beratend und helfend zur Seite stehen (zum Beispiel Kindern bei den Schulaufgaben helfen)? Können Sie etwas »organisieren« (zum Beispiel eine Reise, eine Ausstellung, einen Dia-Vortrag)?

Zum Bereich: *Kontakt:* Auf welche »Aktualfähigkeiten« legen Sie bei Menschen, zu denen Sie Kontakt haben oder aufbauen möchten, besonderen Wert: Ordnung, Sauberkeit, Pünktlichkeit, Höflichkeit, Ehrlichkeit, Fleiß, Zuverlässigkeit, Sparsamkeit, Gehorsam, Gerechtigkeit, Treue, Geduld, Zeit, Kontakt, Vertrauen, Hoffnung, Zärtlichkeit, Sexualität, Religion? Welche dieser Aktualfähigkeiten sind für Sie »allergische Punkte«, die Kontakte erschweren oder verhindern? Wo haben Sie diese Einstellungen »gelernt«, wer hat sie Ihnen vermittelt? Wie sind Ihre Kontakte zu Ihren Angehörigen? Können Sie Ihrem Partner, Ihren Kindern und anderen Menschen Anerkennung aussprechen und zeigen? Können Sie alte Kontakte wieder aufleben lassen, indem Sie selbst die Initiative ergreifen? Können Sie sich mit anderen Menschen zusammentun, die einsam sind, und etwas zusammen unternehmen oder ins Leben rufen (einen Klub für ein gemeinsames Hobby)? Können Sie durch Kontaktangebote etwas für andere Menschen tun (zum Beispiel Schulaufgaben von Kindern berufstätiger Eltern betreuen, Babysitter…)? Beteiligen Sie sich am Vereinsleben, an Bürgerinitiativen, in einer Kirchengemeinde, in einer Partei etc.?

Zum Bereich *Phantasie, Zukunft, Lebensphilosophie, Religion und Weltanschauung:* Welche positiven Aspekte hat für Sie das Altwerden? Womit beschäftigen Sie sich vorwiegend in Ihrer Phantasie: mit dem Körper, mit Ihrem (ehemaligen) Beruf, Möglichkeiten des Kontaktes, philosophisch-weltanschaulichen Fragen? Haben Sie Pläne für Ihre Gegenwart und Zukunft, die Sie in Angriff nehmen können? Beschäftigen Sie sich – aktiv oder passiv – mit Musik, Malerei, Plastik, Literatur? Wer ist Ihr Lieblingsautor? Welche Rolle spielt die Religion in Ihrem Leben? Was ist der Sinn Ihres Lebens? Der Sinn von Gesundheit und Krankheit? Tun Sie etwas für Ihre Umwelt (Luft, Boden, Pflanzen, Tiere) oder können Sie sich dafür engagieren? Können Sie ohne Bedauern an Ihre Kindheit zurückdenken? Fühlen Sie sich entspannt und gutgelaunt, wenn Sie mit Ihren Angehörigen zusammen sind? Können Sie Ihren Angehörigen *verzeihen* und auch Vergangenes nicht immer wieder hervorholen? Falls Ihre Eltern oder Geschwister geschieden oder gestorben sind, haben Sie sich intensiv mit dieser Situation auseinandergesetzt? Setzen Sie sich mit der Frage des Todes auseinander? Gibt es für Sie ein Leben nach dem Tode?

Partnerschaft als Selbstwertbestätigung

> »Wer Selbstgefälligkeit im Kopf hat, glaube nicht, daß
> er jemals die Wahrheit hört.«
>
> *Saadi (persischer Dichter)*

Die Fähigkeit, vom Ich zum Du zu kommen

Geschichte: »Der Ziegenbart«

Während des Fastenmonats Ramadan pflegte ein Mullah in der Moschee nach dem gemeinsamen Gebet den Anwesenden zu predigen. In bewegenden Worten sprach er von der Gemeinschaft der Gläubigen und den Pflichten eines Muslims. Alle Tage saß ein Mann in dieser Versammlung und weinte während der Predigt. Der Mullah dachte: Sicherlich geht meine Rede diesem Mann so zu Herzen. Er vergießt Tränen der Rührung.
Als sich dies aber von Tag zu Tag wiederholte, wollte der Mullah doch mehr wissen. Nach einer Predigt ging er auf den Mann zu und sprach: »Allah segne dich und gebe dir Heil. Ich sehe dich Tag für Tag hier sitzen, wie du meinen Worten lauschst und weinst. Auf andere Gläubige machen meine Worte keinen so tiefen Eindruck. Sage mir, mein Freund, was dich so bewegt.« Der Gläubige erwiderte: »Ich komme her in der Absicht, Allah zu verehren und ihm zu dienen, jedoch weine ich nicht über deine Worte, ich habe einen anderen Grund.« Den Mullah berührten diese Worte, und er sprach zu dem Gläubigen: »Allah gebe dir Kraft und Beistand. Wie kann ich dir helfen?« Der Mann antwortete mit bebender Stimme: »Ich hatte mir einen Ziegenbock aufgezogen und ihn sehr ins Herz geschlossen. Sein plötzlicher Tod stürzte mich in Sorge und Trauer. Jedesmal, wenn du, edler Herr, sprichst, muß ich an meinen Ziegenbock denken, weil er auch einen so schönen Bart hatte wie du.«

Erklärung:

Partnerschaft und Liebe stehen hoch im Kurs. Wer geliebt wird, wer sexuelle Erfolge erringt, ist etwas wert, meint man. Wem diese Erfolge versagt bleiben, der sieht sich leicht in der Rolle des Versagers. Zwischen der Attraktivität des »eroberten« Partners und dem eigenen Wert machen wir in Gedanken ein Gleichheitszeichen: »Meine Freundin ist groß, blond, sieht unwahrscheinlich gut aus, hat eine irre Figur und

könnte an jedem Finger zehn Männer haben, aber ich habe sie erobert: Bin ich nicht ein toller Mann?«

Im Licht des Partners beginnt man selbst zu strahlen. Als prestigeverdächtige Eigenschaften werden bei Frauen körperliche Attraktivität und Sex-Appeal angesehen. Das Rollenstereotyp verlangt weniger nach Intelligenz und beruflicher Qualifikation. Beim Mann wird ebenfalls das gute körperliche Aussehen favorisiert, jedoch scheinen auch andere Werte als Aushängeschild geeignet: das Vermögen, sein Auto, das Ansehen seines Berufes oder die Tatsache, daß er von einer Rivalin begehrt wird. Als Karikatur mag der von seinen Studentinnen umschwärmte Hochschullehrer gelten, auf den gezielt »Jagd« gemacht wird, als auf den Doktor, den man zwar nicht selbst macht, aber heiratet.

Aufgrund der gelernten Bescheidenheit sieht die geläufige Moral darin ein »Schmücken mit fremden Federn«, das man vermeiden sollte. Jedoch steht hinter der Partnerschaft, die als Selbstwertbestätigung erlebt wird, auch die Fähigkeit, das Selbstwertgefühl durch die Eigenschaften des Partners zu erweitern, und die Fähigkeit, dessen positive Qualitäten so zu schätzen, als wären sie die eigenen. Doch diese Form der Selbstwertbestätigung gelingt im Okzident nur recht selten.

Fall: »Bin ich ein Versager?«

Der Kontakt mit dem anderen Geschlecht, Kriterium des Selbstwertgefühls, motiviert zu sexueller Leistung:

»Ich würde so gern eine Freundin haben, aber ich komme einfach an die Frauen nicht heran. Ich weiß nicht, wie man es macht. Wenn ich ein sympathisches Mädchen an der Universität sehe, fühle ich mich plötzlich wie gelähmt, und ich bekomme kein Wort heraus. So bleibt mir nichts anderes übrig, als vor mich hin zu masturbieren.«

»Alle haben Freundinnen, nur ich habe niemanden. Ich bin ein Versager!«

Der junge Mann, ein Student, gewann zunehmend Einsicht in seine Konflikte und die ihn belastenden Faktoren. Er besaß zwar die Fähigkeit, durch Phantasie Beziehung zum eigenen Körper aufzunehmen (Ich), doch ausbaufähig waren die Beziehung zu einer Partnerin (Du), zwischenmenschliche Kontakte (Wir) und Sozialisationsnormen wie Höflichkeit, Ehrlichkeit und Sauberkeit.

Darüber hinaus lernte er durch Standortwechsel andere Antworten auf seine Konfliktsituation kennen, vor allem aber zwischen den eigenen Wünschen und denen der anderen zu unterscheiden. Die Behandlung dauerte 15 Sitzungen und erstreckte sich über sechs Monate.

»Mir fehlt ein Ziel: der Sinn«

»Schon als kleines Mädchen habe ich immer wieder von Erwachsenen gehört, wie süß ich sei. Für Jungens habe ich mich schon immer interessiert, das fing schon im Kindergarten an. Ich war ständig in einen Jungen »verliebt«, und es gelang mir auch, sie für mich zu gewinnen, doch damit erlosch mein Interesse gleich wieder.

Mit 16 war ich dann zum ersten Mal richtig verliebt. Er war sechs Jahre älter. Ich wollte mit ihm zusammensein, egal wie. Unsere Beziehung bestand aus einem ständigen Hin und Her, er hat mich oft betrogen, und ich habe mir viel gefallen lassen. Nach eineinhalb Jahren war dann Schluß, und ich wollte mich nie mehr verlieben. Aber irgendwie hatte ich ständig was am Laufen, weil es mir so schwerfällt, allein zu sein und meine einzigen Erfolgserlebnisse etwas mit Jungen zu tun hatten. Es war ein traumhaftes Gefühl, begehrt zu werden. Das Gefühl geht zwar auch ziemlich schnell vorbei, aber bevor ich ins Grübeln kam, hatte ich schon wieder einen neuen Verehrer und ein neues ›Hochgefühl‹.

Dann habe ich E. kennengelernt. Zuerst fand ich ihn gar nicht so toll, so richtig habe ich mich erst für ihn interessiert, als er mir sagte, daß er eine Freundin hat. Ich spielte die Coole und war in Wirklichkeit ziemlich traurig. Nach einer Woche kam er zu mir, und von da an waren wir zusammen. Ich war verliebt, und trotzdem konnte ich es nicht lassen, mit anderen Jungen zu flirten und auch sexuell etwas anzufangen. Ich war in die anderen nicht verliebt, es waren immer nur Situationen, die ich toll fand. Natürlich bekam E. das mit der Zeit heraus. Er war tierisch eifersüchtig. Wir haben uns ganz schön das Leben schwergemacht. Ich konnte nicht mit ihm, aber auch nicht ohne ihn leben, und so ging das vier Jahre lang.

Danach hatte ich mehrere Verhältnisse mit verschiedenen Männern, immer war ich am Anfang verliebt, und dann ist es ziemlich schnell verblaßt. Das Wichtigste an den meisten Beziehungen waren die tollen Situationen am Anfang.

Vor einem Jahr lernte ich dann K. kennen und habe mir vorgenommen, es diesmal alles anders zu machen. Ich habe eingesehen, daß eine Beziehung nur dann von Dauer sein kann, wenn man konsequent ist. Ich wollte meinen Partner nicht mehr hintergehen und habe dies auch bis heute durchgehalten. Dafür ist sonst nichts mehr mit mir los. Zu Anfang hatte ich K. gesagt, daß ich manchmal Drogen nehme. Zu Anfang fand er das auch okay. Dann fing er ständig an, mit mir darüber zu reden, und es gab schnell deswegen Streit. So wie ich jetzt bin, hasse ich mich, finde mich häßlich, bin nicht kreativ, und mein Kopf ist oft total leer. Ich möchte nicht mehr so leben wie früher, aber ich kann auch nicht anders leben. Mir fehlt ein Ziel: der Sinn.

Ich glaube, K. wird mich, wenn ich so weitermache, verlassen, weil er mich nicht mehr liebt. Wie könnte er auch, wo ich mich doch selbst nicht mehr liebe. Jetzt hätte ich die besten Voraussetzungen für eine gute Beziehung, weil ich die richtige Einstellung dazu habe, aber so bin ich nicht mehr die Gewinnende, Attraktive, Erfolgreiche, so wie ich mich früher fühlte.«

Eine orientalische Weisheit besagt: »Wer gut ist zu sich selbst, ist auch gut zu anderen.« Dieses Sprichwort umreißt die Problematik des Narzißmus, der nicht nur in überzogener Selbstliebe besteht, sondern auch Objektbeziehungen einbezieht. Zur Zielerweiterung bei der Patientin gehörte die Lernerfahrung, daß die Beziehung zum Partner nicht nur vom augenblicklichen Konflikt geprägt ist, sondern daß dieser Konflikt nur einer von vielen ist. Immer gibt es eine Reihe von anderen Beziehungen zum Partner als die zur Zeit konfliktbesetzten. Die für psychische Fehlhaltungen charakteristischen Zieleinschränkungen werden zum Gegenstand der Zielerweiterung.

Deutung: »Alle denken an sich – nur ich denke an mich!«

Die Übertragung von Erwartungen des narzißtischen Selbst auf den Partner hat verschiedene Gründe:

1. Nur die erwünschten Eigenschaften des Partners machen ihn interessant. Trübt sich sein Bild durch Schwächen, wird die Enttäuschung unerträglich.
2. Die Vorzüge, deretwegen ein Partner begehrt wurde, verwandeln sich in Kränkungen: »Warum habe ich nicht selber diesen Erfolg, warum werde ich nicht genauso anerkannt, warum nur er und nicht ich?« Man erlebt sich als im Schatten des anderen stehend.
3. Die positiven Qualitäten des Partners werden als etwas gänzlich Fremdes wahrgenommen, so als hätte man damit überhaupt nichts zu tun. Eine 58jährige Ehefrau eines äußerst erfolgreichen Geschäftsmannes reagierte auf die Komplimente, die ihr anläßlich eines Geschäftsjubiläums gemacht wurden, mit den Worten: »Warum sagen Sie das mir? Was habe ich damit zu tun, das ist doch sein Erfolg!«
4. Daß man Lust und Freude darüber empfindet, sich »mit fremden Federn« zu schmücken, setzt voraus, daß man sich als »schmückenswert« erlebt. Ein Minimum an Fähigkeit, sich selbst zu lieben und zu akzeptieren, muß gegeben sein, um überhaupt eine partnerschaftliche Beziehung eingehen zu können. Fehlt dieses, entsteht eine fatale Beziehungsfalle: »Ich bin nicht liebenswert, weil ich mich nicht mag. Wenn mich doch jemand mag, dann stimmt etwas mit ihm nicht, weil er etwas liebt, was nicht liebenswert ist. Oder er hat es auf etwas anderes abgesehen (zum Beispiel mein Vermögen), was nicht ich bin. Jemandem, der seine Energie darauf verschwendet, etwas Wertloses zu lieben, den kann ich nicht lieben.«

Andere Kulturen:

Während im Abendland die Grenzen zwischen Ich und Du recht scharf gezogen werden, beobachten wir im Orient die Neigung, Fusionen einzugehen und Grenzen zu überschreiten. Man idealisiert sich gegenseitig und schafft so eine positive Atmosphäre der Akzeptanz, an die man schließlich selbst glaubt. Manche meiner abendländischen Leser mögen jetzt denken: »Das ist ja Selbstbetrug, man kann doch sich selbst nicht etwas vormachen. Außerdem ist das unredlich und unehrlich.« Das alles ist richtig.

Richtig aber ist auch, daß durch die grenzenlose Vertrauensvorgabe, den Glauben an die Wichtigkeit und den Erfolg des Partners, an seine Einzigartigkeit und Unübertrefflichkeit, Fähigkeiten in ihm angesprochen und wachgerufen werden, die bei einer nüchternen, kritischen Beurteilung von vornherein unter den Tisch gefallen wären. Die grenzüberschreitende Fusion des Selbstwertgefühls erzeugt eine wechselseitige Bindung, die sowohl dem Partner nützt, der bewundert wird, als auch dem, der in schwierigen und guten Zeiten unbeirrbar an seinem Glauben an den Partner festhalten kann.

Praktische Konsequenzen:

Für die Psychoanalyse sind die Ich-Stärke und -Reife zentrale Begriffe. Sie werden als Kriterium psychoanalytischer Indikationsstellung und als Behandlungsziel gesehen. Der Begriff der Ich-Stärke ist dann problematisch, wenn sich die Stärke nur am Ich festmacht und die anderen Funktionen der sozialen Kompetenz (Beziehung zum Du und zum Wir und die Beziehung zur Phantasie und zur Zukunft) außer acht gelassen werden. Die Psychotherapie beschäftigte sich bis in die jüngste Zeit mit dem Individuum und der Stärkung seiner Ich-Funktionen, während die Beziehungsqualitäten in der Partnerschaft, der Familie und der unmittelbar relevanten sozialen Umgebung ausgeklammert blieben.

Die Vorstellungen über Partnerschaft, Ehe, Gemeinsamkeit, Sexualität gehen in vieler Hinsicht auf Modellerfahrungen, Vorbilder und Konzepte zurück: »Ich möchte später auch einmal eine so harmonische Ehe führen wie meine Eltern.« Oder: »Ich will einfach nicht heiraten, Kinder kriegen und den gleichen Mist fortsetzen, den meine Großeltern und Eltern schon gemacht haben.«

Es entsteht nicht nur eine allgemeine Grundstimmung gegenüber

Partnerschaft und Familie, sondern eine Vielzahl von Verhaltensweisen, Einstellungen und Spielregeln:
Wie der Mann nach Hause kommt und wie ihn seine Frau emp-
fängt; wie die Mutter über ihn in seiner Abwesenheit mit den Kindern redet; wie der Mann auf persönliche außerfamiliäre Interessen
seiner Frau reagiert; wie die familiären Rituale des Essens, des
Schlafengehens, der Leistungskontrolle und der Freizeitgestaltung
gehandhabt werden; wie die Eltern zueinander zärtlich sind und
ob sie in der Lage sind, sich zu ihrer Zärtlichkeit (Küsse, Streicheln, Umarmen, Kompliment) öffentlich, vor allem aber auch vor
den Kindern zu bekennen; inwieweit die Eltern miteinander Dinge
besprechen können, die über die alltäglichen Belange hinausgehen
und Themen wie eigene Gefühle, Probleme, Wünsche und Ziele
betreffen; inwieweit sie Konflikte austragen können oder ob die
Kritik in schweigenden Vorwürfen oder dem Versuch stecken-
bleibt, sich gegenseitig zu verletzen.
Die Eltern demonstrieren gegenseitige Abhängigkeit und, in Ergänzung dazu, ihre Strategien, mit Ablösungs- und Trennungs-
situationen umzugehen. Das Verhalten der Eltern untereinander
wirkt sich nicht nur auf sie selbst, sondern auf die ganze Familie
aus, indirekt, indem die Kinder Beobachtetes übernehmen, und direkt, wenn zum Beispiel die Mutter sich an das Kind klammert
oder der Vater den Wunsch zeigt, die Familie zu verlassen.

Hilfreiche Fragen:
Welche Vorstellungen verbinden Sie mit der Partnerschaft und der
Beziehung zum Du, welche Situationen fallen Ihnen dazu ein? Wie
haben Ihre Eltern Probleme ausgetragen? (Konnten sie offen mit-
einander sprechen? Wurden sie gewalttätig? Straften sie sich mit
Nichtachtung? Wurden Konflikte nach dem Motto überspielt:
»Wir haben keine Probleme«?) Wurde die Ehe Ihrer Eltern geschie-
den, oder war in einer anderen Form das Thema Trennung akut?
Von wem ging die Trennung aus? Was waren die Gründe? Haben
Sie das Gefühl, daß Ihre Eltern einander gerecht behandelt haben?
Was halten Sie von Treue? Welche Ihrer Bekannten und Freunde
führen eine gute Partnerschaft? Welche Beziehungen haben Sie zur
Partnerschaft, zur Ehe; wie sind Ihre Erfahrungen? Welche positi-
ven Aspekte bringt eine Familie mit sich?

Partnerschaft als Theater

Die Fähigkeit, am Rande der Wirklichkeit zu leben

Geschichte: »Die halbe Wahrheit«

Der Prophet Mohammed kam mit einem seiner Begleiter in eine Stadt, um zu lehren. Bald gesellte sich ein Anhänger zu ihm: »Herr! In dieser Stadt geht die Dummheit ein und aus. Die Bewohner sind halsstarrig. Man möchte hier nichts lernen. Du wirst keines dieser steinernen Herzen bekehren.« Der Prophet antwortete gütig: »Du hast recht!« Bald darauf kam ein anderes Mitglied der Gemeinde freudestrahlend auf den Propheten zu: »Herr! Du bist in einer glücklichen Stadt. Die Menschen sehnen sich nach der rechten Lehre und öffnen ihre Herzen deinem Wort.« Mohammed lächelte gütig und sagte wieder: »Du hast recht!« »Oh, Herr«, wandte da der Begleiter Mohammeds ein: »Zu dem ersten sagtest du, er habe recht. Zu dem zweiten, der das Gegenteil behauptet, sagst du auch, er habe recht. Schwarz kann doch nicht weiß sein.« Mohammed erwiderte: »Jeder Mensch sieht die Welt so, wie er sie erwartet. Wozu sollte ich den beiden widersprechen. Der eine sieht das Böse, der andere das Gute. Würdest du sagen, daß einer von den beiden etwas Falsches sieht, sind doch die Menschen hier wie überall böse und gut zugleich. Nichts Falsches sagte man mir, nur Unvollständiges.«

Erklärung:

Unser Verhalten, auch in der Partnerschaft, ist Rollenverhalten. Wir spielen Rollen, die wir von frühester Kindheit an gelernt haben und die uns so in Fleisch und Blut übergegangen sind, daß wir zwischen Ich und Rolle nicht mehr unterscheiden können. Das Geschlechtsrollenverhalten sagt mir, wie ich mich als Mann oder Frau dem Partner gegenüber verhalten kann und soll. Es sind internalisierte Spielregeln partnerschaftlicher Kommunikation. Allerdings würde es kaum jemand einfallen, den Augenaufschlag, den Gang einer attraktiven Frau oder die selbstbewußte Haltung eines Mannes für Theater zu halten. Entscheidend ist, inwieweit jemand hinter seinem Verhalten steht, wie sehr sein Ausdruck mit seinen Gefühlen übereinstimmt, inwieweit er mit seinen Gefühlen eins, wie »echt« er ist. Allerdings sind Selbstkongruenz und »Echtheit« schwierig zu erreichen.

Fall: »Ich habe dich noch nie geliebt!«

Erster Akt
Er: Du bist eine wunderschöne Frau. Ich könnte mir gut vorstellen, ein ganzes Leben mit dir zusammenzusein. Gemeinsam mit dir löse ich alle Probleme.
Sie: Oh Liebling, ich bin so stolz auf dich, es ist wunderbar, mit einem Mann wie dir zusammenzusein. Ein Leben ohne dich kann ich mir nicht vorstellen.
Zweiter Akt (Regieanweisung: 25 Jahre später. Das Paar lebt in Wohlstand. Seine Schläfen sind grau geworden, ihre Haare blond getönt.)
Sie: Ich bin es leid, immer nur dein Anhängsel zu sein. Deine Angeberei mit deinem beruflichen Erfolg imponiert mir überhaupt nicht. Du langweilst mich, und überhaupt: Ich habe dich noch nie geliebt!
Er (fassungslos): Und wie war das vor 25 Jahren?
Sie: Das war nur Theater.
Dritter Akt (Regieanweisung: Es sind weitere sechs Jahre vergangen. Ein tragischer Verkehrsunfall hat ihn dahingerafft. Sie hat erneut geheiratet. Wir belauschen ihren zweiten Mann im Gespräch mit einem guten Freund.)
Zweiter Mann: Herr B. muß ein großartiger Mensch gewesen sein, so was von Zuverlässigkeit, Menschlichkeit und Güte, so was gibt es nicht mehr. Was der für seine Familie alles Gutes getan hat, und wie charmant er war.
Guter Freund: Hast du ihn so gut gekannt?
Zweiter Mann: Ihn nicht, aber ich habe seine Witwe geheiratet.

Deutung: »War alles nur Theater?«

Stimmt das, was die Frau in der zweiten Szene sagt? Hat sie ihrem Mann alles nur vorgemacht? War die erste Szene wahr, dann spielt sie in der zweiten Theater, zum Beispiel in der Rolle der enttäuschten, verbitterten Ehefrau. Die dritte Szene straft dann die zweite Lügen. Wären nicht alle drei Szenen Theater, könnte man fragen: Wann spielt sie Theater?
Was wirklich stimmt, können wir aufgrund dieser Szenenfolge allein nicht sagen. Vielleicht war alles nur Theater, dann wüßten wir, woran wir sind. Wahrscheinlich ist, daß die Frau nie ganz Theater gespielt und nicht vorhandene Gefühle vorgetäuscht hat, sondern daß ein Stück Wahrheit ihrer Lebenswirklichkeit in jeder der drei Szenen enthalten ist. Daß die Erlebniswelt nicht nur den üblichen Regeln der Logik folgt, machte die Geschichte »Die halbe Wahrheit« deutlich.

Wir alle haben die Neigung, Gefühle abzuspalten. Zwei einander widersprechende Gefühle gegenüber demselben Partner können wir nur schwer ertragen: Das Wunschbild des Verliebten spart unerwünschte Eigenschaften aus. Umgekehrt hat der Partner, von dem man sich ablösen möchte, plötzlich nur noch negative Eigenschaften. Man übersieht seine positiven Seiten und die Tatsache, daß es einmal Gründe gab, ihn zu lieben. Warum ist das so? Da wir gleichzeitig vorhandene Gefühle (Ambivalenz) nicht ertragen, spalten wir in Gut und Böse auf, heften das Gute an die eigenen Wünsche und Hoffnungen und das Böse an die Ängste, Aggressionen und Vorwürfe.

Solche Aufteilungen sind Kunstprodukte. Eine orientalische Weisheit besagt: »Keiner von uns ist so weiß wie ein Schimmel und so schwarz wie ein Rappe. Wir sind alle mehr oder weniger grau wie ein Esel.«

Die Frage nach dem Theater löst sich auf in die Frage: Wie offen kann ich mit meinen Gefühlen umgehen, und wie konsequent kann ich zu ihnen stehen? Die Antwort auf diese Frage fällt selten leicht, wenn wir uns vor Augen halten, auf welche Inhalte sich unsere Gefühle beziehen und in welcher Dimension unsere Grundfähigkeiten sich äußern. Ob ich Vertrauen zu mir selbst, in meine Fähigkeiten und zu meinem Partner habe oder ob ich zweifelnd mein Verhalten und das des Partners aufspalten muß in Theater und Wirklichkeit.

Ein Beispiel:

»Ganz zu Anfang unserer Beziehung hat mich mein Mann immer wieder gefragt, ob ich einen Orgasmus gehabt hätte. Hatte ich keinen, bekam er traurige Hundeaugen und kam sich fürchterlich schlecht und egoistisch vor. Das hat mir bald zum Halse herausgehangen, und da habe ich ihm eine Show gemacht, mit Stöhnen und allem drum und dran. Das geht seit acht Jahren so, aber ich kann nicht mehr. Mich ekelt die Heuchelei und die ganze Sexualität einfach an.«

Das partnerschaftliche und speziell das sexuelle Verhalten spielt sich ab in einem Feld der gegenseitigen Erwartungen. Nun kann es geschehen, daß ein Partner aus Angst, aus Höflichkeit, aus dem Zurückstellen eigener Interessen oder auch aus mangelndem Durchsetzungsvermögen (Höflichkeit und Ehrlichkeit) sich den scheinbaren oder tatsächlichen Erwartungen des Partners anpaßt. Diese Anpassung ist mit Triebverzicht verbunden. Mangelnde Liebe als Theater erweist sich als mangelndes Vertrauen. Hinter dem Rollenspiel sammeln sich der Triebverzicht, unerfüllte Erwartungen, latentes Mißtrauen (Spielt nicht etwa auch der Partner Theater?) und Mißerfolgserlebnisse. Aus diesem Konglomerat entwickeln sich mitunter schlagartig und für den Partner überraschend Konflikte und Störungen, die kaum mehr unter Kontrolle gehalten werden können:

»Meinen Mann möchte ich nicht mehr sehen. Er denkt nur an sich und daran, seine sexuellen Bedürfnisse loszuwerden. Um ihn nicht zu kränken, habe ich jahrelang mitgespielt. An sich hat er immer gedacht, aber darauf, wie ich es empfinde, ist er nie gekommen. Es ist mein fester Entschluß: Mit diesem Mann und mit Männern überhaupt möchte ich nichts mehr zu tun haben.«

Andere Kulturen:

Im westlichen Kulturkreis scheinen Konflikte offener, direkter, abrupter und hemmungsloser ausgetragen zu werden, als ich es vom Orient her kenne. Im Orient fragt man nicht, ob ein Verhalten echt oder künstlich ist, sondern dort sind die Umgangsformen durch pointierte Höflichkeit, blumenreiche Sprache und Ritualisierungen so geprägt, daß das theatralische Element für selbstverständlich genommen und nicht kritisch befragt wird. Die betonte Höflichkeit birgt neben dem positiven Aspekt der erleichterten Kontaktmöglichkeiten die Gefahr, daß wichtige individuelle Gefühle verlorengehen.

Höflichkeit als Fähigkeit, den Partner zu schonen, ist vor allem in einer Gesellschaft wichtig, in der die einzelnen in so komplexen Gebilden wie Großfamilien eingebettet sind. Dort benutzen Partner ihre Umgebung weniger oft als Publikum für partnerschaftliche Auseinandersetzungen. Theater im orientalischen Sinne wäre es, den Partner vor anderen übertrieben positiv darzustellen, im westlichen Sinn dagegen wäre es Theater, ihn schlechter zu machen, als er ist.

Praktische Konsequenz:

In der individuellen Entwicklung sowie in der partnerschaftlichen Situation durchläuft der Mensch fortwährend die drei Stadien Verbundenheit, Unterscheidung und Ablösung.

Selbst wenn Äußerungsformen der *Verbundenheit* den charakteristischen Verhaltensweisen der frühen Kindheit eng verwandt sind, so ist Verbundenheit keine schlechthin infantile Haltung oder »Theaterspiel«. In jedem Altersabschnitt und in jeder sozialen Situation spielt Verbundenheit eine Rolle, die jedoch durch Rollenerwartungen und altersspezifische Erwartungen modifiziert wird. Selbst der alte Mensch, der im Sterbezimmer liegt, benötigt Verbundenheit.

Verbundenheit ist nicht nur eine stetige Wiederholung kindlicher Abhängigkeiten, sondern besitzt in jeder Situation ihren eigenen, spezifischen Charakter, in den allerdings Erfahrungen und Prägungen aus früheren Entwicklungsphasen einfließen können. Verbundenheit kann durchaus den Charakter eines vorherrschenden Merkmals in der Partnerschaft erhalten.

Verbundenheit in der Partnerschaft: sich hilflos fühlen, auf die Zuwendung des Partners rechnen, Liebe und Geborgenheit erhoffen, von dem Partner erwarten, daß er sich Zeit für uns nimmt, uns akzeptiert, bereit ist, uns zuzuhören, Geduld für uns aufbringt, uns Zeit läßt, Vertrauen zu uns hat und sich seinerseits vertrauenswürdig verhält etc.

Unterscheidung ist eine Grundfunktion, die sich auf die Aktualfähigkeiten konzentriert. Erst durch die Unterscheidung lernt man zwischen Triebbedürfnissen und Erfordernissen der Umwelt vermitteln. Allgemein formuliert: wir lernen, indem wir unterscheiden lernen.

Eltern bringen einem Kind bei, wann es Zeit ist, zu essen, wann es schlafengehen kann, daß es vor dem Essen die Hände waschen muß, wem es guten Tag sagen, wie intensiv es sich mit einer Aufgabe beschäftigen soll, wie man mit Geld umgeht, wann und wie man Fragen stellt und sprachlich formulieren lernt, wo die Grenzen zwischen Phantasie und Wirklichkeit liegen und welche Interessen und Formen der sozialen Bezüge, auch psychisch gesehen, lohnenswert sind.

Die gleiche Struktur, die sich bereits in der frühen Kindheit abzeichnet, findet sich auch in den zwischenmenschlichen Beziehungen, im Erleben des Partners und in den subjektiven Erwartungen durch das ganze Leben hindurch.

Unterscheidung bedeutet nicht, daß man kritiklos in sich hineinfrißt, was an Informationen, Regeln für wohlanständiges Verhalten und Inhalten des Wissens hineingeht. Vielmehr gilt es, Informationen zu sichten, zu überprüfen, Gedanken darüber auszutauschen und so soziale Bezüge herzustellen (die Fähigkeit zu lernen und zu lehren).

Unterscheidung in der Partnerschaft: Das Mittel, Unterscheidung zu lehren, ist die Erklärung. Warum etwas so ist, wie es funktioniert und was man damit erreichen kann. Lerne zu unterscheiden zwischen Wesen und Eigenschaft: wenn jemand etwas falsch macht, ist er nicht deswegen schlecht, sondern hat einzelne Erwartungen enttäuscht oder Regeln verletzt. Sag ihm genau, welche Situationen und Aktualfähigkeiten gemeint sind. Er kann leichter einzelne Aktualfähigkeiten ändern als sich selbst. Selbst wenn Störungen und Konflikte aufgetreten sind, kann Unterscheidung helfen: Störungen und Konflikte sind nicht prinzipiell negativ, sondern können auch positive Folgen haben: das partnerschaftliche Gespräch.

Mit jeder Handlung, die wir durchführen, jeder Aktualfähigkeit, die wir entwickeln, entwickeln wir auch Selbständigkeit, die uns zur *Ablösung* befähigt. Ablösung bedeutet, daß man selbständig Beziehungen aufnimmt, sich von einem Partner löst und sich einem anderen oder demselben wieder neu zuwendet. Die Fähigkeit zur Ablösung ist hier gleichbedeutend mit persönlicher Freiheit.

Wenn man dem Partner höflich und ehrlich etwas gesagt hat und es ihm genügend begründet hat, braucht er noch Zeit, sich zu entscheiden. Die Entscheidung kann man ihm nicht abnehmen. Er trifft sie selbst, heute, morgen, vielleicht in ferner Zukunft. Nicht jeder kann sich zu einem bestimmten Zeitpunkt ablösen; der eine braucht mehr Verbundenheit, der andere mehr Unterscheidung (Einzigartigkeit).

Ablösung in der Partnerschaft: Wenn sich ein Mensch von einem Partner, einer Gruppe ablöst, ist dies nicht notwendig mit einer Vernichtung der Beziehung verbunden, sondern bedeutet eine Umstrukturierung, Umwertung und Weiterentwicklung der Beziehung. Wenn jemand sich ablöst, braucht auch er nicht nur die Bereitschaft zur Ablösung durch die Bezugsperson, sondern weiterhin auch eine angemessene Verbundenheit und Unterscheidung.

Partnerschaft als Treue(p)akt

> »Nichts ist bedeutender in jedem Zustande, als die Dazwischenkunft eines Dritten. Ich habe Freunde gesehen, Geschwister, Liebende, Gatten, deren Verhältnis durch den zufälligen oder gewählten Hinzutritt einer neuen Person ganz und gar verändert, deren Lage völlig umgekehrt wurde.«
>
> *Goethe*

Die Fähigkeit, sich vertrauenswürdig zu verhalten

Geschichte: »Der Sinn einer bitteren Melone«

Ein Herr hatte einen Diener, der ihm sehr ergeben war. Eines Tages gab er dem Diener eine Melone, die reif und köstlich ausschaute, nachdem sie aufgeschnitten war. Der Diener aß ein Stück, dann noch eines und noch eines mit großem Genuß, bis fast die ganze Melone aufgegessen war. Sein Herr wunderte sich sehr darüber, daß sein Diener ihm nichts anbot. So nahm er das letzte Stück, probierte es und fand die Melone übermäßig bitter und ungenießbar. »Warum ist sie bitter? Fandest du es nicht so?« fragte er den Diener. »Ja, mein Herr«, antwortete der Sklave, »sie war bitter und unangenehm, aber ich habe so viel Süßes von deinen Händen gekostet, daß ein bittere Melone nicht erwähnenswert war.«

Erklärung:

Unter Treue verstehen wir die Fähigkeit, eine feste Beziehung über längere Zeit hinweg aufrechtzuerhalten und sich vertrauenswürdig zu verhalten. Treue im engeren Sinn in der Partnerschaft bezieht sich vor allem auf die Sexualität. Die konventionelle Ehe basiert auf Treue. Treue gibt es aber auch gegenüber Institutionen, Leitbildern oder Prinzipien (z. B Verfassungstreue) und gegenüber sich selbst.

Treue hängt allgemein mit Ehrlichkeit und Offenheit zusammen, ist jedoch nicht damit identisch: »Wenn mein Mann mit anderen Frauen Verhältnisse hat, möchte ich das nicht erfahren.« Umgekehrt: »Ich könnte meinem Mann Untreue verzeihen, wenn er nur ehrlich und offen ist.«

Fall: »Ich war beiden treu«

»Im Juni 1981 wurde ich geschieden und habe Anfang 1982 meinen Bekannten kennengelernt. Mein Mann war mit einer jungen Frau befreundet, die wir schon seit ihren Jugendtagen kannten und die ihm jeglichen Kontakt zu mir und dem Sohn untersagte. Es gab endlosen Streit um den Unterhalt und die Vermögensaufteilung, beides war bis Ende 1983 noch nicht abgeschlossen.

Wie ich hörte, hatte mein Mann Ende 1983 eine schwere Herzoperation. Anfang 1984 trennte er sich von der jungen Frau. Ich rief ihn an, und es kam zu einer langen Aussprache, als deren Folge der Kontakt zwischen meinem Sohn und dem Vater wieder in Gang kam und mein Mann mich besuchte, sehr zum Mißfallen meines Bekannten, der sehr eifersüchtig reagierte. Aber nicht nur in diesem Fall. Ich brauchte in einem Lokal meinen Blick nur auf einen anderen Tisch fallen lassen, und schon schloß er daraus, daß ich diesen Herrn da näher kennen müßte.

Seine Eifersucht engte mich total ein, und einmal hat er mich hinterher zu Hause geschlagen. Mein Sohn kam dazu, nahm mich an der Hand und sagte: ›Komm, wir gehen.‹

Als wir im Begriff waren, die Wohnung zu verlassen, fiel ein Schuß, und ich wollte schon wieder umdrehen, doch mein Sohn hat auf mich eingeredet, und wir sind gegangen. Wir sind zu meinem Mann gefahren, der sich rührend um uns gekümmert hat. Einige Wochen später kam es zu einer ähnlichen Szene, und ich nahm mir vor auszuziehen. Mit Hilfe meines Mannes fand ich eine Wohnung, und er zahlte auch einen Teil der Dinge, die ich neu brauchte, und so bin ich im Mai 1984 ausgezogen. Mein Bekannter hat mich angefleht zu bleiben und Besserung versprochen, doch ich habe mich nicht umstimmen lassen und war regelrecht erleichtert, als der Möbelwagen abfuhr.

Doch es dauerte nicht lange, da war mein Bekannter schon wieder da. Er rief jeden Tag im Geschäft an, bat mich um Hilfe bei verschiedensten Dingen, was ich auch tat. Er war entsetzlich eifersüchtig auf meinen Mann, der mir bei der Einrichtung der Wohnung half und sich auch wieder intensiver um seinen Sohn kümmerte. Trotzdem bin ich mit meinem Bekannten in Urlaub gefahren. Dort kam es zu schrecklichen Szenen, weil er zuviel getrunken hatte. Ich wollte sofort nach Hause, doch leider war kein vorzeitiger Rückflug möglich.

In den Herbstferien dieses Jahres – die letzten für meinen Sohn – fuhren wir zusammen mit meinem Mann für eine Woche weg, und es war eine sehr harmonische Zeit. Mein Bekannter machte hinterher einen Riesenzirkus, weil ich mit meinem Mann verreist war. Wir haben uns sehr gestritten und wieder vertragen. Anfang 1985 ging es meinem Mann gesundheitlich gar nicht gut. Er kam ins Krankenhaus und starb 14 Tage später, nachdem er fast die ganze Zeit im Koma gelegen hatte. Mein Sohn und ich besuchten ihn in dieser Zeit regelmäßig und versuchten auch, alles, was möglich war, für ihn zu erledigen. Mein Sohn und ich litten sehr, und mein Bekannter hat mir sehr weh getan, als er sich abfällig äußerte.

Mein Bekannter und ich trennten und vertrugen uns wieder – wie bisher, nur daß ich dieses Jahr allein mit meinem Sohn in Urlaub fuhr. In diesem Jahr hatte ich eine psychosomatische Kur, in der auch durch Gespräche einiges an Erkenntnissen für mich hervorkam. Vor allem wurde mir klar, daß ich in der jetzigen Situation dazu neigte, meinen Sohn zu fest an mich zu binden und dadurch seine Entwicklung behinderte. Auf das Drängen meines Bekannten hin erklärte ich mich bereit, ihn zu heiraten. Trotz der Kur ging es mir gesundheitlich nicht gut, und ich wurde internistisch ganz gründlich untersucht. Ich sprach mit meinem Bekannten über meine Befürchtungen, und eines Tages sagte er ganz beiläufig am Telefon: ›Eine kranke Frau heirate ich nicht.‹

Da war für mich der Ofen aus. Er meldete sich einige Tage nicht, und ich sagte dann eine gemeinsame Reise ab. Wir trafen uns einige Monate später bei einem offiziellen Anlaß wieder, und er meinte, wir sollten doch die Kindereien lassen. Ich antwortete ihm, für mich seien das keine Kindereien, nun sei endgültig Schluß. Er war daraufhin sehr beleidigt. Wir haben uns noch einmal wiedergesehen, wobei mir im nachhinein auffiel, daß ich auf ihn zugegangen bin, er hat mich nicht gegrüßt. Inzwischen ist einige Zeit vergangen, und trotz allem, was passiert ist, geht mir der Mann nicht aus dem Kopf ...«

Das Höflichkeitsverhalten der Patientin war ein Hemmfaktor für die Ablösung von ihrem Mann und damit gleichzeitig für die Verbundenheit zu ihrem Bekannten. Die Funktion des Sohnes und die Aktualfähigkeit Sparsamkeit (Unterhalt und Vermögensaufteilung) wurden in der Therapie intensiv aufgearbeitet.

Die Treue in der Partnerschaft hat wohl ihr stärkstes Vorbild in der Beziehung der Eltern zueinander und zum Kind. Hier lernt das Kind die Grundformen der partnerschaftlichen Beziehungen kennen, ihre Grenzen und Einschränkungen und auch die Folgen, die sie für einen selber hatten: Fixierte Treue, Eifersucht, Eifersuchtswahn, Treulosigkeit, Schuldgefühle, Vertrauensbruch, Verrat, Hoffnungslosigkeit, Angst, Aggression, Depressionen, Sexualstörungen, Selbstmord.

Deutung:

Die Beziehung eines Menschen zur Treue ist zu einem wesentlichen Teil abhängig von den Erfahrungen, die er mit seinen Eltern, seiner sozialen Umgebung, seiner Kultur und seiner Religion gemacht hat (Grundkonflikt). Aktuelle Lebenssituationen wie Beruf, zwischenmenschliche Beziehungen, Gesundheit und Zielvorstellungen spielen ebenfalls eine bedeutsame Rolle (Aktualkonflikt). Inhaltlich beziehen sich Grund- und Aktualkonflikt auf die Aktualfähigkeiten (Treue und Vertrauen, Treue und Kontakt, Treue und Sparsamkeit, Treue und Zeit, Treue und Ordnung usw.). Der folgende Fragebogen hilft dazu, das Thema Treue-Untreue nicht isoliert, sondern in einem großen Zusammenhang zu sehen.

Treue-Fragebogen

	Ja	Nein

Bezüglich eines Seitensprungs meine ich (er, sie):
»Einmal ist keinmal ...

Er / Sie darf nichts von einer Beziehung zu einer(m) anderen wissen.

Einen anderen Mann / andere Frau lieben ist nichts Anrüchiges.

Wenn ich (er, sie) jemand anders liebe, möchte ich (er, sie) auch sexuelle Beziehungen zu ihm/ihr aufnehmen.

Wenn ich (er, sie) einmal vom Dienst später nach Hause komme, vermutet er (sie, ich) gleich, ich sei mit jemand anderem losgezogen.

Ich werde unruhig, wenn meine Frau (mein Mann) mit einem anderen Mann (Frau) flirtet.

Wenn ich abends auf meinen Partner warten muß, beschäftigt mich öfter die Phantasie, daß er (sie) ein Verhältnis hat.

Wenn ich wüßte, daß mir mein Partner untreu ist, könnte ich nicht mehr bei ihm (ihr) bleiben.

Die Vorstellung, mein Partner könnte sexuelle Beziehungen zu jemand anderem haben, macht mich unruhig und bereitet mir körperliches Unbehagen.

Ich brauche von Zeit zu Zeit den Anreiz, auch sexuelle Kontakte zu anderen aufzunehmen.

Für mich gilt das Motto: »Treue bis zum Tod.«
Ich verlange von meinem Partner, daß er sich nach dem Motto »Treue bis zum Tod« verhält.

Wenn ich mir vorstelle, daß mein Partner fremdgeht, hätte das Leben für mich keinen Sinn mehr (Treue und Sinn).

Mein Partner will immer seine Ruhe haben, so daß ich oft das Bedürfnis habe auszubrechen und mir ein Leben mit einem anderen Partner vorstelle (Treue und Kontakt).

Mein Partner ist so geizig, daß ich oft das Bedürfnis habe auszubrechen und mir ein Leben mit einem anderen Partner vorstelle (Treue und Sparsamkeit).

Mein Partner ist so unhöflich, daß ich oft das Bedürfnis habe auszubrechen und mir ein Leben mit einem anderen Partner vorstelle (Treue und Höflichkeit).

Mein Partner ist so ordentlich (oder pedantisch), daß ich oft das Bedürfnis habe auszubrechen und mir einen anderen Partner vorstelle (Treue und Ordnung).

	Ja	Nein
Ich halte Treue für eine wichtige Charaktereigenschaft.		
Treue ist eine Einschränkung der persönlichen Freiheit.		
Die Religion (Weltanschauung), der ich angehöre, legt großen Wert auf die Einhaltung der Treue.		
Das Gebot der Treue gilt für mich, unabhängig von der Ehe, gegenüber meinem Partner.		
Ich habe bisher oft meinen Beruf (Arbeitsstelle) gewechselt.		
Mir sind viele lockere Freundschaften lieber als eine feste.		
Egal wie mein Partner ist, ich halte immer zu ihm.		
Meine Religion (Weltanschauung) zu wechseln, ist für mich undenkbar.		
Wenn ich mich für etwas zu entscheiden habe, stehe ich dazu.		
Auch wenn meine Eltern und meine Umgebung große Bedenken gegen meinen Partner hätten, würde ich zu ihm stehen.		
Meine Eltern haben sich scheiden lassen.		
Als Kind (Jugendliche) habe ich mitbekommen, daß es Schwierigkeiten zwischen meinen Eltern wegen der Untreue gab.		
Meine Eltern nahmen es mit der Treue nicht so genau.		
Für meine Eltern war Treue oberstes Gebot.		

Andere Kulturen:

Wie unterschiedlich Treue und Untreue gewertet werden können, sieht man aus den folgenden Gegenüberstellungen:

Die Forderung nach Treue wird im Westen oft als Unterdrückung der Persönlichkeit, als Einschränkung des Lustprinzips verstanden. Jemand, der Treue fordert, gilt als »verklemmt«. Treue wird als Mangel an Gelegenheit gesehen. Ausgehend von beiden Geschlechtern, gibt es den Flirt bis hin zum Geschlechtsverkehr vor und während der Ehe.

Im Osten wird der Treue – vor allem der Treue der Frau – großes Gewicht beigemessen. Zu dieser Treue gehört auch die sexuelle Enthaltsamkeit vor der Ehe. Früher: Der Mann hatte das alleinige Recht, über Zusammenleben oder Trennung zu entscheiden. Daraus resultierte eine starke Abhängigkeit der Frau. Heute: Die studierende Frau bricht mit dieser Tradition. Der Mann muß es sich gefallen lassen, daß seine früher geduldeten außerehelichen Abenteuer nun kritisiert werden und die Frau ihrerseits, gestärkt durch ihre wirtschaftliche Unabhängigkeit, die Trennung fordert.

Im Westen sind die Möglichkeiten zur Untreue größer aufgrund der größeren Anonymität von Mann und Frau (Ausnahme: ländliche Gebiete, wo auch jeder jeden kennt). Die Motive sind sehr unterschiedlich: Selbstbestätigung; Gerechtigkeit; Gesellschaftsspiel.

Aufgrund der typischen Kleinfamilie bleibt das Opfer der Untreue beiderlei Geschlechts meist ratlos zurück, oft nach dem Motto: »Wer den Schaden hat, braucht für den Spott nicht zu sorgen.« Es überwiegt das Gefühl, am Nullpunkt zu stehen, weil man sich einen vollkommen neuen Freundes- und Bekanntenkreis aufbauen muß.

In orientalischen Kulturen heiratet der Mann aus Unbehagen gegenüber modernen, gebildeten und intelligenten Frauen oft eine hausmütterliche Frau, die sein körperliches Wohlbefinden in jeder Weise sichert. Dahinter steht – als Gewinn für das Selbstwertgefühl – der Wunsch, die Traumfrau, die keine Notlösung ist, zu erobern. Dies ist, trotz der traditionsgebundenen und juristischen Bindungen an die Ehefrau, das Motiv für Seitensprünge.

Reaktionen des Mannes: Er fühlt sich durch die Untreue der Frau entehrt. Die traditionelle Reaktion war die Tötung des Rivalen, des Verführers. Der Grund dafür liegt in dem Narzißmus des Mannes, der unter dem Motto steht: »Meine Frau würde so etwas von sich aus nie tun, sie ist doch mit dem besten aller Männer verheiratet.«

Reaktionen der Frau: Überwiegend duldend. Sie zieht sich zu den Kindern zurück und findet Kontakt, Geborgenheit und Mitleid innerhalb der Großfamilie.

Praktische Konsequenzen:

Wenn der Ehepartner oder Freund fremdgegangen ist, kann man nicht nur mit der Waffe reagieren, um »Gerechtigkeit« und »Ehre« wiederherzustellen. Man kann auch auf andere Weise reagieren: Alkohol trinken und so den Kummer ersäufen; Drogen nehmen und mit ihrer Hilfe eine bessere Welt suchen; aus Rache selbst fremdgehen. Doch man kann auch die Chance nutzen und das Problem aktiv lösen. All dies ist Selbsthilfe. Nur haben einige dieser Selbsthilfemaßnahmen den Nachteil, noch mehr Ärger und Schwierigkeiten hervorzurufen. Es kommt daher darauf an, solche Maßnahmen der Selbsthilfe zu finden, die für beide Parteien annehmbar sind.

Wie fragt man sich nach seiner Einstellung zu »Treue«?
Haben Sie in der Partnerschaft Probleme mit der Treue (Situation)? Was verstehen Sie unter Untreue? Haben oder hatten Sie Schwierigkeiten, weil Sie Ihrem Partner untreu waren? Wie würden Sie reagieren, wenn Ihr Partner »fremd«gehen würde? (Wie haben Sie in einer solchen Situation reagiert?) Spielen Sie mit dem Gedanken, einen anderen Partner zu haben? Halten Sie es für möglich, daß Ihr Partner in Ihrer Abwesenheit untreu würde? Halten Sie ein bißchen Untreue für ganz reizvoll? Waren Ihre Eltern einander treu? Haben Sie Ihren Partner so gewählt, daß Sie ihm treu sein können? Was würden Sie machen, wenn Sie keine Probleme hinsichtlich Treue/Untreue (mehr) hätten? Sich für einen Partner zu entscheiden, bringt meist weniger Probleme, als unentschieden zwischen zwei Partnern hin- und herzuschwanken. Wenn Sie feststellen, daß Ihr Partner nicht zu Ihnen paßt bzw. untreu ist, fragen Sie sich: Welche positiven Eigenschaften hat er? Warum habe ich ihn damals gewählt? Habe ich einen Außenstehenden um Rat gefragt? Was sagt Ihnen die Geschichte »Der Sinn einer bitteren Melone«, wenn Sie sie auf Ihre Partnerschaft übertragen?
Bevor Sie einen neuen Partner aussuchen, können Sie ein Jahr getrennt leben und die vier Bereiche Körper (Gesundheit), Beruf (Leistung), Kontakt (zwischenmenschliche Beziehungen) und Phantasie (Zielvorstellungen, Weltanschauung und Lebensphilosophie) weiterentwickeln.

Partnerschaft als Triebbefriedigung

»Wer zweimal mit der gleichen pennt,
gehört schon zum Establishment.«
Spruch der 68er Generation

Die Fähigkeit, einen Bereich des Partners in den Mittelpunkt zu stellen

Lied: »Küß' die Hand, schöne Frau«

»Ein Mann geht in's Lokal, sucht die Dame seiner Wahl,
Und mit Worten öd' und schal bringt dieselbe er zu Fall,
Und das geht so: Dideldum, Dideldei,
Ist da noch ein Platzerl frei?
So allein, schöne Frau? Mei, san' Ihre Augen blau!
Tirili, irgendwie, tirilo, kenn' ich Sie von irgendwo.
Schalali, Schalala, Herr Ober, bringen's uns noch zwoa,
Pommery, Pommeru, stoß' ma an und sog' ma du!
Und weil wir so einsam san, trink' ma aus und gemma ham . . .«
(Erste Strophe des Liedes »Küß' die Hand, schöne Frau« von der österreichischen Pop-Gruppe ›Erste Allgemeine Verunsicherung‹)

Erklärung:

Die Fähigkeit, *einen* Bereich des Partners in den Vordergrund zu stellen, kann auch bedeuten, ihn nicht in seiner ganzen Persönlichkeit wahrzunehmen. Durch ungleichmäßige Verteilung der Energien werden bestimmte Bereiche überbetont und andere geraten in den Schatten. Zum Beispiel, wenn man einen Partner nur wegen seiner körperlichen Vorzüge liebt. »Für mich kommt nur eine Frau in Frage, die größer als 170 Zentimeter ist. Die Brüste müssen groß und fest sein. Außerdem bevorzuge ich den typisch weiblichen Körperbau. Alles, was diesen Ansprüchen nicht genügt, kann für mich nur eine Übergangslösung sein.«
Zu beachten ist, daß solche ästhetischen Maßstäbe von kulturellen, modebedingten Faktoren und auch von kindlichen Fixierungen abhängig sind und in keiner Weise den Absolutheitsanspruch verdienen, den sie

erheben. Wird aus einer solchen Partnerschaft eine feste Bindung, sind die Folgen abzusehen. Was ist, wenn sich die Vorzüge wandeln, die Haut Falten bekommt, das Haar ergraut, der Busen erschlafft, ein Unfall das Gesicht verletzt und den Körper verunstaltet? Sind körperliche Eigenschaften die einzige Grundlage für gegenseitige Zuneigung, entfällt irgendwann jeder Grund für diese Beziehung.

Da der Mensch eine Einheit von Körper, Seele und Geist ist, können Störungen in der Partnerschaft zu seelischen Konflikten und körperlichen Störungen führen. Der Mensch ist in seiner partnerschaftlichen Beziehung ein sehr empfindliches Wesen. Störungen der Partnerschaft, wie eine Trennung, ein Partnerwechsel, ein »Seitensprung«, sind ein Vertrauensbruch, der Folgen haben kann. Es entwickeln sich Erwartungen, Einstellungen und Haltungen, die unmittelbar auf den Partner und die gemeinsame Zukunft gerichtet sind.

Fall: »Drei Fragen der Jugend«

Frage: »Wie kann ich meinen Partner kennenlernen, wenn ich keine sexuellen Beziehungen zu ihm hatte?«

Antwort: Ein Mensch hat viele Fähigkeiten. Um einen Menschen kennenzulernen, reicht es nicht aus, nur seine sexuellen Fähigkeiten zu prüfen. Vielmehr kommt es auch auf die anderen Eigenschaften an: das Aussehen, sein Lächeln, Höflichkeit, Pünktlichkeit, Sauberkeit, Ordnungsverhalten, Zuverlässigkeit, seine Lebenseinstellung, seine Vorstellungen von der Zukunft usw.

Der Sex stellt *einen* Verhaltensbereich unter vielen dar. Er gliedert sich in eine Vielzahl von Kontaktmöglichkeiten, vom Flirt über die Zärtlichkeit, vom Kuß bis hin zum Geschlechtsverkehr. Verspürt man Zuneigung zu einem Menschen, stellen sich folgende Fragen: Warum gehe ich diese Beziehung und Bindung ein? Was bereitet mir bei dieser Partnerschaft Freude und Probleme? Welche Möglichkeiten habe ich, diese Probleme zu lösen? Welche Ziele stehen hinter meinem Handeln? Welche Bedeutung hat diese Partnerschaft für mich, meinen Partner und meine Mitmenschen?

Frage: »Warum verstehe ich mich nicht mit meinem Partner, obwohl wir vor der Ehe sexuelle Beziehungen miteinander hatten?«

Antwort: Sexuelle Beziehung ist nicht das einzige Kriterium für den Wert einer Partnerschaft. Wenn die Verliebtheit nachläßt, sieht man den Partner mit anderen Augen. Man sah zwar eine Reihe von Eigenschaften, die man gut fand, doch jetzt muß man feststellen, daß der Partner auch Eigenschaften hat, die man nicht ertragen kann: »Mein Partner hat eine andere Auffassung vom Geldausgeben, ich habe eine andere Auffassung von Pünktlichkeit. Wir beide können uns über die Kindererziehung nicht einigen, und unsere Familien haben Probleme miteinander ...

Schwierigkeiten treten in Partnerschaft und Ehe aufgrund des engen Zusammenlebens immer mehr in den Vordergrund und wirken sich schließlich auch auf die Sexualität aus. Sie war zuvor Hauptsache, jetzt wird sie zum Träger der Symptome.

Frage: »Warum können wir uns nicht lieben, obwohl wir uns gut verstehen?«

Antwort: Häufig kann man beobachten, daß Freundschaften und Ehen darunter leiden, daß die Partner ein ambivalentes, ein doppelsinniges Verhältnis zueinander haben. Sie verstehen sich zum Teil recht gut. Auf der anderen Seite bestehen jedoch so viele Konflikte, die schließlich die Partnerschaft in Frage stellen. Fragt man sich, welche inhaltlichen Faktoren für dieses Verhältnis verantwortlich sind, finden wir einzelne Verhaltensbereiche, die in der Erziehung, Familie und Kultur der Betreffenden eine bedeutsame Rolle gespielt haben: die Benachteiligung oder Bevorzugung eines Kindes; die Überbewertung eines Geschlechts (»Du bist nur ein Mädchen, ich wollte lieber einen Sohn!«); Einschränkung des sozialen Kontaktes aus Zeitmangel und Überbetonung der Ordnung; häufig negative Äußerungen über das Verhalten anderer Menschen; die Eheprobleme der Eltern; gutgemeinte Ermahnungen und Verbote der Eltern (»Alle Männer wollen nur das eine!«; »Verlaß Dich drauf, ich will Dich nur vor schlechten Erfahrungen bewahren. Du dienst ihnen nur als Mittel für den Genuß.«); unterschiedliche Auffassung der Eltern von Religion; einseitige starre Bindung der Eltern an eine Religion (zum Beispiel Ablehnung von Mischehen); radikale Ablehnung der Religion durch die Eltern; negative Einstellung zum Tod; Dramatisierung des Verlustes eines Angehörigen.

Durch derartige Vorbilder werden gewissermaßen familiäre Konflikttraditionen gesetzt: Partnerschaft, Freundschaft oder Ehe wird zum Austragungsort von Einstellungen, Erwartungen und Verhaltensweisen.

Deutung: Sex – Sexualität – Liebe

Hinter partnerschaftlichen Konflikten steht eine Vielzahl von Faktoren. Die Unterscheidung zwischen Sex, Sexualität und Liebe spielt hier eine besondere Rolle. Ähnlich wie sich viele Jugendliche unter Religion Rituale, Dogmen und Vorurteile vorstellen, stellen sich viele ältere Menschen unter Sex einen Angriff auf die guten Sitten, Moralwidrigkeiten und »Schweinereien« vor. Während in dem einen Fall eine mangelnde Unterscheidung zwischen Glaube, Religion und Kirche vorliegt, besteht im anderen Fall eine mangelnde Unterscheidung zwischen Sex, Sexualität und Liebe.

Alle physiologischen, körperlichen Vorgänge im Zusammenhang mit sexueller Aktivität ordnen wir dem Begriff Sex zu. Sex meint aber nicht nur die Vorgänge selbst, sondern auch das Wissen des Menschen um sie: den Aufbau der Geschlechtsorgane, ihre Funktionsweise, die körperlichen Vorgänge während sexueller Aktivität, die Vorgänge der Zeugung, ebenso den Ablauf der Geburt. Sex bezieht sich auf den Bereich des Körpers. Er orientiert sich an den körperlichen Funktionen und Merkmalen. Wichtig ist, genaue, sachliche Informationen über die Funktion des Körpers zeitgemäß zu vermitteln. Körperliche Merkmale sind in der partnerschaftlichen Beziehung nicht zu unterschätzen.

Sexualität bezieht sich auf seelische, Persönlichkeits- und Verhaltensmerkmale. Sie meint die Eigenschaften und Fähigkeiten eines Menschen, insofern sie die geschlechtlich-partnerschaftlichen Beziehungen betreffen. In sie gehen die sozialen Normen und damit die Aktualfähigkeiten wie zum Beispiel Ordnung, Sauberkeit, Pünktlichkeit etc. ein.

Liebe nennen wir die emotionale Beziehung, die sich auf eine Reihe von Objekten in verschiedensten Ausprägungsformen richten kann. Diese Fähigkeit besitzt jeder Mensch. In ihrer frühesten Form beobachten wir Liebe in der Beziehung zwischen Mutter und Kind. Im Verlaufe der Lebensgeschichte lernt man selbst zu lieben und sich so zu verhalten, um geliebt zu werden. Eine besondere Rolle spielt dabei das Vorbild der Eltern in der Beziehung zu anderen Menschen und zur Religion. In ihrer Konsequenz führt die Liebesfähigkeit zur Anerkennung der menschlichen Gleichberechtigung und zur Verantwortung.

Die allgemeine Empfehlung »Geben Sie Ihrem Partner mehr Liebe« hilft recht wenig, wenn nicht bekannt ist, in welchen Bereichen ein Liebesdefizit vorliegt und welcher Art der emotionalen Beziehung daher besonderer Wert beizumessen ist. Die wichtigsten Äußerungsformen von Liebe in der Partnerschaft sind: Vorbild, Geduld, Zeit.

Andere Kulturen:

Im abendländischen Kulturkreis ist die Ehe eine für das Funktionieren der Gesellschaft wesentliche Beziehung. Sie soll zum größtmöglichen Nutzen der Beteiligten gestaltet werden; sie ist individualistisch, idealistisch und romantisch. Man glaubt, das höchste Glück sei nicht nur durch die Ehe zu erlangen, sondern man könne auch, wenn sie das Glück versagt, die Ehe trennen und unbegrenzt neue Partner suchen. Wenn die romantische Seite nicht zufriedenstellend ist, glaubt man, diese Verbindung habe gänzlich ihren Sinn verfehlt. Der westliche Europäer erwartet zuviel Gewinn aus der Ehe und will sich selbst zu wenig Mühe geben. Er faßt sie viel zu individualistisch auf, beachtet den Rat seiner Eltern zu wenig und läßt sich vorschnell scheiden. Man erhofft sich von der Ehe zuviel, vor allem weil man die Erwartungen auf Eigenschaften und nicht auf die Person setzt.

Im orientalischen Kulturkreis ist die Ehe nicht nur eine gesellschaftliche Verpflichtung der Gemeinschaft gegenüber, sondern eine verbindliche Familienangelegenheit, die in erster Linie von den Eltern entschieden wird. Der Orientale hat nicht die Erwartung, vollkommene Liebe oder irgendeine Art idealer Beziehung zu finden. Er sieht in der Ehe eine Lebensnotwendigkeit, durch die er seinen Namen verewigen und seinen Beitrag zum Fortleben der Gesellschaft leisten kann. Er erwartet zu wenig von der Ehe, die so große Möglichkeiten zur Bereicherung des Lebens bietet. Die Ehe ist eine Verbindung, die Nachkommen hervorbringen soll.

Praktische Konsequenzen:

Sex und Sexualität, für sich allein genommen, machen den Menschen austauschbar. Er ist dann nur Träger von Eigenschaften, die als wertvoll oder wertlos beurteilt werden. Die Einzigartigkeit der Persönlichkeit wird bei der Überbetonung von Sex und Sexualität vernachlässigt. Die Liebe aber, in Verbindung mit Sex und Sexualität, bestätigt die Einzigartigkeit eines Menschen und garantiert so optimale Triebbefriedigung.

Wie fragt man nach Liebe?

Akzeptieren Sie sich selbst (Ihren eigenen Körper)? Wer von Ihnen ist mehr geneigt, den anderen Partner zu akzeptieren? Wollen Sie Ihren Partner am liebsten nur für sich alleine haben? Fühlen Sie sich in einer größeren Gruppe geborgen oder bedrängt? Was bewegt Sie dazu, anderen Menschen etwas Gutes zu tun? Wurden Sie als Kind und später als Jugendlicher von Ihren Eltern akzeptiert? Welche Bedeutung haben körperliche Eigenschaften, Eigenarten, Gesundheit und Krankheit für Sie? Welche Eigenschaften bevorzugen Sie bei Ihrem Partner (Pünktlichkeit, Ordnung, Sparsamkeit, Treue usw.)?
Die Beantwortung dieser Fragen hängt von drei Einstellungsfaktoren ab:

1. Einstellung zur Vergangenheit: Die positive Einstellung zum eigenen Körper, zur Sexualität, zur veränderten sozialen Umgebung, zum anderen Geschlecht, hängt ab von den Erfahrungen, die ein Jugendlicher in seiner Vergangenheit machte. Hier spielen die Erziehungsstile eine wesentliche Rolle. Schwierigkeiten und Konflikte in vorangegangenen Entwicklungsabschnitten belasten den Jugendlichen oder behindern seine Erlebnisverarbeitung.

2. *Einstellung zur Gegenwart:* Die Pubertät ist ein Umbruch. Der Jugendliche ist nicht mehr Kind, wird aber auch noch nicht voll als Erwachsener anerkannt. Er befindet sich in einer Phase der Los-Lösung (Ich-Lösung) und Trennung von kindlichen Bindungen. Er wird selbständig, was notwendigerweise mit einer Trennung von den Eltern verbunden ist. Eine zu starke Elterngebundenheit beispielsweise kann diese Loslösung und Selbstverwirklichung blokkieren und zu Konflikten führen.

Durch diese normale Entwicklung wird eine Kette von Prozessen eingeleitet: Der Jugendliche kann durch Los-Lösung seine Persönlichkeit verwirklichen. Diese Selbstverwirklichung ist eine Fortführung der ersten Verhaltensdimension, nämlich der Beziehung zum Ich. Es entwickelt sich ein stärkeres Selbstwertgefühl, der Jugendliche wird selbständiger, auch in seinen Entscheidungen im allgemeinen sicherer. Jedoch bleibt die Entwicklung nicht auf das Individuum beschränkt. Der Jugendliche versucht vielmehr, sozialen Kontakt zu finden, und entwickelt mehr oder weniger feste Partnerbeziehungen (Du-Beziehung).

Im gleichen Maß wie diese Selbstverwirklichung und Du-Findung eines Jugendlichen sich vollzieht, versucht er unter günstigen Bedingungen die früheren Bindungen zur Familie wieder zu stabilisieren. Seine Selbständigkeit ermöglicht es ihm, Beziehungen zu anderen Gruppen aufzunehmen und damit einen neuen Zugang zum Wir zu finden. Auch hier sehen wir das Verhältnis zu der kindlichen Entwicklung, nämlich der Vorbilddimension der Beziehung der Eltern zum Wir. Auf diesem Hintergrund kann ein Jugendlicher seine Beziehung zum Beruf und zu anderen Menschen stabilisieren (Wir-Stabilisierung).

3. *Einstellung zur Zukunft:* Die Zukunft ist das noch Unbekannte. Der Mensch ist darauf angelegt, sich nicht nur mit Vergangenheit und Gegenwart zu beschäftigen. Er plant darüber hinaus für die Zukunft, denkt an das, was noch nicht ist. Er versucht, seine Zukunft in den Griff zu bekommen und zu organisieren. Man kann davon sprechen, daß die Vorstellung eines Menschen davon, wie er seine Zukunft bewältigen möchte, seinen Lebensplan darstellt. Die Zukunftsplanung beschränkt sich nicht nur auf die eigene Zukunft. Man fühlt sich auch für die Menschen, im umfassendsten Stadium

für die gesamte Menschheit, mitverantwortlich. Man kann in diesem Sinne von einem Gerechtigkeitssinn sprechen, den jeder Mensch besitzt. Die Ungerechtigkeit der engeren Mitmenschen, also der Eltern, Geschwister, der Erziehungssituation, der Lehrer, im Beruf und moralischen Institutionen können erheblichen Einfluß auf den Gerechtigkeitssinn und damit auf das Vertrauen und die Hoffnung ausüben.

Gerade für den Jugendlichen ist die Konfrontation mit der *Gerechtigkeit* und *Ungerechtigkeit* der Welt von herausragender Bedeutung. Die Störungen während der Pubertät sind unter diesem Aspekt nicht sinnlos. Sie besitzen vielmehr einen Sinn, den wir erst verstehen lernen müssen. Die Unruhe in der Welt erzeugt einerseits Ängste, Aggressionen, innere Unruhe und das Gefühl der Unsicherheit. Andererseits gibt sie uns die Chance, unsere festgefahrene Tradition zu überprüfen und sie zeitgemäßer und somit menschlicher zu gestalten.

Partnerschaft als Wissenschaft

> »Wenn wir fehlerfrei wären, würde es uns nicht so viel
> Vergnügen bereiten, sie an anderen festzustellen.«
> *Römische Weisheit*

Die Fähigkeit, auf dem sinkenden Schiff
alles im Griff zu haben

Geschichte: Untrügliches Zeichen für Dummheit

Ein Faghih, ein Lehrer in früheren Tagen, las bei einer Unterrichtsvorberei-
tung in einem klugen Buch, das sieben Weise geschrieben hatten, den Satz:
»Kleiner Kopf und langer Bart sind ein untrügliches Zeichen für Dummheit.« Voll Interesse nahm er einen Spiegel und betrachtete sich lange Zeit:
»Ich habe einen langen weißen Bart.«
Angestrengt starrte er weiter in den Spiegel: »Gott bewahre mich, mein
Kopf ist auch nicht gerade groß. Wenn ich das Wort der Weisen morgen vor
meinen Schülern lese, wie stehe ich dann vor ihnen da?« Das unglückliche
Zusammentreffen der Merkmale der Dummheit in seiner Person ließ ihn so
schnell handeln wie denken: »Von kurzem Bart und kleinem Kopf als Zeichen für Dummheit steht nichts in dem Buch.« Keine Schere war zur Hand,
kein scharfes Messer, um den Bart zu kürzen. So griff der Faghih in seinem
Eifer nach einem Leuchter, um die verräterische Länge des Bartes zu stut-
zen. Wie eine Stichflamme fuhr das Feuer an seinem Bart hoch. Bevor er
die Flamme löschen konnte, war sein Bart versengt, die Haut seines Ge-
sichtes vom Feuer verbrannt und schwarz vor Ruß. Da er sich ohne Bart
und mit Brandwunden im Gesicht vor anderen Menschen – erst recht vor
seinen Schülern – nicht zeigen konnte, hatte er genügend Zeit zum Nach-
denken. Neben den verhängnisvollen Satz »Kleiner Kopf und langer Bart
sind ein untrügliches Zeichen für Dummheit« schrieb er in gestochenen
Schriftzeichen: »Diese Behauptung hat sich in der Praxis als wahr erwiesen«
(persische Geschichte).

Erklärung:

Einer der Hauptwünsche des Abendländers ist es, alles unter Kontrolle
zu haben. Man möchte Herr im eigenen Hause sein und läßt sich nicht
gern überraschen. So wie wir physikalische Phänomene wissenschaft-

lich beobachten, Theorien über diese Phänomene erstellen und Voraus-
sagen treffen, wollen manche von uns ihr persönliches Leben gestalten:
Sauber, korrekt, ordentlich und in geregelten Bahnen. Was sich für das
Abendland als großer Fortschritt in Industrie, Technik und Medizin
erwiesen hat, wird mancher Partnerschaft zum Verhängnis. Nicht etwa,
daß die Partnerschaft den Beteiligten gleichgültig wäre. Im Gegenteil,
im Bestreben nach größtmöglicher Sicherheit wird auf die Methode
zurückgegriffen, die in unserer Industriegesellschaft am ehesten Sicherheit garantiert, das »wissenschaftliche« Vorgehen. Damit meine ich
nicht die wissenschaftliche Psychologie, deren Aufgabe die Beobachtung und Erklärung menschlichen Verhaltens mit Hilfe wissenschaft-
licher Methoden ist. Damit meine ich vielmehr die unkritische Anwen-
dung ihrer Ergebnisse durch die Beteiligten einer Partnerschaft selbst.
Das erste Mißverständnis, auf das wir stoßen, ist die Vorstellung, der
»Theoretiker« könne sich in seiner eigenen Partnerschaft wie ein Wis-
senschaftler neutral-distanziert und beobachtend verhalten. Er kann es
nicht. Vielmehr steckt er mitten drin. Sein krampfhafter Versuch, theoretische Distanz zu wahren, wird für die Partnerschaft von konkreter
Bedeutung: Durch theoretische Reflexionen versucht er, sich außerhalb der partnerschaftlichen Dynamik zu stellen, sich persönlich unan-
greifbar zu machen und Macht gegenüber dem Partner auszuüben.
Ein zweites Mißverständnis betrifft die Theorie der Gefühle. So sind es
eben nicht Wut und Zorn, wenn man über Aggressionen redet. Über sie
zu reden und sie empfinden zu können, ist zweierlei. Oft drängt sich
der Verdacht auf, als solle durch das Psychologisieren, durch die künst-
liche Verwissenschaftlichung des Alltagslebens, eine Ersatzwelt für tatsächlich gelebte Gefühle erzeugt werden.
»Partnerschaft als Wissenschaft« erfüllt zunächst eine wichtige Schutz-
funktion. Man schützt sich selbst, indem man die Theorie als Bollwerk
und Verteidigungsanlage zwischen sich und dem Partner aufbaut. Man
schützt sich auch vor der Lebendigkeit und Unberechenbarkeit der
eigenen Gefühle, die nur dürftig in Form von Rationalisierungen, als
theoretischer Überbau, ihre verkümmerte Existenz fristen und sich allenfalls als depressive Verstimmungen im Sinne von Ersatzgefühlen zeigen. Zudem verleihen Theorien den Anschein von Stärke. Wie man sich
in einer traditionsgelenkten Gesellschaft auf die Autorität der Überlie-
ferung und auf den geltenden Moralkodex berufen kann, so kann man
sich im Partnerschaftsbereich auf den Begründer der Theorie berufen.
Die Autorschaft Sigmund Freuds bürgt für Autorität, ebenso wie die
Alfred Adlers, C. G. Jungs, Carl Rogers, Victor Frankls usw. Die

Theorien sind Waffen, und mit Begriffen wie »Minderwertigkeitsgefühl«, »Kastrationsangst«, »männlicher Protest«, »narzißtische Persönlichkeit«, »Hysterie«, »infantile Abhängigkeit« oder »sadistisches Über-Ich« läßt sich trefflich streiten.

Fall:

»Ich habe von meinen Beschwerden erzählt. Dann wollte er was von meinen Eltern wissen, weil ich ein bißchen jähzornig bin und so. Da hat er mir was vom Über-Ich erzählt und einem Ideal, das ich mir selbst setze. Als er mich gefragt hat, ob ich die Erziehung als repressiv empfinde, habe ich das noch kapiert. Später hatte ich keine richtige Lust mehr, und plötzlich hieß es, ich verhalte mich regressiv. Ich bin fast ausgeflippt. Wir kamen dann noch auf die Mühle zu sprechen (gemeint ist ein schweres Motorrad), ich habe ihm da was von PS vorgeschwärmt, aber da ist er nicht mitgestiegen. Dafür hat er mir was von Omnibus- oder Omnipotenzgefühlen vorgefaselt!« (18jähriger Schüler, Drogenmißbrauch, Generationsproblematik).

Manchmal will es scheinen, als suche diese wissenschaftliche Psychotherapie ihre Berechtigung durch die Schwerverständlichkeit ihrer Aussagen. Damit unterstützt sie die Bedürfnisse derer, die Psychotherapie als Religionsersatz anbieten. Es besteht in manchen Fällen eine unüberbrückbare Kluft zwischen dem Therapeuten, der Wissenschaft anbieten will, und dem Patienten, der Behandlung erwartet.
Nicht nur die analytisch orientierte Psychotherapie hat mit dem Problem ihrer eigenen wissenschaftlichen Verselbständigung zu kämpfen. Auch Verhaltenstherapeuten und Tiefenpsychologen berichten von vergleichbaren Schwierigkeiten.

Deutung: »Theorie und Praxis«

Besonders anfällig für derartige Kommunikationsformen sind alle, die sich als Fachleute und Laien mit der Wissenschaft des Verhaltens beschäftigen. Die Neugier auf das eigene Verhalten führt oft zur Wissenschaft, und diese wiederum lehrt, sich selbst und seine Partnerschaft aus der Sicht des gelernten theoretischen Konzepts zu sehen.
Diese Tendenz allein der Psychologie anzulasten, wäre ungerecht. Zwar bietet sich die Wissenschaft vom Seelenleben zur Erklärung und Manipulation partnerschaftlicher Probleme an, doch »Partnerschaft als Wissenschaft« kann jede andere Fachdisziplin als Interpretationshilfe benutzen. Man kann die Partnerschaft beispielsweise als juristisches

System begreifen, sie nach mathematischen Objektivierungen beschreiben, partnerschaftliche Beziehungsstrukturen kommunikationstheoretisch erklären oder ein biologisches Steuerungs- und Regelsystem als Motor der Partnerschaft annehmen, je nachdem welches Menschenbild man vertritt.

In der Erziehung beeinflussen »wissenschaftliche Partner« das Entwicklungsmilieu inhaltlich und atmosphärisch:

»Der bewegliche Bücherschrank«. Die Mutter sieht die Erziehung ihres Kindes als Pflicht an, sie erzieht nach Plan und Büchern, ist übergenau, läßt es jedoch an natürlicher Zuwendung und Liebe fehlen.

»Theoretischer Vater«. Worte sind seine starke Seite, Taten nicht seine Sache. Er erzieht im Sinne der Theorie. Die Einzigartigkeit des Kindes wird von ihm weniger berücksichtigt.

Ein weites Feld für Theorienbildung ist die Sexualität: Liebe ist *kein* Geheimnis mehr. Dieser wesentliche Bereich menschlichen Lebens wird zum Gegenstand systematischer Erforschung. Man möchte ergründen, was es mit der Liebe auf sich hat, welche verschiedenen Spielarten sie hat und wie die Kommunikationsprozesse im Zusammenhang mit der Sexualität ablaufen. Gegenstand eines besonderen Interesses ist das sexuelle Geschehen:

Was geschieht mit mir, was mit meinem Partner im Verlauf der sexuellen Erregung? Wie reagieren Frauen, wenn sie erregt sind, und während des Orgasmus? Wie verhält sich ein Mann im Verlauf des sexuellen Geschehens? Gibt es Unterschiede im Orgasmusverhalten von Männern?

Solche Fragen leiten das Erkenntnisinteresse des »privaten Sexualwissenschaftlers«: »Ich habe bisher mit so vielen Männern geschlafen, daß ich es kaum überblicken kann. Es müssen nach meinem Tagebuch so etwa 400 gewesen sein. Irgendwie hat mich jeder auf eine andere Weise angesprochen, und irgendwie hat mich auch jeder anders angefaßt. Es gab Männer, bei denen ging es bereits vorher los. Die waren hinterher untröstlich, und ich mußte sie erst beruhigen. Andere waren ausgesprochene Akkordarbeiter, die waren unermüdlich. Mir wurde das manchmal zuviel. Aber in einem waren sie alle gleich: Sie wollten alle nur das eine« (38jährige Boutiquebesitzerin, die wegen Sexualabwehr, Frigidität und aggressiven Ausbrüchen in die Therapie kam).

Andere Kulturen:

Wissenschaftliches Denken ist Begleiterscheinung der industriellen Entwicklung und ist mit seinen Vor- und Nachteilen derzeit noch die Domäne des Abendlandes. Dem Orient ist diese Form des Denkens noch nicht so vertraut. Hier wird Partnerschaft auf einer vor-wissenschaftlichen Ebene angegangen: Anstelle psychologisch-psychoanalytischer Überlegungen (Sinnfindung) werden bestehende, zumeist religiös begründete Vorstellungen benutzt (Sinngebung).

Das Medium des Gefühlsausdrucks ist eine blumenreiche, auf Sprachbilder, Lebensweisheiten und Sprichwörter zurückgreifende Sprache, in der mehr die Phantasie, das Vorstellungsvermögen angesprochen wird als der Intellekt.

Praktische Konsequenzen:

Mit Leichtigkeit lassen sich partnerschaftliche Dialoge dadurch konstruieren, daß Begriffe aneinander und gegeneinander gesetzt werden:

Sie: »Fällt dir nicht auf, wie unsicher du bist? Du hast doch einen Minderwertigkeitskomplex. So wie du bei der Auseinandersetzung mit deinem Chef den Schwanz eingezogen hast, das spricht doch für deine Kastrationsangst.«

Er: »Spiel doch nicht hysterisch. Ich habe keine Lust, deine narzißtischen Bedürfnisse zu befriedigen. Was du da bringst, das ist doch nur Penisneid.«

Meiner Ansicht nach werden in diesem Dialog recht wichtige Informationen ausgetauscht. Zunächst kann man eine gereizte Grundstimmung annehmen. Warum gereizt? Warum sagen die beiden nicht, was sie gereizt hat? Dann werden – trotz aller Scheinwissenschaftlichkeit – dem Partner jeweils wichtige Beobachtungen vorgehalten.

Die Unsicherheit des Mannes mag auch er als Problem empfinden. Aber er ist nicht bereit, sie sich gerade jetzt und ausgerechnet von seiner Partnerin vorhalten zu lassen. Dies macht ihn noch unsicherer und aggressiver, zumal er tatsächlich Schwierigkeiten im Umgang mit seinem Chef hat. Warum signalisiert die Partnerin nicht, daß sie sich mit ihm in diesem Punkt solidarisch fühlt?

Seine Antwort bleibt formal, obwohl auch seine Deutungen Aspekte ihres Verhaltens zu erfassen scheinen. Statt dessen geht er auf das begonnene Spiel ein, signalisiert aber nicht, wie es tatsächlich um ihn steht. Etwas variiert, kann der Dialog andere Kommunikationsformen veranschaulichen, und zwar im Rahmen der Positiven Psychotherapie:

Sie: Die Auseinandersetzung mit deinem Chef heute ist dir ja ganz schön nahegegangen. Du hast dich ihm gegenüber zurückgehalten, vielleicht um eine problematische Konfrontation zu vermeiden (lacht). Du hast halt die Fähigkeit, zu leiden, ohne zu klagen.

Er: Du hast es richtig getroffen. Wenn das so ist, hat der Chef die Fähigkeit, zu klagen, ohne zu leiden.

Daß sie ihn durchsetzungsfähiger wünscht, läßt sie leicht anklingen. Vielleicht war keine günstige Zeit, dies mit ihm zu besprechen. Es kommt sicher eine passendere Gelegenheit.

Partnerschaft als Wunschtraum

> »Das ist der Witz, seinen Nächsten zu lieben:
> Nie den zu lieben, der da ist,
> sondern immer nur den Nächsten,
> der kommen soll.«
>
> *Martin Kessel*

Die Fähigkeit, in der Phantasie spazierenzugehen

Geschichte: »Abschied von der Vergangenheit«

Die Frau des Mullahs war gestorben, und er heiratete eine Witwe. Als sie am Abend nebeneinander im Bett lagen, seufzte die Frau: »Mein erster Mann war ein so guter Mensch...« Der Mullah ärgerte sich darüber und parierte: »Oh, meine verstorbene Frau ... sie war so lieblich, so süß und so gehorsam!« Als die Frau jedoch nicht aufhörte, von ihrem ersten Mann zu schwärmen, stieß der Mullah sie schließlich aus dem Bett, wobei sie sich den Fuß brach. Sie zerrte den Mullah vor den Richter und erhob Anklage gegen ihn. Der Richter fragte den Mullah, was er dazu zu sagen habe. Er antwortete: »Eure richterliche Hoheit! Wir besitzen ein Bett für zwei Personen. An diesem Abend nun kamen der erste Mann meiner Frau und meine erste Frau dazu, und so wurde meine Frau von der Bettkante gedrängt und fiel zu Boden. Dabei brach sie sich den Fuß.« Der Richter verstand, legte den Fall nieder und schickte den Mullah und seine Frau nach Hause.

Erklärung:

Wenn die Wirklichkeit die Erwartung enttäuscht, Angst die Erfüllung verbietet, wird Phantasie zum Liebesersatz. Die Begegnung mit dem Partner wird in den Wunschtraum verlegt. Dort paßt alles zueinander. Die Partnerschaft ist rein und edel, die Liebe innig und warm, der Partner so stark, daß man sich bei ihm geschützt und geborgen fühlt, oder so schwach, daß man zu seinem Retter und Beschützer wird. Die Partnerschaft aus dem »Stoff, aus dem die Träume sind«, wird nicht durch Eigenwillen und Eigenarten gestört, sondern ist in jeder Situation angenehm, weil sie ja ein Stück von einem selbst ist.

Man möchte sich den Partner nach seinem Bilde modellieren, denn wirklich geeignete Exemplare laufen kaum frei herum. Dieses Verfahren hat in der europäischen Tradition eine lange Geschichte:

In der ritterlichen Minne, die das Liebesobjekt von der trivialen Trieb-

befriedigung freihielt, es aus sicherer Distanz verehrte und dem Ritter Kraft für seine Kämpfe gab.

Ein anderes Beispiel findet sich im deutschen Idealismus mit seiner grundsätzlichen Trennung zwischen Ideal und Wirklichkeit. In der Romantik galt das Prinzip, daß nur durch den Verzicht auf die Erfüllung die Liebe ihre Reinheit bewahren konnte. Die Verwirklichung des Traumes würde ihn ja vernichten.

Eine derartige Lebenseinstellung ist eine Garantie dafür, dauerhaft unglücklich zu sein. Nur auf die Phantasie fixiert, sind körperliche Erfüllung, das konkrete, auf den Erfolg orientierte Handeln und die gelebte Gemeinsamkeit von der Realisierung ausgesperrt. Warum? Weil das Ideal zu hoch ist? Weil man selber Angst vor der Wirklichkeit hat? Weil man es nicht erlebt und gelernt hat, die Beziehung zu anderen Bereichen aufzunehmen?

Der Wunschtraum kann sich an dem festmachen, was man einmal erlebt hat, oft sogar an dem, was nie in Erfüllung gegangen ist.

Ein 18jähriger Schüler, der sich unter Menschen als unsicher und gehemmt erlebte, schwärmte mit träumerischem Gesichtsausdruck: »Das Mädchen, das ich damals sah, hatte so wunderbare Augen, daß ich auch jetzt nicht von ihr loskomme. Ich warte noch immer darauf, sie wiederzufinden. Eine solche Frau wie sie gibt es nicht mehr.«

Fall: »Wahrscheinlich bin ich total unrealistisch«

Wenn ich mir manche Menschen anschaue, kann ich mir kaum vorstellen, daß sie Probleme haben. Ein solcher Mensch war eine 36jährige Hausfrau, eine aparte Erscheinung mit mittellangen dunklen Haaren, elegantem Gang, einer weichen mädchenhaften Stimme und einer angenehmen erotischen Ausstrahlung. Das sorgenfreie Wesen, das sie auf den ersten Blick suggerierte, erwies sich als Täuschung. Sie hatte Probleme, ja sogar solche, die viel mit ihrem untadeligen Aussehen zu tun hatten.

»Mein Wunschtraum war immer meine große Liebe mit 17 Jahren, sozusagen der Mann meiner Träume; Gottseidank ist der Traum unerfüllt geblieben. In meiner ersten Ehe war von Verliebtsein oder sexueller Begierde auf meiner Seite nie etwas vorhanden. Ich glaube, darunter habe ich schon sehr gelitten, wenn ich es auch für unabänderlich gehalten habe. Als ich meinen zweiten Mann kennenlernte, war all das extrem stark vorhanden. So hatte ich mir eine Partnerschaft immer gewünscht. Es fiel mir nicht schwer, mich von meinem ersten Mann zu trennen. Aber inzwischen sind diese stürmischen Gefühle bei mir wieder vorbei, das finde ich ganz furchtbar. Ich kann nicht viel dazu sagen, erklären kann ich mir das nicht. Ich leide wirklich sehr darunter, wahrscheinlich bin ich eben doch total unrealistisch.«

Im Verlauf der Therapie, die 25 Sitzungen in einem Zeitraum von sechs Monaten umfaßte, versuchten wir, ihr Verhältnis zum Partner und zur Zukunft zu differenzieren und permanente Konfliktbereiche zu bearbeiten.

Deutung: »Fühle ich mich von ihm verstanden?«

In der Phantasie werden gern Sexualängste, Verbundenheitskonflikte und Ablösungsprobleme ausgelebt. So möchten manche Menschen einem Partner, den sie vielleicht nur einmal oder gar noch nie gesehen haben, für immer die Treue halten. Das literarische Beispiel dafür ist Don Quichotte, der dem Phantom seiner Dulcinea folgte. In der Begegnung fallen konkrete Partner mit ihren Stärken und Schwächen gegenüber dem Wunschbild so stark ab, daß eine Beziehung nicht zustande kommt. Der Schüler, auf der Suche nach seiner Traumfrau, war durchaus nicht passiv, fühlte sich jedoch in seinen anderen Beziehungen enttäuscht: »Ich wollte immer als Mann unwahrscheinlich potent sein. Jetzt war ich schon ein paarmal mit Frauen zusammen, aber es klappte nie so richtig. Ich glaube, ich habe noch nicht die richtige Partnerin gefunden.«

Eine Kunstform zwischenmenschlicher Beziehungen ist die Partnerschaft, in der unter Umgehung jeder direkten Annäherung das Begehren auf gemeinsame Interessenbereiche verschoben wird. So unterhält man sich in einer quasi erotischen Situation mit einer Partnerin über subtile kulturelle Probleme und umgeht so die Begegnung mit dem eventuell gefährdenden sexuellen Bereich, und die Angst davor, abgeblitzt zu werden oder durch das Eingehen einer intensiven Beziehung Konsequenzen auf sich nehmen zu müssen.

Eine 42jährige Sekretärin, die bislang Partnerschaften nach der Zeit des Kennenlernens abrupt abgebrochen hatte, zumeist unterstützt durch plötzlich auftretende körperliche Erkrankungen, sagte während einer erneuten Kennenlernphase: »Dieser Mann ist genau auf meiner Wellenlänge. Das Tierische, Körperliche ist ihm ebenso fremd wie mir. Wir beschäftigen uns mit Kunst, Musik und Religion.«

Die Phantasie fixiert sich besonders gern auf die erreichbare und unerreichbare Zukunft. Aus Angst, einen falschen, gesellschaftlich nicht ebenbürtigen, freiheitsberaubenden, untreuen, nicht ausreichend repräsentativen, den Ansprüchen körperlicher Ästhetik nicht genügenden, finanziell zu wenig abgesicherten Partner zu bekommen, schiebt man eine Bindung immer weiter hinaus und konstruiert unerreichbare Ideale und meist am Elternbild orientierte Maßstäbe für einen Partner:

»Ich hätte so viele Freunde haben können, wenn ich es nur gewollt hätte. Aber keiner war wirklich so, wie ich mir einen Mann vorstelle. Die Schwächen lagen zu sehr an der Oberfläche. Ich habe manchmal das Gefühl, daß ich gerade in dem Augenblick, als Gott die richtigen Männer verteilt hat, nicht da war. So sind alle guten Männer, die ich möchte, verheiratet, und für das, was übrig ist, bin ich mir zu schade.« Mit diesen Worten faßte eine 50jährige Prokuristin ihre Partnerproblematik zusammen. Sie erinnerte sich daran, daß ihre Mutter, die sie bis zu deren Tod vor wenigen Jahren aufopferungsvoll gepflegt hatte, einen Verehrer mit den Worten schlechtmachte: »Das ist kein Kavalier. Ich habe beobachtet, daß er dir noch nicht einmal die Autotür aufgehalten hat.«

Andere Kulturen:

Im Orient ist es eine Selbstverständlichkeit, daß man irgendwann einmal, wenn möglich bald, eine feste Bindung im Sinne einer Ehe eingeht. Sie ist die Zielvorstellung und der Wunschtraum besonders der Mädchen und jungen Frauen, die glauben, sich nur im Rahmen einer eigenen Familie mit eigenen Kindern verwirklichen zu können. Die Ehe selbst bleibt Realwunsch, der zum Lebensprogramm gehört. Bleibt der Wunschtraum unerfüllt, bietet er noch die Möglichkeit einer zweiten, parallel verlaufenden Wirklichkeit in der Phantasie. Der Realmann und der Traummann (die Realfrau und die Traumfrau) stehen miteinander in Konkurrenz, ohne voneinander zu wissen. Der Realpartner kämpft gegen einen Gegner, der ihm immer eine Nasenlänge voraus ist.

In unserer liberal westlichen Kultur nimmt die »Partnerschaft als Wunschtraum« auch die Form des Zusammenlebens mit einem Partner ohne Eheschließung an. Es kommt gar nicht erst zu festen Bindungen, allenfalls zu einer Reihe von als untauglich erlebten Versuchen. Ermöglicht wird diese Form durch die freiere westliche Sexualmoral und die wenig restriktiven Regeln für das Eingehen einer Partnerschaft. Man gestaltet sein Leben, wie man möchte. Man macht Reisen, geht ins Theater, erfreut sich an der Kunst, liest viel, gibt Geld für schöne Kleidung aus, verbringt viel Zeit zur Pflege der Gesundheit und geht auch eine Reihe eher oberflächlicher Beziehungen ein. Die großzügige Unverbindlichkeit läßt noch genügend Raum für den Wunschtraum einer Partnerschaft.

Andere organisieren ihre partnerschaftlichen Beziehungen mit schlafwandlerisch anmutender Sicherheit so, daß sie auf irgendeine Weise im

Fiasko enden müssen, und manche Menschen schaffen es, sich immer wieder in verheiratete Partner zu verlieben und zunächst große Hoffnung auf eine gewisse gemeinsame Zukunft zu entwickeln, um dann mit erschütternder Regelmäßigkeit wieder enttäuscht zu werden.

Praktische Konsequenzen:

Die Fähigkeit, die Phantasie spielen lassen zu können, führt dazu, daß man Risiken trägt, den Schritt hinaus ins Unbekannte wagt, die Last des Zweifels auf die Schultern nimmt und doch immer in der Hoffnung lebt, irgendwo eine neue Fähigkeit oder eine neue Grenze zu entdecken. Gäbe es keine Neugier der Phantasie, gäbe es keinen Zweifel und keine Angst. Ohne Zweifel und Angst jedoch gäbe es keine Entwicklung, keine Entscheidung und keinen Fortschritt, aber auch keine Selbst- und Partnerfindung.

Die Aktualfähigkeit »Hoffnung« ist die Fähigkeit, über den gegenwärtigen Augenblick hinaus positive Beziehungen zu den eigenen Fähigkeiten, zu denen des Partners und der Gruppe zu entwickeln. Wir hoffen in diesem Sinn, daß morgen, im nächsten Jahr oder zu unbestimmter Zeit etwas geschieht, was uns einzelne Handlungen oder unser ganzes Leben sinnvoll erscheinen läßt. Das positive Konzept von Hoffnung ist Optimismus, das negative Pessimismus. In ihrer Entwicklung hängt die Hoffnung von den Erfahrungen und Erlebnissen ab, die ein Mensch hatte, und von den Möglichkeiten, die ihm durch seine Umwelt in Aussicht gestellt wurden. Hoffnung als Beziehung zur Zukunft wird kontrolliert durch positive Erfahrungen und Enttäuschungen, die sich konkret auf einzelne Aktualfähigkeiten beziehen.

Wie fragt man danach?

Wer von Ihnen ist optimistischer? Welche Pläne haben Sie für Ihr privates und berufliches Leben? Wie reagieren Sie (Ihr Partner), wenn Sie enttäuscht werden (Situationen)? In welchen Bereichen sind Sie besonders anfällig für Enttäuschungen (Situationen)? Haben Sie die Hoffnung, daß sich bei Ihnen oder Ihrem Partner alles zum Guten ändert (Begründung)? Wer von Ihren Eltern war optimistischer oder pessimistischer? Wie hat sich das geäußert?

Verhaltensregulative:

»Jede dunkle Nacht hat ein helles Ende.« Statt: »Sie können *doch* nicht«, »Sie können *noch* nicht.« Man muß unterscheiden zwischen dem, was man ändern kann und dem, was man ertragen muß (Geburt, Tod, Vergangenheit). Erwarte ich bloß, daß eine Hoffnung in Erfüllung geht oder tue ich etwas dafür? Welches sind die realen Wurzeln der Hoffnungslosigkeit? Welche Aktualfähigkeiten sind beteiligt? Trotz genauester Planung bleibt im Leben ein unkalkulierbarer Rest. Motto: »Ich freue mich auf die erhoffte Zukunft, ich freue mich aber auch auf die Überraschungen.«

»Ich verstehe dich nicht! Vor einem Jahr hast du gesagt, du hättest die Frau deiner Träume gefunden. Und jetzt willst du dich scheiden lassen?« – »Ja, ich bin inzwischen aufgewacht.«

Partnerschaft als Zärtlichkeitsempfang

»Eine Frau ist keine Gitarre. Sie läßt sich nicht an die
Wand hängen, nachdem man auf ihr gespielt hat.«
Russische Lebensweisheit

Die Fähigkeit zu genießen, bevor man ungenießbar wird

Geschichte: »Die Krähe und der Papagei«

Ein Papagei saß zusammen mit einer Krähe in einem Käfig. Wie litt der arme Papagei unter der Gegenwart des gefiederten schwarzen Untieres: »Einen abstoßenderen Genossen als dich gibt es nicht.« Aber auch die Krähe litt unter der Gegenwart des Papageien: »Warum muß gerade mich das Unglück treffen? Mir wäre es angenehmer, mit einer anderen Krähe auf der Mauer eines Gartens zu sitzen und zusammen mit ihr die Gemeinsamkeit zu genießen.« (Nach Saadi, persischer Dichter.)

Erklärung: »Wer Pech hat, kommt mit heiler Haut davon«

Rituale der Zuwendung erweisen sich oft als überdauernd. Sie sind mitunter stärker als das eigentliche sexuelle Bedürfnis: »Mir reicht es, wenn mein Freund mir den Nacken krault. Das ist ein wunderbares Gefühl. Ich könnte das stundenlang haben. Manchmal meine ich, daß es mir gar nicht auf den Geschlechtsverkehr ankommt. Aber ich schlafe trotzdem mit meinem Freund, weil ich hinterher gestreichelt werde, solange ich es nur möchte.«
In vielen Fällen liegt ein zu starkes Bedürfnis vor, das Streicheln hat einen außerordentlich hohen Stellenwert erhalten. Es zeigen sich regressive Wünsche, die mitunter dem Bedürfnis des Partners entsprechen können. »Wenn mich mein Mann an den Fußsohlen streichelt, bin ich total hin. Das war schon früher so, da hat mich mein Vater an den Fußsohlen gekrault, so lange ich es nur wollte. Ich finde das wunderschön. Mir bringt das mehr als ein Orgasmus.«

Haut als Spiegel der Seele: Die Haut ist ein Austragungsort, der psychische Vorgänge und innere Konflikte widerspiegelt. Dieses Organ reagiert auf emotionale Belastungen erstaunlich schnell, indem sich die Durchblutung verändert. Schamröte, Juckreiz, Erbleichen und sogar

Schuppenbildung können auftreten. Neben einer anlagemäßigen Disposition sind es momentane psychische Spannungen, die solche Veränderungen hervorrufen (berufliche Probleme, partnerschaftliche Konflikte, Hoffnungslosigkeit und Angst vor der Zukunft usw.).

Als Träger von verschiedenen Sinnesorganen übernimmt die Haut eine wichtige Rolle. Durch spezielle Rezeptoren werden Eindrücke wie warm, kalt, Druck und Schmerz wahrgenommen. Überall auf dem Körper verstreut befinden sich Empfindungspunkte. In Form von Spruchweisheiten kennen wir diese Zusammenhänge schon lange: Das juckt mich nicht; das geht einem unter die Haut; in dessen Haut möchte ich nicht stecken; sich in seiner Haut wohl fühlen; ein dickes Fell haben; aus der Haut fahren; eine dünne Haut haben.

Die Fähigkeit, Zärtlichkeit zu empfangen und zu geben, kann bis zur Abhängigkeit zweier Menschen voneinander gehen. Zärtlichkeit kann auch als Austragungsort für nicht bewältigte Probleme und Wünsche im Beruf, Partnerschaft und Phantasie fungieren (psychosomatische Störungen). Neben heterosexueller Zärtlichkeit gibt es homosexuelle, lesbische und pädophile. Die Abhängigkeit kann sich bis zur Vergewaltigung steigern und sadistische oder masochistische Formen annehmen.

Fallbeispiele:

»Mein Sohn möchte recht gerne gestreichelt werden. Er kommt oft zu mir, auch ins Bett, und ich streichele ihn dann am Kopf und Nacken, den Rücken, Brust, Po und fahre ihm auch mal über den Penis, und ich weiß, er hat das sehr gerne. Auch meine Tochter streichele ich. Oft, wenn ich mich im Bad wasche, kommt sie und streichelt mir über die Brüste, kuschelt sich an oder versucht sogar, an meinen Brüsten zu saugen. Ich bin mir nur nicht klar, ob das richtig ist, was ich da tue.«

»Sobald meine Tochter anfing, da unten zu spielen, habe ich ihr einen Klaps auf die Händchen gegeben und gesagt: ›Laß das.‹«

»Meine Kinder dürfen mit ihrem Körper spielen, auch gegenseitig. Sie haben sich sehr lieb.«

»Wenn ich mit meinen Geschlechtsorganen gespielt habe, hat meine Mutter geschimpft und mich fürchterlich bestraft. Ich mußte dann stundenlang mit dem Gesicht zur Wand stehen. Damals war ich – glaube ich – vier bis fünf Jahre alt.«

Wunsch nach Zärtlichkeit: »Ich möchte, daß meine Frau sich öfter zu Zärtlichkeiten wie küssen, streicheln und zu sexuellen Kontakten animieren läßt und dies auch als etwas Schönes bejaht, meine Annäherungsversuche richtig deuten lernt und entsprechend auch selbst aktiv ihren Beitrag leistet und nicht einfach nur alles über sich ergehen läßt.« Zärtlichkeit kann auch andere Formen annehmen und sich an andere Adressaten richten, z. B. Zärtlichkeit unter Frauen, Zärtlichkeit unter Männern, Zärtlichkeit in Fesseln, Zärtlichkeit mit (fremden) Kindern, Zärtlichkeit und Potenz, Abwehr von Zärtlichkeiten bis zur Sexualabwehr.

Zärtlichkeit unter Frauen: »Eine Freundin hat mich darauf gebracht. So wie sie mich angefaßt hat... Ich bin seitdem nur noch mit Frauen zusammen, weil sie viel besser wissen, was Frauen mögen, und sie sind viel zärtlicher als Männer...«

Zärtlichkeit unter Männern: »Ich fühle mich allein und finde keinen Anschluß an Mädchen, nur an Männer. Der Reiz, den ich beim Anblick eines Mannes empfinde, das Herzklopfen, das ich verspüre, empfinde ich bei einem hübschen Mädchen nicht, und wenn schon, dauert es nur kurz. Hilfe! Ich bin todunglücklich deswegen. Ich möchte ein normaler Mensch sein, der seine Familie lieben und ein vernünftiges Leben führen kann.«

Sexualabwehr: »Ich lasse Zärtlichkeiten und den körperlichen Verkehr mit meinem Mann nur mit Widerwillen und ohne jegliche angenehmen Gefühle über mich ergehen. Ich versuche, an irgend etwas anderes zu denken, aber es gelingt mir nicht immer.«

Zärtlichkeit mit fremden Kindern: »Am Montag kam ich im Hallenbad aus meiner Kabine, da sah ich ein Mädchen, vielleicht eben sieben oder acht Jahre alt. Sie war ganz nackt. Ich habe ihr zwischen die Beine sehen können. Das hat süß und schön ausgesehen.«

Auf der Suche nach Zärtlichkeit: Ersatz-Formen

Ist aus verschiedenen Gründen der körperliche Kontakt zu anderen Menschen und damit der Austausch von Zärtlichkeiten blockiert, können unterschiedliche Formen des Umgangs mit dem eigenen Körper als Ersatzhandlungen auftreten, zum Beispiel: sich das Essen verbieten oder grundlos essen, alles in sich hineinstopfen; sich durch lange Dauerläufe quälen oder sich zur Unbeweglichkeit verdammen; sich eiskalt baden oder die Sauna bis zur Schmerzgrenze oder zum Schwächeanfall aushalten.

Man ist sogar bereit, die Risiken von Verletzungen oder Erkrankungen auf sich zu nehmen: Um einige Kilogramm mehr zu stoßen, mästet man sich und unterwirft sich strengsten Trainingsprogrammen; um ein perfektes Muskelrelief zur Schau zu stellen, werden Tonnen von Eisen bewegt, einseitige Diäten praktiziert und vor dem Wettkampf Durst ertragen. Andere trainieren ihre Gelenkigkeit von Kindheit an, um besonders elegant schwierige Figuren turnen zu können. Manche dieser Sportlerinnen zahlen mit Wirbelsäulenleiden.

Nach meiner Erfahrung stehen hinter allen oben geschilderten Zärtlichkeitsvarianten und deren Ersatzformen gewisse inhaltlich beschreibbare Sozialisierungsnormen wie Treue, Gerechtigkeit, Sauberkeit, Pünktlichkeit, Sparsamkeit, Kontakt, Zeit, Geduld, Vertrauen, Glaube und Hoffnung. Zärtlichkeit ist somit nicht nur Trieb, sondern in ihrer Ausprägung erlerntes Verhalten. Wenn wir also fragen, welche Faktoren Zärtlichkeit und Sexualität modellieren, berühren wir den Bereich des sozialen Lernens, der Normen und des Selbstbildes.

Deutung: Orale oder taktile Phase?

Sigmund Freud hat wohl die Oralität überschätzt, wenn er damit die erste Phase der Kindheit charakterisierte. Zwar ist naturgemäß die Ernährung durch den Mund, das Gestilltwerden, ein außerordentlich wichtiger Triebbefriedigungsvorgang. Doch dürfte zumindest im ersten Lebenshalbjahr die taktile Beziehung zur Umwelt mindestens ebenso wesentlich, wenn nicht noch lebensentscheidender sein. Wir sprechen deshalb von dieser Zeit als der taktilen Phase der Entwicklung.

In unserem Kulturkreis, der gegenüber Berührung weitgehend tabuisiert ist, erfahren schon Säuglinge viele Entsagungen. Die taktile Beziehung, die für ein gesundes Selbstwerterleben so entscheidend ist, wird nicht genügend beachtet, und es kommt daher dazu, daß viele der modernen Menschen sich zu wenig geborgen fühlen und zu wenig Urvertrauen in sich verspüren (Erikson, 1965, und Battegay, 1979).

Im europäischen Kulturbereich wird die sparsame Zärtlichkeit während der Kleinkindphase mit zunehmendem Alter durch Leistungsforderungen überlagert und in den verbalen Bereich verschoben. Zärtlichkeit gilt zumindest ab der späten Kindheit als »kindisch«. »Erwachsen« ist derjenige, der ohne Zärtlichkeit und ohne emotionale Abhängigkeit die von ihm geforderten Leistungen erbringen kann. Anfassen wird von Kindern und Jugendlichen oft als Einschränkung und unzulässiger Eingriff in die persönliche Freiheit erlebt.

Andere Kulturen: Unterschiedliche Zärtlichkeit

Vielen Europäern fällt es schwer, sich an die Zärtlichkeitsrituale im Orient zu gewöhnen, da diese zum Teil seinen erlernten Kontakteinschränkungen entgegenstehen. Umgekehrt fällt es einem Orientalen schwer, sich in einer europäischen Umgebung auf europäische Weise distanziert zu verhalten und auf seine spontanen, bisher gültigen Reaktionsweisen zu verzichten. Das Umarmen wird durch Händedruck oder bloßes Zunicken ersetzt. Zärtlichkeit wird verdrängt und hinter sachlicheren Kontaktformen versteckt.

Beinahe modellhaft ist der Fall, daß ein orientalischer Mann eine europäische Frau heiratet und sich während seines Aufenthaltes in Europa auch den dort gültigen Verhaltensnormen anpaßt. Er gerät jedoch in dem Augenblick in Schwierigkeiten, in dem er mit seiner Frau in sein Heimatland zurückkehrt. Die Verhaltensformen, die er im Ausland nicht entwickeln konnte, werden hier von ihm gefordert. Er umarmt seine Freunde, Bekannte, küßt sie und benimmt sich, wie er es seit seiner Kindheit eigentlich gewöhnt ist. Für seine europäische Frau kann dies allerdings zu einer herben Enttäuschung werden: Der betonte familiäre Zusammenhang, die ausgeprägten Kontaktrituale und die betonte Aufgeschlossenheit sind ihr fremd; sie fühlt sich als nicht zugehörig. Fast automatisch formuliert sich die Alternative: Wen liebt mein Mann mehr, mich oder seine Familie und seine Freunde? Im Orient gilt es als vollkommen unauffällig, wenn zwei Männer sich bei der Begrüßung auf der Straße küssen (diese Form der Begrüßung hat sich in der Politik internationalisiert), Hand in Hand oder Arm in Arm durch die Straßen gehen. Würde man diese Szene – zwei Männer Hand in Hand – auf eine europäische, vor allem, deutsche Straße versetzen, wäre das Urteil klar: Hier kann es sich nur um Homosexuelle handeln.

Die Massai leben in kleinen Siedlungen, die über das ganze Gebiet verbreitet sind. Jede Siedlung besteht aus einer bestimmten Anzahl von Familien, die ihre Mittel zusammentragen und die sich gegenseitig in den alltäglichen Bedürfnissen helfen. Die niedrige Hütte bietet der Familie seit jeher eine bequeme und sichere Unterkunft; sie dient auch für junges oder krankes Vieh als Stall.

Die Liebe der Massai zu den Kindern ist groß. Die Mutter trägt das

Kind auf den Schultern überallhin, sie stillt es sehr oft und lang, bis zum Alter von zwei oder auch drei Jahren. Der warme, ständige körperliche Kontakt und die sorgfältige mütterliche Pflege sind das erste und grundsätzliche Element des Vertrauens, das ein Kind in seine Eltern setzt. Für die Massai wird hier auch die Basis geschaffen für die spätere bedingungslose Hingabe an Familie und Clan.

Praktische Konsequenzen:

Die Stadien der partnerschaftlichen Interaktion – Verbundenheit, Unterscheidung und Ablösung – geben uns eine konkrete Verständnishilfe auch für den Einstieg in das Thema Zärtlichkeit und Körperkontakt. Zur Analyse des Konfliktes ist zunächst festzustellen, in welchem Stadium der Interaktion sich der Partner befindet. Man stellt sich folgende Fragen, die das Stadium der *Verbundenheit* kennzeichnen:

Hat mein Partner (gerade jetzt) das Bedürfnis, mit mir zusammenzusein? Benötigt er meine Zuwendung? Ist mein Gesichtsausdruck freundlich oder unfreundlich, lächelnd oder todernst? Signalisieren meine Augen Interesse oder Desinteresse? Schaue ich meinen Partner an oder an ihm vorbei? Habe ich leuchtende oder matte Augen? Wirkt meine Körperhaltung vertrauenerweckend oder abstoßend? Ist meine Mimik offen oder verschlossen? Ist meine Körperhaltung zugewandt oder abgewandt? Drückt meine Körpersprache Engagement oder Gleichgültigkeit aus? Wirke ich heiter oder bedrückt, freudig oder traurig? Meine Haltung kann befreiend, aggressiv, zynisch, obszön, ironisch, skeptisch, blasiert oder verzweifelt sein, also von wohlwollendem Einverständnis über viele andere Ausdrucksformen bis hin zur höhnischen Herabsetzung des Partners reichen.

Ziehe ich mich »jung«, salopp oder »alt« an? Strahle ich Optimismus, Realismus oder Pessimismus aus? Ist mein Gang aufrecht oder sorgenbeladen? Gehe ich auf meinen Partner mit schnellen oder langsamen Schritten zu, mit aufrechtem oder gesenktem Kopf? Signalisiert meine Sitzhaltung Verschlossenheit oder Offenheit? Wie gebe ich meinem Partner die Hand? Oder gebe ich ihm nur einen Finger? Wie wirken meine Hände (feucht, trocken, warm, kalt, fest, locker, puddingweich)? Wie gehe ich mit Zärtlichkeitsformen wie Kuß, Umarmung, Streicheln um? Welche Bedeutung haben diese Zärtlichkeitsformen in verschiedenen Kulturen? Fragen Sie sich selbst und gelegentlich Ihre Partnerin/Ihren Partner, wie Sie auf sie/ihn wirken?

Interaktion besteht nicht nur als emotionale Beziehung. Der Partner braucht in gewissen Abschnitten Informationen. Folgende Fragen weisen auf das Stadium der *Unterscheidung* hin: Fehlen meinem Partner Informationen? Benötigt er meinen Rat? Braucht er meine Meinung als Entscheidungshilfe? Höre ich gerne zu oder bin ich eher ungeduldig? Bin ich für meinen Partner zu sprechen, wenn er mich braucht? Kritisiere ich nur oder spreche ich auch Anerkennung aus? Argumentiere ich höflich oder unhöflich, offen oder verletzend, sachlich oder affektiv, ruhig oder brüllend, objektiv oder subjektiv? Informiere ich den Partner aktiv von mir aus oder warte ich, bis ich gefragt werde? Bleibe ich bei der Sache oder komme ich vom Hölzchen aufs Stöckchen? Spreche ich mögliche Konflikte an oder klammere ich sie aus, verstärke, verniedliche oder verschiebe ich sie? Stehen hinter meinen Argumenten Angst, Gelassenheit oder Aggression? Bin ich in der Lage, verschiedene Meinungen und Ideen des Partners oder anderer entgegenzunehmen und aufzugreifen? Unterbreche ich oder lasse ich ausreden? Wie oft mache ich von »bitte« und »danke« Gebrauch?

Das Stadium der *Ablösung* ist gleichbedeutend mit Abschied nehmen. Wie man Abschied nimmt, welche Rolle Zärtlichkeit dabei spielt, inwieweit man sich auf eine spätere Begegnung freut und was man zwischendurch erlebt oder erledigt hat, besitzt eine zentrale Bedeutung für das Wiedersehen und dessen emotionale Qualität.

Wir fragen hier: Möchte mein Partner für sich, auch ohne meine Entscheidungshilfe, eine Entscheidung treffen? Schränkt mein Rat seine persönliche Freiheit ein? Beansprucht er für sich Unabhängigkeit? Erwarte ich von meinem Partner Selbständigkeit? Möchte ich die Verantwortung für ihn nicht mehr übernehmen? Halte ich es für richtig, ihn sich selbst zu überlassen? Welche Bedeutung haben Kuß und Umarmen für mich beim Abschiednehmen? Wie trete ich mit dem Partner wieder in Verbindung (brieflich, telefonisch, persönlich)? Lasse ich von mir in der Zwischenzeit etwas hören? Wie stelle ich mir in der Phantasie das Wiedersehen vor? Behalte ich Freude oder Trauer für mich, oder teile ich sie anderen mit? Wieweit bin ich nachtragend? Wie gehe ich mit meinen Schuldgefühlen um? Wie gehe ich mit meiner Sehnsucht um? Welche Gründe bestehen für unsere Trennung? Was habe ich daraus gelernt? Wie bereite ich mich auf eine neue Begegnung vor?

Diese drei Interaktionsformen können als Orientierung dienen, wenn man versucht, auftretende Konflikte zwischen sich und dem Partner zu analysieren. Man kann mit ihrer Hilfe momentane Probleme recht gut erfassen und die eigene Einstellung als beteiligte Komponente mit einbeziehen. Dies ermöglicht es den Partnern, das Phänomen Zärtlichkeit im engeren und umfassenderen Sinn angemessen zu realisieren.

Die »eine« Form der Partnerschaft

> »Man darf in jedem menschlichen Wesen nur das sehen, was des Lobes würdig ist. Wenn man so handelt, kann man der ganzen Menschheit Freund sein. Betrachten wir die Menschen jedoch nur vom Standpunkt ihrer Fehler aus, dann ist es eine äußerst schwierige Aufgabe, mit ihnen Freundschaft zu pflegen.«
> *Abdul'-Bahá*

Die Seele der Partnerschaft: die Liebe

Liebe ist die globale, jedem Menschen eigene Fähigkeit, mit seiner Umwelt emotionale Beziehungen aufzunehmen. Im Verlauf der Lebensgeschichte lernt man, zu lieben und sich so zu verhalten, um geliebt zu werden. Liebe bedeutet hier, den Partner in seiner Einzigartigkeit anzunehmen (passive Dimension der Liebesfähigkeit), ohne die Augen vor seinen »Fehlern« zu verschließen (aktive Dimension der Liebesfähigkeit).

Die Formen der Partnerschaft, die uns in der täglichen Praxis begegnen, sind nicht bloß Zerrbilder und Karikaturen. In der Motivation, die den partnerschaftlichen Beziehungen zugrunde liegt, finden sich immer Momente, die an die eine oder andere Form erinnern. Partnerschaft und ihre Seele, die Liebe, sind nicht in platonischer Reinheit zu erhalten, die doch oft genug mit emotionaler Sterilität und dem Wunschtraum des unerfüllbaren Ideals verwechselt wird. Wir alle können diese Formen der Partnerschaft in unterschiedlichen Erscheinungs-, Verdünnungs- und Mischformen bei uns selber wiedererkennen. Es kommt daher auf die Bereitschaft an, drohende und akute Konflikte zusammen aufzuarbeiten. Voraussetzung dafür ist, daß man sich der Motivation der Partnerschaft bewußt wird, was nicht unbedingt bedeuten muß, daß man die Partnerschaft aufgrund einer weniger idealen Motivation ablehnt. Man kann allerdings vor diesen Mißverständnissen auch die Augen verschließen – wenigstens so lange, bis man stolpert.

Das Modell der Positiven Psychotherapie für die Partnerschaft beschränkt sich nicht auf die Zweierbeziehung (im engeren Sinn) oder auf die Familiengruppe (im weiteren Sinn). Auch das soziokulturelle Netzwerk (im umfassenden Sinn) wird in seiner Bedeutung für eine geglückte oder mißglückte Partnerschaft berücksichtigt.

Ist die Eine Form möglich?

Kann angesichts der unterschiedlichen Erziehungssituationen, der verschiedenen ökonomischen Bedingungen, der Unzahl von Lebensgeschichten, der Individualität des einzelnen, der Besonderheit seiner Bedürfnisse, kann angesichts all dieser Faktoren überhaupt eine Regel für Partnerschaft aufgestellt werden? Auch gibt es eine Unzahl von Interessen, Gemeinschaften, Nationen, Rassen und Völkern in dieser Welt, die sich durch unterschiedliche Gebräuche, Geschmacksrichtungen, Temperamente und Moralauffassungen unterscheiden, wie die Gedanken, Ansichten und Meinungen der Einzelmenschen. Muß dann nicht eine Partnerschaft, die für alle Gültigkeit besitzen will, zu einem Leisten werden, über den alle geschlagen werden? Auf der anderen Seite ist die Vielfalt der gesellschaftlichen und individuellen Bedingungen Anstoß für soziale Konflikte unerhörten Ausmaßes. Hier stellen sich die grundsätzlichen Fragen: »Was haben alle Menschen gemeinsam?«; »Wodurch unterscheiden sich Menschen voneinander?«

Es ist aus der Sozialpsychologie bekannt, daß wir um so eher bereit sind, einen Menschen zu akzeptieren, je mehr Ähnlichkeiten wir bei ihm mit uns selbst und unseren uns vertrauten Wunschbildern entdecken. Die Grundfähigkeiten (Liebes- und Erkenntnisfähigkeit) sind vor diesem Hintergrund die Basis, auf die wir uns zunächst zurückziehen können, wenn schwere Störungen unsere Beziehungen zu einem Partner beeinträchtigen. Ich verfüge über diese Grundfähigkeiten, und auch mein Partner, der für mich zur Zeit Probleme bietet, besitzt sie. Damit greifen wir auf das Fundament der zwischenmenschlichen Beziehung zurück: *Das mitfühlende Gemeinschaftsbewußtsein* wird zu dem gemeinsamen Nenner, auf dem wir uns in der Selbsthilfe treffen können. Auch wenn die Konflikte meine Wahrnehmung des Partners verzerrt haben und ich nicht mehr in der Lage bin, ihn in seiner Ganzheit zu sehen, sondern nur noch die Eigenarten von ihm verspüre, mit denen er mich verletzt, und ihm in meinem Zorn alle seine sonst guten Fähigkeiten abspreche, so kann ich ihm doch eines nicht absprechen: seine Grundfähigkeiten und damit seine Menschlichkeit. Dies bedeutet im weiteren, daß ich trotz meiner Kränkung und Enttäuschung Beziehung zu seinen Fähigkeiten und seinen Entwicklungsmöglichkeiten – mit mir oder ohne mich – aufnehme. Genausowenig wie ich meinem Partner die Grundfähigkeiten absprechen kann, kann er mir die meinen durch seine Kritik nehmen.

Jeder von unseren Partnern verfügt dabei über ein eigenes Wertsystem.

Unsere Auseinandersetzungen mit unserer Umgebung erfordern eine Annäherung unserer Konzepte an die bestehenden Sachverhalte. Bei diesem Aufeinandertreffen erweisen sich einzelne Unterscheidungen als einseitig und damit konfliktträchtig. Indem sie einseitig einzelne Aspekte bevorzugen, gehen sie unter bestimmten Bedingungen an den eigenen Bedürfnissen, an den Bedürfnissen des Partners, an der sozialen Situation oder dem sich stellenden Problem vorbei. Damit werden sie zu Mißverständnissen. Die möglichen Beispiele dafür sind unermeßlich: Man heiratet, weil man dem Elternhaus entfliehen möchte; man wählt einen Partner, weil er gut aussieht; man wählt einen Beruf, der zwar keinen Spaß macht, der aber viel Geld bringt; man wählt sich eine Religion oder Weltanschauung, die den bestehenden infantilen Bedürfnissen entgegenkommt. In all diesen Beispielen ist eine Art Zeitzünder eingebaut, der dann ausgelöst wird, wenn die Erwartungen enttäuscht werden oder die Bedürfnisse sich ändern. Diese Mißverständnisse sind mehr als die aktuellen Mißverständnisse, wie sie in der Interaktion zwischen den Partnern auftreten können; sie betreffen den gesamten Lebensplan.

Daneben haben wir es in unserem täglichen Leben immer wieder mit den sogenannten Kleinigkeiten zu tun. Vielleicht sehen wir sie nur deshalb als Kleinigkeiten an, weil sie uns in unserem täglichen Leben begleiten. Stete Tropfen höhlen den Stein der Persönlichkeit und formen ihn. Die einmalige, situationsgerechte Aufforderung an einen Partner ist mitunter ein positiver Hinweis. Werden aber ständig dergleichen Aufforderungen wiederholt, entwickeln sich Aggressionen, Ängste und Abhängigkeiten.

Sprachlich wird diese Geschichte in verschiedenen Formen umschrieben: »Seit Jahren rege ich mich schon darüber auf und leide darunter.« »Ich habe mich in der Zwischenzeit damit abgefunden.« »Es ist immer dasselbe.« »Ich kann es bald nicht mehr aushalten.« »Tausendmal habe ich es ihm gesagt.« »Es hat alles keinen Zweck mehr.« »Ich kann tun, was ich will, er ändert sich doch nicht.« »Das geht schon seit Jahren so.« »Immer habe ich die Last auf mich genommen.« »Ich konnte nie nein sagen.«

Alle diese Aussagen weisen auf sensible Bereiche hin und lassen erkennen, daß der Partner (oder auch andere soziale Partner) diese Bereiche fortwährend im Sinne von Mikrotraumen reizt. Für viele der Betroffenen sind im Gegensatz zu ihren Partnern die Konfliktauslöser bereits keine Kleinigkeiten mehr.

Wenn wir unsere Aufmerksamkeit auf diese Zusammenhänge richten, sehen wir, wie partnerschaftliche Konflikte durch inhaltliche Bedingungen (z. B. Aktualfähigkeiten wie Treue, Ehrlichkeit, Höflichkeit, Gerechtigkeit, Sparsamkeit, Fleiß, Leistung, Zeit, Geduld, usw.) beschrieben werden können. So wird aus der Aussage: »Mein Partner ist ein Unmensch!« vielleicht die Feststellung: »Ich fühle mich heute von meinem Partner unhöflich und ungerecht behandelt. Er hat mich zu lange warten lassen und sich noch nicht einmal bei mir entschuldigt. Ich lege großen Wert auf Höflichkeit, mein Partner manchmal nicht.« So können wir den Unterschied, der zwischen den beiden Aussagen besteht, erkennen: Auf der einen Seite die gefühlsbesetzte Verallgemeinerung, die es oft unmöglich macht, einen Konflikt sachlich zu behandeln; auf der anderen Seite der Versuch, zu differenzieren, die Ursache des Ärgers zu erfragen, dem Problem seinen tatsächlichen Stellenwert zuzuordnen und neue Möglichkeiten der Selbsthilfe zu finden. Gebrauchsanweisungen, die unverändert auf den Einzelfall übernommen werden können, bietet die Selbsthilfe jedoch nicht, denn jede partnerschaftliche Situation hat ihre Einzigartigkeit, die auch in der Selbsthilfe in Rechnung gestellt werden muß. Das bedeutet zum Beispiel auch, bei bestehenden Konflikten fachmännischen Rat zu suchen.

Probleme und Konflikte haben ihre Geschichte. Sie entstehen nicht aus dem Nichts, sondern haben ihre Bedingungen und Voraussetzungen. Diesen Komplex der Geschichte eines Konflikts nennen wir den Grundkonflikt, das jetzt auftretende aktuelle Problem erhält die Bedeutung des Aktualkonflikts.

Wie stellen Sie sich die Eine Form der Partnerschaft vor?

Wer Blumen liebt, muß zunächst eine positive Beziehung zu ihnen haben. Die positive Beziehung allein reicht aber nicht aus, die Pflanze würde bald welken.

Wer Blumen liebt, muß auch wissen, welche Blumen er bevorzugt. Wer Blumen liebt, muß wissen, was Blumen brauchen. Er muß ihnen Wasser und Nährstoffe, saubere Luft und Sonne gewähren. Aber auch dann können seine Blumen welken.

Wer Blumen liebt, braucht Erfahrung und den Rat derer, die Erfahrung gesammelt haben. Ihr Rat hilft, Fehler in der Pflege zu vermeiden, Wachstumsstörungen, Mangelerscheinungen oder Folgen der Überdüngung auszugleichen. Das Beispiel der Blume läßt sich sehr gut auf die Eine Form der Partnerschaft übertragen.

Wem gehört mein Partner?

»Mein Partner gehört zunächst einmal mir! Das zumindest sagt das besitzanzeigende Fürwort ›mein‹ Partner aus. Irgendwie erfüllt mich dieser Gedanke mit Besitzerstolz, zugleich aber auch mit Unbehagen und schlechtem Gewissen. Darf ich ihn denn so vereinnahmen, für mich in Besitz nehmen?

Muß ich ihm nicht vielmehr zugestehen, daß er sich selbst gehört? Wenn ich daran denke, erlebe ich mich als edel und bereit, einen Verzicht zu tragen, und zugleich als traurig. Ist mein Partner nur für sich allein verantwortlich? Dieser Gedanke will mir nicht schmecken.«

Wer hat noch Anspruch auf ihn?

»Da gibt es seine Eltern, die sagen ›Mein Kind‹, und die ihm auch heute noch vorschreiben wollen, wie er sein soll. Und dann denke ich an seinen Chef, der sagt: ›Mein Angestellter und Mitarbeiter‹. Er hat seinen Besitzanspruch erkauft durch den Lohn, den er bezahlt.

Aber, so überlege ich, was von meinem Partner gehört nun ihm selbst? Bevor ich ihn kennenlernte, heiratete, hatte er Freunde, mit denen er gemeinsame Erlebnisse, angenehme und unangenehme, teilte. Weil die Vergangenheit meines Partners wohl kaum von ihnen zu trennen ist, gehört er deswegen ihnen? Dann gibt es den Staat, der macht ihn zu ›seinem Mitbürger‹, legt ihm Verpflichtungen auf, nimmt sogar einen Teil seiner Identität in Anspruch. Er fühlt sich als Deutscher, Amerikaner, Österreicher, Italiener, Spanier etc. Ist er deswegen Eigentum des Staates, der Opfer von ihm fordern kann?

Er steht im Umfeld einer religiösen, weltanschaulichen Tradition und fühlt sich ihr angehörig. Gehört er nun seiner Religion und Weltanschauung? Ist mein Partner so etwas wie eine Aktiengesellschaft, die in Anteilen vielen Eigentümern gehört? Oder ist trotz aller gegenteiligen Beweise das Wort ›gehören‹ das falsche Wort? Wie auch immer, ich kann es nicht anders sagen und weiß es nicht anders: Er bleibt mein Partner.«

Partnerschaft, was ist das?

»Eine Interessengemeinschaft zweier Menschen«, sagen die einen. »Eine gottgegebene Lebensgemeinschaft«, sagen die anderen. Für den einen ist Partnerschaft der freie Raum für das Intime und Private, für einen anderen die notwendige Voraussetzung der Familie. Der eine sieht Partnerschaft, vor allem, wenn sie verpflichtenden Charakter annimmt, als etwas Schreckliches. Für einen anderen ist sie der Traum des Lebens. Wie jemand zur Partnerschaft steht, ist nicht nur Privatsache und willentliche Entscheidung, sondern hängt zunächst einmal wesentlich von dem Menschenbild ab, das in einem bestimmten Zeitalter in einer bestimmten Gesellschaft für einen bestimmten Menschen Gültigkeit besitzt.

Jeder Mensch besitzt mit seinen Grundfähigkeiten auch die Fähigkeit, Beziehungen zu anderen Menschen aufzunehmen. Der erste Schritt zu »einer« Form der Partnerschaft ist die Entscheidung, mit einem anderen Menschen zusammenleben zu wollen. Zuerst ist es notwendig, diese Entscheidung für sich selbst zu treffen und sich mit dem Wesen des Partners vertraut zu machen.

Ich: Die Fähigkeit, eine Partnerschaft einzugehen und zu erhalten, die Fähigkeit zu lieben und sich so zu verhalten, um geliebt zu werden, wächst in der Lebensgeschichte des einzelnen Menschen auf der Grundlage der Einzigartigkeit seiner Fähigkeiten und den Erfahrungen seiner bisherigen zwischenmenschlichen Beziehungen. Diese lehren ihn, was er von einer Partnerschaft erwarten kann, wieviel an Vertrauen er investieren darf, wie schnell er seine Gefühle von einem Partner abziehen muß, um seine Ich-Stabilität nicht zu gefährden, wie intensiv er auf den anderen eingehen kann oder muß. In der konkreten Partnerschaftssituation spielen die folgenden Lebensbereiche eine zentrale Rolle:

Körper: Wie gesund oder krank jemand ist, wie sein Körper beschaffen ist, welchen Geruch er hat ...

Leistung: Welchen Beruf er hat, wieweit er sich für seinen Beruf einsetzt ...

Kontakt: Wieweit man mit Einsamkeit umgehen kann, wieweit man auf andere Menschen zugehen kann ...

Phantasie: Welche Vorstellungen hinsichtlich der gemeinsamen partnerschaftlichen Zukunft bestehen; der Sinn des Lebens; traue ich mir zu, mit meinem Partner gemeinsam alt zu werden; meine ich, daß er mich noch interessieren wird, wenn er älter ist; was mache ich, wenn er nicht mehr bei mir ist.

Du: In der Beziehung zum Du verdichtet sich all das, was zur Partnerschaft gesagt wurde. Hier ereignet sich das miteinander Leben in den vielen Einzelheiten und Kleinigkeiten des Alltags. Zugleich kommen die Wünsche und Bedürfnisse der Beteiligten zum Tragen. Dabei wird gesellschaftlich ein Großteil der körperlichen, sexuellen und sozialen Bedürfnisbefriedigung auf den Bereich der Partnerschaft delegiert. In ihr müssen zumindest annähernd die Partner zueinander »passen«, das heißt, eine der Schloß- und Schlüsselfunktion ähnliche Beziehung entwickeln. Das Schloß sind die Erwartungen, die dem Partner entgegengebracht werden, der Schlüssel seine Fähigkeiten, Einstellungen und Verhaltensweisen. Inhalte dieser besonderen Form der Beziehung sind die Aktualfähigkeiten wie Treue, Gerechtigkeit, Höflichkeit, Ehrlichkeit, Ordnung, Sauberkeit, Sparsamkeit, Leistung, Zeit, Geduld, Kontakt, Vertrauen usw.

Die Weise, in der die derart beschriebenen Erwartungen und Verhaltensweisen zueinander passen, entscheidet nicht selten über die Zufriedenheit mit dem Partner und die Existenz der Partnerschaft.

Wir: Im menschlichen Zusammenleben bestehen neben den religiös-weltanschaulichen Wertsystemen die gelebten Regeln. Es sind dies die Spielregeln des Zusammenlebens, die unausgesprochen und selten hinterfragt das Verhalten der Menschen untereinander bestimmen: Wen darf ich als Partner wählen, welche Nationalität, gibt es Einschränkungen der Partnerwahl bezüglich Nationalität, Rassenzugehörigkeit, sozialer Klasse und ökonomischem Besitzstand? Abhängig von dem soziokulturellen Hintergrund gibt es feste Regeln und Rituale der Partnerwahl, von denen die Anerkennung einer Partnerschaft durch die jeweilige Gruppe abhängt. Ob man selbst den Partner aussuchen kann oder ob die Großfamilie den Partner vorbestimmt.

Ur-Wir: Die Grundsatzentscheidung geschieht vor dem Hintergrund der eigenen Lebensgeschichte, der soziokulturellen Gegebenheiten und ganz konkreten fördernden und hemmenden Einflüssen, denen jeder Mensch ausgesetzt ist. Je nach dem, ob man in einer industriell oder landwirtschaftlich orientierten Gesellschaft, in einem sozialistischen oder kapitalistischen System lebt, ob man als Deutscher, Amerikaner, Australier, Japaner, Perser, Italiener, Spanier etc. geboren wurde und ob man sich als Buddhist, Hindu, Moslem, als evangelischer oder römisch-katholischer Christ, Pietist, Baptist, Calvinist, Jude, Bahá'i usw. erlebt. Welche Freiheitsgrade der Partnerschaft und welche Auswahlmöglichkeiten ihrer Formen zur Verfügung stehen, ist, unabhängig von dem einzelnen, vorgegeben in den Regeln, Ritualen, Normen, Geboten und Verboten der Weltanschauungen, Lebensphilosophien und Religionen, die einen Menschen geprägt haben. Unabhängig von seiner individuellen Existenz bestehen diese Regeln und Wertsysteme in der zwischenmenschlichen Wirklichkeit. Sie sind, obwohl mittlerweile pluralistisch und relativiert, allgegenwärtig und unausweichlich. Hier entstehen Vorwegentscheidungen, die sich zumeist dem Einfluß unserer Willkür entziehen: So ist festgelegt, wer in welcher Rolle mit wem Partnerschaft eingehen darf oder nicht.

Für Priester oder Mitglieder religiöser Ordensgemeinschaften ist in einzelnen Religionen, zum Beispiel auch in der katholischen Kirche, die Eheschließung und die damit verbundene sexuelle Partnerschaft untersagt. Viel subtiler wird der Kanon der Gebote und Verbote in unserer pluralistischen Gesellschaft, in der derartige Regeln bestehen, von ihren Mitgliedern vertreten, ohne daß sie im einzelnen belegen können, warum sie diese Konzepte übernommen haben. Die Ablehnung fester Partnerschaften und insbesondere des Ehebegriffs beispielsweise ist der überwiegenden Zahl keine »freie Entscheidung«, sondern bestimmt durch die Reaktion auf die bisher als verpflichtend vorgeschriebenen Normen partnerschaftlichen Zusammenlebens.

Der weltanschaulich-religiöse Hintergrund füllt sich für den einzelnen mit gefühlsnahen Vorstellungen und Phantasien: Die Ehe als Gotteswille; ohne Ehe kein ganzer Mensch; Ehe als generative Aufgabe, die Pflicht zum Kind; Ehe und Partnerschaft als Bedrohung der Freiheit und Selbständigkeit.

»Vor der Ehe halte Deine Augen offen,
in der Ehe halte sie halb geschlossen.«
Orientalische Weisheit

Drei Schritte auf dem Weg zu Einer Form der Partnerschaft

1. *Die notwendigen Aspekte vor der Ehe:* Jeder Mensch besitzt seinem Wesen nach die Fähigkeit zur Partnerschaft. Nicht jeder Mensch aber kann ohne Vorbereitung *eine* Partnerschaft eingehen.
Wie sind Sie auf Partnerschaft und Ehe vorbereitet worden? Wissen Sie, was durch eine Partnerschaft und Ehe auf Sie zukommt? Wie stellen Sie sich Ihre(n) ideale(n) Partnerin (Partner) vor? Wie stellen Sie sich das Zusammenleben vor? Kennen Sie den Lebensplan Ihres Partners (Ihrer Partnerin)? Läßt sich eine Annäherung der Lebenspläne vor der Ehe erreichen (vgl. die vier Formen der Erkenntnis- und Liebesfähigkeit)?

2. *Die notwendigen Aspekte innerhalb der Ehe:* Nicht die Partnerschaft und Ehe ist gut, in der es keine Probleme gibt, sondern diejenige, in der die Partner in der Lage sind, mit den auftretenden Problemen und unterschiedlichen Auffassungen angemessen umzugehen.
Nehmen Sie die »kleinen« Wünsche des Partners ernst? Welche Aktualfähigkeiten und Lebensbereiche haben für Sie und Ihren Partner eine besondere Bedeutung und führen oft zu »kleinen« Problemen? Sind Sie in Ihrer Partnerschaft glücklich? Scheinen Sie in Ihrer Partnerschaft glücklich? Was tun Sie für Ihre Partnerschaft, um glücklich zu werden? Was können Sie tun, um weiterhin glücklich zu bleiben?

3. *Die notwendigen Aspekte bei einer Trennung und Scheidung:* Die Fähigkeit zur Trennung muß auch trainiert werden. Wissen Sie, welche Lebensbereiche und Aktualfähigkeiten Ihre partnerschaftliche Beziehung unmöglich machen? Können Sie grundsätzlich zwischen Sex, Sexualität und Liebe unterscheiden? Welchen Lebensplan haben Sie für die Zeit nach der Trennung und Scheidung? Was bedeutet die Trennung und Scheidung für Sie, für Ihren Partner, die Kinder, die Familien, die Umwelt und die Zukunft? Welche Möglichkeiten der Selbsthilfe und Therapie haben Sie bis jetzt in Anspruch genommen?

Diese Beobachtungen geben jedem von uns die Möglichkeit, unsere partnerschaftliche(n) Beziehung(en) unter die Lupe zu nehmen: Welche Formen von Partnerschaft habe ich bereits erlebt? Welche Form(en) praktiziere ich zur Zeit? Was habe ich aus meiner(n) Beziehung(en) bisher Positives gelernt? Mit welchen Problemen wurde ich konfrontiert? Wie stelle ich mir die *Eine* Form der Partnerschaft vor?

Die *Eine* Form der Partnerschaft aus meiner Sicht
(Schreiben Sie bitte fünf Kriterien auf):

1. ....
2. ....
3. ....
4. ....
5. ....

Die *Eine* Form der Partnerschaft aus der Sicht meiner(s) Partnerin(s):

1. ....
2. ....
3. ....
4. ....
5. ....

Die *Eine* Form der Partnerschaft aus unserer gemeinsamen Sicht:

1. ....
2. ....
3. ....
4. ....
5. ....

Fragen, die sich jeder bei einer partnerschaftlichen Konfliktsituation im Rahmen der Selbsthilfe stellen sollte

Ist das Problem zu ändern? Will ich überhaupt das Problem ändern? Kann mein Partner meinen Erwartungen entsprechen? Will er eine Lösung des Problems? Habe ich schon Versuche in Richtung einer Problemlösung unternommen?

Sehe ich unsere Situation ehrlich und offen? Bringe ich meine Meinung ehrlich zum Ausdruck? Bin ich bereit, meinem Partner zuzuhören? Bin ich überhaupt bereit, meinem Partner Zeit zu geben und mir selbst Zeit zu nehmen, oder erwarte ich, daß eine Änderung von einem Augenblick zum anderen erfolgt?

Erwarte ich, daß der andere sich ändert, oder bin ich selber zur Änderung bereit? Gebe ich mir und meinem Partner noch eine Chance? Bin ich auch während eines großen Konfliktes meinem Partner treu?

Habe ich für unsere partnerschaftlichen Probleme vor einer endgültigen »Ent-Scheidung« die Hilfe von Fachleuten (Ärzte, Psychotherapeuten, Psychologen, Familientherapeuten, Juristen), von Angehörigen und Bekannten in Anspruch genommen?

Was würde ich machen, wenn mein Partner berufliche und finanzielle Probleme hätte? Bliebe ich dann noch bei ihm? Was würde geschehen, wenn ich/wir plötzlich nur noch mit dem Existenzminimum leben müßten? Kann ich mit geschäftlichen bzw. haushaltlichen Dingen auch ohne meinen Partner umgehen oder bin ich auf ihn angewiesen?

Statistische Ergebnisse

Partnerschaftliche Konflikte (Sexualstörungen) und Aktualfähigkeiten

Auf der Basis des Modells der Positiven Psychotherapie wurde von 1973 bis 1988 eine empirische Untersuchung durchgeführt. Von den Ergebnissen bringen wir der Kürze halber nur einen Ausschnitt, wie die Aktualfähigkeiten (Sozialisationsnormen) als sogenannte »Kleinigkeiten« mikroautomatisch auf eine partnerschaftliche Beziehung Einfluß nehmen können. Wer sich für die statistischen Erhebungen näher interessiert, kann in dem neu erschienenen »Wiesbadener Inventar zur Positiven Psychotherapie und Familientherapie (WIPPF)« von N. Peseschkian/H. Deidenbach (Springer Verlag, Heidelberg 1988) nachlesen.

Tabelle 1:
Sekundäre Aktualfähigkeiten als Mikrotraumen bezüglich Partnerschaft und Sexualität

	Normierte Kontingenz-koeffizienten CC		Signifikanz-niveau p
	positive Korrelation	negative Korrelation	
1. Ordnung		.39	≤ .001
2. Sauberkeit		.36	≤ .01
3. Pünktlichkeit		.34	
4. Höflichkeit		.32	≤ .01
5. Ehrlichkeit/Offenheit	.22		
6. Fleiß/Leistung	.29		≤ .05
7. Zuverlässigkeit	.28		
8. Sparsamkeit	.32		
9. Gehorsam		.46	≤ .001
10. Gerechtigkeit	.16		
11. Treue		.42	≤ .001

Wie die Tabelle zeigt, sind es nicht die »großen Ereignisse« die zu Störungen in der Partnerschaft führen, sondern die immer wiederkehrenden), kleinen seelischen Verletzungen (die sogenannten »Kleinigkeiten« die schließlich ein Charakterbild formen, das für einzelne Konflikte besonders anfällig ist. In der Partnerschaft wirkt vor allem die Überbetonung folgender Aktualfähigkeiten mikrotraumatisch: Ordnung, Sauberkeit, Höflichkeit, Fleiß/Leistung, Gehorsam und Treue.

Tabelle 2:
Primäre Aktualfähigkeiten als Mikrotraumen bezüglich Partnerschaft und Sexualität

	Normierte Kontingenz-koeffizienten CC		Signifikanz-niveau p
	positive Korrelation	negative Korrelation	
12. Geduld		.17	
13. Zeit		.26	
14. Kontakt		.31	≤ .05
15. Vertrauen		.30	≤ .05
16. Hoffnung		.36	≤ .01
17. Vorbild/Modell		.19	
18. Glaube–Religion–Kirche		.28	≤ .05

Wie die Tabelle 2 zeigt, wirken innerhalb einer Partnerschaft mikrotraumatisch vor allem: mangelnde Kontaktfähigkeit, fehlendes Vertrauen (Mißtrauen), Hoffnungslosigkeit (pessimistische Grundeinstellung) und Hemmung der Phantasietätigkeit bezüglich der Zukunft und der Frage nach dem Sinn des Lebens (Lebensphilosophie, Weltanschauung, Menschenbild und Religion).

Literaturverzeichnis

Abdu'l-Baha: Das Geheimnis göttlicher Kultur, Bahá'i-Verlag Frankfurt/Main 1973

Baha'u'llah: Ährenlese, Bahá'i-Verlag, Frankfurt/Main 1961

Battegay, R.: Narzißmus und Objektbeziehungen: Über das Selbst zum Objekt, Verlag Hans Huber, Bern–Stuttgart–Wien 1977

Battegay, R.: Aggression, ein Mittel der Kommunikation? Verlag Hans Huber, Bern–Stuttgart–Wien 1979

Blumenthal, E.: Frieden mit dem Partner, Erfüllung durch Einheit und individuelle Freiheit, Horizonte Verlag, Rosenheim–Salzburg–Genf 1986

Bodamer, J.: Schule der Ehe, Herder Taschenbuch, 4. Aufl. Freiburg 1967

Cyran, W.: Fünfzig Jahre ist kein Alter, Econ Verlag, Düsseldorf–Wien 1974

Denn die Zukunft gehört uns! 31 Jugendliche schreiben für den Frieden, Horizonte Verlag, Rosenheim–Salzburg–Wien 1986

Dustdar, F.: Die Frau und der Weltfrieden, Horizonte Verlag in Poseidon Press, Wien 1985

Erikson, E. H.: Identität und Lebenszyklus, Suhrkamp Verlag, Frankfurt/Main 1966

Frankl, V.: Die Psychotherapie in der Praxis, Serie Piper, München–Zürich 1986

Fromm, E.: Die Kunst des Liebens, Ullstein Taschenbuch, Frankfurt/Main–Berlin–Wien 1979

Heigl-Evers, A. und Heigl, F.: Lieben und Geliebtwerden in der Ehe, Fischer Taschenbuch 42118

Heigl-Evers, A. und Heigl, F.: Geben und Nehmen in der Ehe, Fischer Taschenbuch 42151

Lützner, H.: Richtig Essen nach dem Fasten, Gräfe und Unzer, 4. Aufl., München 1988

Masters, W. H. und Johnson, V. E.: Impotenz und Anorgasmie, Frankfurt/Main 1974

Mentzos, S.: Neurotische Konfliktverarbeitung, Fischer Taschenbuch 42239

Norwood, R.: Wenn Frauen zu sehr lieben. Die heimliche Sucht, gebraucht zu werden. Rowohlt Verlag Reinbek bei Hamburg 1987

Peseschkian, N.: Positive Psychotherapie, S. Fischer Verlag, Frankfurt/Main 1977; Fischer Taschenbuch 6783

Peseschkian, N.: Psychotherapie des Alltagslebens, Fischer Taschenbuch 1855

Peseschkian, N.: Der Kaufmann und der Papagei, Fischer Taschenbuch 3300

Peseschkian, N.: Positive Familientherapie, Fischer Taschenbuch 6761

Peseschkian, N.: Auf der Suche nach Sinn, Fischer Taschenbuch 6770

Preuss, H. G.: Ehepaartherapie, Fischer Taschenbuch 42277

Scharmann, Th.: Die individuelle Entwicklung in der sozialen Wirklichkeit, in: Handbuch der Psychologie, 3. Bd., 535–582, Göttingen 1958

Schmidbauer, W.: Verwundbare Kindheit, in: Praxis Kurier, 3, S. 20, 1972

Schoenacker, T. und Schoenacker, Th.: Die neue Ehe, Horizonte Verlag, Rosenheim–Salzburg–Wien 1987

Secord, P. F. und Backmann, C. W.: Social Psychology, London 1964

Strotzka, H.: Psychotherapie und soziale Sicherheit, Kindler Taschenbuch, München o. J.

Willi, J.: Die Zweierbeziehung, Rowohlt Verlag, Reinbek bei Hamburg 1975

Verzeichnis der Geschichten

Nossrat Peseschkian

Dr. med. Nossrat Peseschkian, Facharzt für Psychiatrie und Neuro-
logie, wurde 1933 im Iran geboren. Schule und Abitur in Teheran.
Seit 1954 in Deutschland. Medizinstudium in Freiburg, Mainz
und Frankfurt am Main. Psychotherapeutische Ausbildung in der
Bundesrepublik, der Schweiz und in den Vereinigten Staaten.
Dr. Peseschkian führt seit 1969 eine psychotherapeutische Praxis
in Wiesbaden. Er ist Vorsitzender der deutschen Gesellschaft für
Positive Psychotherapie und Dozent an der Akademie für ärztliche
Fort- und Weiterbildung der Landesärztekammer Hessen.

Psychotherapie des Alltagslebens
Training zu Partnerschaftserziehung und Selbsthilfe
Band 1855

Der Kaufmann und der Papagei
Orientalische Geschichten als Medien in der
Psychotherapie. Band 3300

Positive Familientherapie
Eine Behandlungsmethode der Zukunft
Band 6761

Positive Psychotherapie
Band 6783

Auf der Suche nach Sinn
Psychotherapie der kleinen Schritte
Band 6770

33 und eine Form der Partnerschaft
Band 6792

Fischer Taschenbuch Verlag

Psychologische Ratgeber

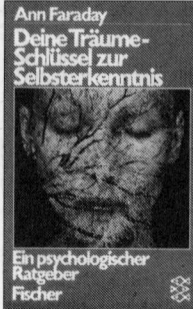  

George R. Bach /
Herb Goldberg
**Keine Angst vor
Aggression**
Die Kunst der
Selbstbehauptung
Band 3314

George R. Bach /
Peter Wyden
Streiten verbindet
Spielregeln für
Liebe und Ehe
Band 3321

Katharina Dalton
**Mütter nach
der Geburt**
Wege aus
der Depression
Band 10955

**Ann Faraday
Deine Träume –**
Schlüssel zur
Selbsterkenntnis
Band 3306

**Ingrid Fiala
Mein Kind, dein Kind,
unser Kind**
Vom Umgang mit den
Problemen in einer
neuen Partnerschaft
Band 3529

Günther Gauß

**Angewandtes
Ganzheits-Training**
Übungen und
Erfahrungen
Band 3537

Der Weg zum Selbst
Übungen zur auto-
meditativen Energetik
Band 3536

**Liz Greene
Kosmos und Seele**
Wege zur Partnerschaft
Ein astro-psycho-
logischer Ratgeber
Band 10748

**Werner Gross
Sucht ohne Drogen**
Arbeiten, Spielen,
Essen, Lieben …
Band 3531

**Wolfgang Hölzle
Krankheit als
Neubeginn**
Bewußter leben
nach dem Herzinfarkt
Band 3360

**Edith Laudowicz
Älter werden
wir doch alle …**
Individuelle
Erfahrungen und
gesellschaftliche
Perspektiven
Band 11462

Fischer Taschenbuch Verlag

Psychologische Ratgeber

**Gottfried Lutz /
Barbara Künzer-
Riebel (Hg.)
Nur ein Hauch
von Leben**
Eltern berichten vom
Tod ihres Babys und
von der Zeit der Trauer
Band 10616

**Angelika Mechtel
Jeden Tag
will ich leben**
Ein Krebstagebuch
Band 10874

**Else Müller
Du spürst unter
deinen Füßen das Gras**
Autogenes Training
in Phantasie- und
Märchenreisen
Vorlesegeschichten
Band 3325

**Else Müller
Auf der Silberlicht-
straße des Mondes**
Autogenes Training
mit Märchen zum
Entspannen und
Träumen
Band 3363

**Wege in der
Wintersonne**
Autogenes Training
in Reiseimpressionen
Band 11354

**Karl Robert Rosa
Das ist
Autogenes Training**
Band 3323

**Renate Schwab
Der Drache im Herzen
des Lebensbaums**
Mit Märchen
meditieren
Band 10163

**Reinhart Stalmann
Psychosomatik**
Wenn die Seele leidet,
wird der Körper krank
Ein Therapeut erklärt
Fälle aus der Praxis
Band 3332

**Sven Wahlroos
Familienglück
kann jeder lernen**
Band 3302

Fischer Taschenbuch Verlag

Psychologie

Eine Auswahl

Arthur Koestler
**Die Armut
der Psychologie**
Zwischen Couch und
Skinner-Box und
andere Schriften
Band 4616

Marianne Krüll
Freud und sein Vater
Die Entstehung der
Psychoanalyse und
Freuds ungelöste
Vaterbindung
Band 11078

Margaret S. Mahler
**Studien über die drei
ersten Lebensjahre**
Band 10798

Josef Rattner
**Psychologie und
Psychopathologie
des Liebeslebens**
Band 6737
**Psychotherapie
als Menschlichkeit**
Band 6253
Tugend und Laster
Tiefenpsychologie als
angewandte Ethik
Band 10410

Reimut Reiche
Geschlechterspannung
Eine psychoanalytische
Untersuchung
Band 10329

Rainer Schmidt
**Träume und
Tagträume**
Eine individual-
psychologische
Analyse
Band 10649

Rainer Schmidt (Hg.)
**Die Individual-
psychologie
Alfred Adlers**
Band 6799

Harry Stroeken
**Freud und
seine Patienten**
Band 10856

Erwin Wexberg
**Zur Entwicklung der
Individualpsychologie**
und andere Schriften
Herausgegeben von
Gerd Lehmkuhl
Band 4619

Fischer Taschenbuch Verlag

fi 1191 / 4 b